Diogenes Taschenbücher 21301

de
te
be

Wassilij Rosanow

Solitaria

Ausgewählte Schriften
Mit einem Vorwort und aus dem Russischen übertragen von Heinrich A. Stammler

Diogenes

Die deutsche Erstausgabe
erschien 1963 unter dem gleichen Titel.
Hinweise am Schluß des Bandes.

40/85/8/1
ISBN 3 257 21301 8

Inhalt

Vorwort

Wassilij Wassiljewitsch Rosanow

1856–1919

»Wäre Rosanow Franzose, Engländer, Deutscher oder Amerikaner gewesen, so würde schon eine reichkommentierte Gesamtausgabe seiner Werke in fünfundzwanzig bis dreißig gewichtigen Bänden erschienen sein. Auch hätte man wohl Anthologien aus seinen Schriften, an die tausend Seiten stark, herausgegeben. Aber er war ein russischer Schriftsteller, war stolz darauf und brachte es nie fertig, sich von seinem Geschick loszusagen, obwohl dieses Schicksal, wie wir nur zu gut wissen, weder unseren Schriftstellern noch uns, den Lesern, günstig ist ...«

So der russische, heute in Amerika lebende Kritiker Georg Ivask in seiner Einleitung zu einer Rosanow-Auswahl in russischer Sprache, die im Jahre 1956 in New York erschien. Wie man sieht, ist es ein Vorrecht nicht nur von Westeuropäern und Amerikanern, Rosanow für sich zu entdecken – auch dem Russen, der sich diesem halbvergessenen Essayisten und Aphoristiker zuwendet, beschert er immer wieder ganz unverhoffte Überraschungen. Dabei war er zu seiner Zeit, also etwa zwischen 1890 und 1917, einer der meistdiskutierten, umstrittensten russischen Autoren – eine aus dem geistigen Petersburg jener Jahre nicht wegzudenkende Figur: ein höchst origineller Einzelgänger, der sich der Einordnung in die herkömmlichen literarhistorischen, kritischen und geistesgeschichtlichen Schubfächer und Dossiers hartnäckig widersetzt. Und naht man ihm von außen her in der Absicht, sein ebenso sensationelles wie dunkel gebliebenes Werk – dunkel in der Obskurität von Rosanows Lebenslauf und der immer noch abwehrenden

Entlegenheit der russischen Sprache – für Zwecke literarischer Vermittlung auszuschöpfen, dann wird die ausbeuterische Neugier des Kuriositätensammlers auf den Büchermärkten der Welt durch einen neuartigen Fund beglückt und beschämt: denn Rosanows Schriften sind eine letzte, bestürzend reiche Ader im sonst ja mit solcher Entdecker- und Übersetzerfreude ausgeschürften Bergwerk der russischen Literatur.

Wer war dieses Literaturoriginal, das von sich sagte: »Ich bin ein erstaunlicher Mensch«, aber auch: »Die Literatur trage ich wie meinen Sarg – mir zur Trauer – mir zum Abscheu« – anders als ein literarischer Proteus, ein publizistischer Verwandlungskünstler, der doch nur von einem Thema, der Göttlichkeit von Zeugung und Geburt, Geschlecht und Ehe, erfüllt war. Aber schon gilt es, wie so oft bei diesem seltsamen Genie, zurückzunehmen, was man eben erst glaubte, mit Sicherheit von ihm aussagen zu können. Es gab noch andere Themen, denen er sich mit hartnäckiger Beständigkeit wieder und wieder zuwandte: einmal sein »Ich«, die metaphysische Bitterkeit der »condition humaine«; sodann sein »Ich« vor dem Antlitz Gottes – ein nie verstummender Dialog, der ihn zu radikalster Aufrichtigkeit und Schonungslosigkeit im Umgang mit sich selber zwang; und endlich seine politische Heterodoxie – die Apolitizität eines im Grunde tief konservativen, religiös bestimmten Menschen, dem alles Politische und »Soziale« als zeitraubendes, nur Zynismus und Illusion produzierendes Oberflächenphänomen erscheinen mußte. So tritt er vor sein Publikum, das er zu verachten vorgibt, in der Rolle des gelehrten Kenners und Kritikers, aber auch des Apokalyptikers mit den Zuckungen beschwörender Gesten. Aus seinen Zügen spricht die Großstadtmelancholie spezifisch moderner Daseinskälte, und zugleich leckt er sich faunisch die Lippen. Er fällt nieder, um die phallischen Gottheiten des alten Orients anzubeten – Apis den großen Stier, Isis und Osiris und den Pan zeugungsschwüler Mittagshitze. Er lagert sich mit den biblischen Patriarchen, mit ihren Weibern und Herden und der Schar ihrer Nachkommen – »Abrahams Samen, der aufging, unzählbar wie der Sand am Meere«. Und doch kam er nie los von der in die Birkenkeuschheit karger nordischer Frühlinge eingesenkten Klosterfrömmigkeit von Byzanz. Ein glühender Sonnenanbeter, dem Nacht und Kreuz, Gethsemane und Golgatha keine Ruhe lassen; Anarchist und Nationalist, Judenfeind und abgründiger Freund urtümlichen Hebräertums, Russenhasser und leidenschaftlicher Altrusse zugleich, schwankend zwischen Selbsthaß und Selbstvergötterung.

Und welche Rollen hat er sich nicht sonst noch auf den Leib geschrieben: den pedantischen, archäologisch geschulten Numismatiker, der doch auf all seinen antiken Münzen nur nach plastischer Bestätigung seiner Religion der »fécondité« Ausschau hält; den unansehnlichen russischen Gymnasiallehrer aus der Provinz mit Stahlbrille, Bastwischbärtchen und ewig ungebügelten Hosen, dem nirgends wohler ist als in der Brut- und Nestwärme seiner Kleinbürgerwohnung bei Weib und Kind: ein »genialer Spießbürger«, wie Berdjajew höhnte, der sein Ausgabenbüchlein ebenso hoch schätzte wie Turgenjews Briefe an Pauline Viardot – und dabei ein Bürgerschreck, wie er im Buche steht, mit unerhörtem Talent für Provokation, Skandal und politische wie erotische Indiskretion; eine Spottgeburt aus Intimitätenhascherei, raffinierter Naivität und beachtlicher polemischer Hemmungslosigkeit – ein schreibwütiger Exhibitionist von genialer stilistischer Befähigung, der sich sicher weiß unter tausend zur Schau gestellten Larven. Er hat so viel geschrieben über Religion, Metaphysik, Politik, Kunst und Literatur, Mythologie, Sexualpathologie, Pädagogik und Kulturphilosophie, daß eine vollständige Bibliographie seiner Schriften zusammenzustellen eine höchst verzwickte Angelegenheit darstellt. Ebenso wie es zu den Paradoxen dieses an Paradoxien nicht armen Lebens gehört, daß wir über die Biographie dieses bekenntnisfreudigen Egozentrikers so dürftig unterrichtet sind.

Rosanow entstammte einer unbegüterten Familie, verlor seinen Vater früh und mußte in der Obhut einer ungeliebten Mutter eine harte Jugendzeit in der tiefsten russischen Provinz durchmachen. Bedrückende Erlebnisse seiner frühen Jahre hinterließen tiefe Spuren in seinem Gemütsleben und trugen zu seiner späteren Verherrlichung von Herd, Heim und Familie, seiner »alttestamentarischen« Religiosität bei. Denn ein liebeerfülltes Dasein im Schoß der Familie mit ihrer Wärme und zarten Intimität mußte ihm nach einer liebeleeren Kindheit als Krönung wesentlichen Menschentums erscheinen.

Nach Absolvierung des Gymnasiums und der Moskauer Universität, an der er Philosophie, Philologie und Geschichte studierte, wirkte er jahrelang als Gymnasiallehrer in Provinzstädten wie Jeletz und Brjansk. Seine Unterrichtsstunden müssen einschläfernd langweilig gewesen sein, denn es haben sich Zeugnisse davon erhalten, daß er bei seinen Kollegen keinen sonderlichen Respekt genoß und erst recht nicht bei den Schülern, die ihm auf der Nase herumtanzten. Er war aber auch mit ganz anderen Dingen beschäftigt als mit gewissenhafter Erfüllung seiner Amtspflichten: 1886 hatte er Apollinaria Ssuslowa geheiratet, Dostojewskijs einstige Geliebte und »femme fatale«, die unter mancherlei Verkleidungen und Decknamen in den Romanen und Novellen von Rosanows angebetetem Meister ihrer Rolle als faszinierender Unheilstifterin nachgeht. So wie Rosanow empfand, mußte er gerade in der ehelichen Verbindung mit dieser wahrhaft satanischen Kurtisane eine Art von hierodulenhaftem Rapport mit Dostojewskij über dessen Tod hinaus erblicken. Selbstverständlich ist ihm aus dieser Heirat nichts Gutes erwachsen: die Ssuslowa peinigte ihn nicht nur vor der unvermeidlichen Trennung bis aufs Blut, sie suchte ihm auch danach die bürgerliche Existenz dadurch zu ruinieren, daß sie in die von ihm gewünschte Scheidung nicht einwilligte. Seine überaus glückliche Ehe mit Warwara Rudnjewa (daher sein oft benutztes Pseudonym »Warwarin«) wurde zwar, wie verlautet, von einem verständnisvollen Priester heimlich eingesegnet, mußte aber vor der Welt lange Jahre als Konkubinat oder »Gewissensehe« geführt werden. In dieser Hinsicht legte die russische Gesellschaft Rosanow gegenüber eine gewisse Großzügigkeit an den Tag, wohl weil sie mit seinen Attacken auf das kanonische Recht, das im alten Rußland in allen Fragen der Familienstandsgesetzgebung allein zuständig war, sympathisierte.

Inzwischen war 1886 sein erstes philosophisches Werk »Vom Verstehen«, eine ebenso umfangreiche wie trokkene Wissenschaftslehre, erschienen und ohne Widerhall geblieben. Dagegen machten ihn seine tiefsinnige Deutung von Dostojewskijs »Legende vom Großinquisitor« (1892) und eine geistvolle Studie über Gogol in literarischen Kreisen Petersburgs bekannt, ebenso auch eine hitzige Polemik mit dem Philosophen Wladimir Ssolowjow, dem er in nicht immer einwandfreien Ausdrücken liberal-eudämonistische Verfälschung und Verflachung des Christentums vorwarf. Ssolowjow rächte sich, indem er Rosanow einen »Juduschka Golowljew« nannte, nach einer sprichwörtlichen Heuchlerfigur in Saltykow-Stschedrins sozialkritischem Roman »Die Herren Golowljew« – eine Betitelung, die noch lange an Rosanow haften blieb ...

Zu Anfang der neunziger Jahre übersiedelte er nach Petersburg, wo er durch Vermittlung literarischer Freunde und Gönner einen kleinen Beamtenposten erhielt und sich als Mitarbeiter an konservativen Zeitschriften einen Namen machte. 1899 forderte ihn Ssuworin, der Besitzer und Hauptschriftleiter der großen rechtsstehenden Tageszeitung »Nowoje Wremja« (Neue Zeit), auf, dem Redaktionsstab beizutreten. Damit erlangte Rosanow die ersehnte finanzielle Unabhängigkeit, die es ihm ermöglichte, sich völlig seinen literarischen und publizistischen Arbeiten zu widmen. 1890/91 hatte ihn eine für seine späteren Anschauungen nicht unwesentliche literarische Freundschaft mit dem Religions- und Geschichtsphilosophen Konstantin Leontjew, dem nicht ganz zutreffend so genannten »russisch-orthodoxen Nietzsche«, verbunden.

Rosanow war sicher eine der bemerkenswertesten Figuren des »Silbernen Zeitalters« der russischen Literatur zwischen 1895 und 1920. Er verkehrte in den Zirkeln der Symbolisten und arbeitete mit an ihren Zeitschriften wie der »Welt der Kunst«, der »Waage« und dem »Apollon«. In der von Mereschkowskij und seiner Frau, der Dichterin Sinaida Hippius, ins Leben gerufenen Religionsphilosophischen Gesellschaft spielte er eine prominente, durch die ungewöhnliche Kühnheit seiner Thesen häufig provokante Rolle. Aber auch den Kontakt zur russischen Geistlichkeit hörte er nicht auf zu pflegen. Dazu war er einer der bewundertsten, aber auch bestgehaßten und meistbeschäftigten Journalisten jener Zeit. Seine Glanzzeit als Schriftsteller fällt in die Jahre 1911 bis 1915, als er nach emsiger journalistischer, wissenschaftlicher und literarischer Tätigkeit auf den Gebieten der Literaturkritik, Kunstbetrachtung, Religionsphilosophie, Pädagogik, Mythenforschung und Kulturpolitik die beiden großen Aphorismensammlungen »Solitaria« und »Verwehte Blätter« veröffentlichte, die zusammen mit der »Apokalypse unserer Zeit« seine Stellung in der russischen Literatur begründen ... Kurze

Jahre eines von Anfeindungen sowohl wie literarischen als auch politischen Fehden angefochtenen Ruhms, aber eben doch des Ruhms. Das Ende war bitter. Häusliche Unglücksfälle, die diesen überzeugten »pater familias« und zärtlichsten, anhänglichsten Gatten doppelt empfindlich trafen, suchten ihn heim. Und die Revolution von 1917, die er ablehnte und verwarf, stieß ihn in Not und Dürftigkeit, so daß seine Konstitution den Altersbeschwerden nicht standhalten konnte. Er starb in dem Klosterort Ssergijew Possad bei Moskau, versöhnt mit der orthodoxen Kirche, die er zu seinen Lebzeiten so oft angegriffen hatte, ohne sich allerdings, wie Tolstoj, innerlich ganz von ihr loszulösen.

Rosanow kokettierte gern mit seiner angeblichen literarischen und philosophischen »Unbildung«. Er behauptete, Hegel niemals studiert und auch Nietzsche nicht gelesen zu haben (was ganz unwahrscheinlich ist). In Wirklichkeit war er eine enzyklopädische Natur, in Philosophie, Theologie, Geschichte, Literatur- und Kunstkritik und Soziologie gleich sattelfest. Doch liegt, wie so oft bei ihm, diesen auf den ersten Blick zweideutigen, unglaubhaften Vorspiegelungen etwas Wahres zugrunde: wirklich beeinflußt haben ihn nur heimische russische Schriftsteller und Denker, vor allem Gogol und Dostojewskij, dann Konstantin Leontjew, sein Beichtvater und philosophischer Mentor Pawel Florenskij und sein Freund, der allzufrüh verstorbene Philosoph Fjodor Sperk.

Sein tiefstes geistiges Erlebnis jedoch war die Begegnung mit dem Christentum in byzantinisch-russischer

Ausprägung mit seiner Volksfrömmigkeit, klösterlichen Weltentsagung und uralt-geprägten Ästhetik. Das Religiöse hat ihm sein ganzes Leben lang keine Ruhe gelassen; wie Midas alles, was er berührte, in Gold verwandelte, so nahm für Rosanow jede Lebensfrage, der er begegnete, den Charakter eines religiösen Problems an. Immer aufs neue hat er die Problematik des Christentums, die sich ihm vor allem als Gegensatz zwischen der lebensbejahend-patriarchalischen Religion des Alten Testaments und der asketischen Leidensreligion des Neuen Testaments darstellte, zu ergründen versucht. Bald hat er den Glauben seiner Väter und die Kirche im Namen eines erotisch-vitalistischen Ideals verneint und zynisch bekämpft, bald sich wieder mit leidenschaftlicher Inbrunst zu ihnen bekannt; doch losgekommen ist er, wie er selber sagte, »von den Kirchenmauern« nie. Gewiß war er einer der skandalösesten Rebellen in der Geschichte der russischen und nicht nur der russischen Religiosität, von geradezu Dostojewskijhafter Intensität und glänzender polemischer Begabung. Aber er blieb, ungleich Tolstoj, innerhalb der Tradition. Allen positivistischen, materialistischen, »aufgeklärten« Modernismus verabscheute und verachtete er. Deshalb hat ihn die Kirche trotz all seiner Blasphemien, im Gegensatz zu Tolstoj, auch niemals exkommuniziert; denn sie fühlte sehr wohl, daß am Stolz der intellektuellen und moralischen Selbstgenügsamkeit die Gnadenmittel stumpf werden, während dionysische Schöpfungstrunkenheit am Ende der Gnadeneinwirkung immer noch zugänglich bleibt.

Nichts schien Rosanow so sehr anzuziehen wie der Magnetberg der Erotik; ein zu mythischen Höhen emporgesteigerter Sexus erhitzte sein gesamtes Leben, Fühlen und Denken bis zu peinlicher Schwüle. Gleichwohl wäre nichts abwegiger, als ihn etwa in die Nähe Freuds zu rücken, dessen Theorien ihn wohl mit eben demselben Widerwillen erfüllt hätten wie seinen englischen Geistesverwandten D.H. Lawrence. Havelock-Ellis, Krafft-Ebing und die französischen Neurologen hingegen hat er gekannt und ihre Ideen in indiskret wispernden Studien zur Sexualpathologie verwertet, wobei es ihm aber selbstverständlich nicht um Sexualtherapie und Trieberhellung durch Bewußtseinsanalyse zu tun war. Nicht die Heraufhebung der ins Unterschwellige verdrängten und dort rumorenden Triebhaftigkeit in die klärende Helle der Rationalität war sein Problem, sondern die Erkenntnis, daß der unbezwingliche Drang, zu zeugen und zu gebären, ein mit Vernunftbegriffen nicht Deutbares, Urerfahrenes, Endgültiges, weiter nicht Ableitbares ist, in dem der Mensch sich als Glied des gottgeschaffenen Kosmos begreift. Daher seine kosmische Religiosität, die er in den altorientalischen Mythen und der patriarchalischen Volksreligion der Genesis zu finden glaubte und ausspielte gegen den bleichsüchtigen A-kosmismus und Ethizismus des Neuen Testaments.

Doch läßt man sich nicht ungestraft nach einem Jahrtausend christlich durchhauchter Geistigkeit und entkörpert-neuplatonischer, byzantinischer Frömmigkeit mit Baal und Astarte, Tammuz und Isis ein; und die inbrünstigsten Hymnen zeugungsbegeisterter Sonnenverehrung waren nicht imstande, das Echo liturgischen Gesangs in seinem Herzen zum Schweigen zu bringen, jenes »Endlose, gleich weit von Klage und von Lust – etwas Feierliches, das von Ewigkeit her und weit in die Ewigkeit so forttönen (mag) ... als sänge ... das Geheimnis selber, ein Wesenloses ...« (Hugo von Hofmannsthal).

Denn Rosanows eigentlicher Gegenspieler war weder die Staatskirche noch die Lebenslüge viktorianischer Mittelstandsmoral, noch auch die doktrinäre Unduldsamkeit der fast durchweg »links« eingestellten russischen Intelligenz, die ihn nicht verstand. Es war der Tod in der eigenen Brust. Er, der sich so heiß bemühte, ein Heide zu sein, weltfromm im Anblick der Natur, des »Lebens«, wurde zum Christen unter dem Anhauch des Todes. Er wußte, daß der Tod, vor dem er sich entsetzte, das entscheidende, ganz unerbittliche Faktum für jedes denkende und fühlende Einzelwesen ist, was immer auch Philosophie und Wissenschaft über den Triumph der Gattung lehren mögen. Es stand für ihn fest, daß der Tod letztlich sich am stärksten erweist, stärker als Glaube, Liebe und Hoffnung, alle Kultur, alle Versuche, den Sinn des Lebens zu ergründen.

Daher seine Einsamkeit, seine grenzenlose Egozentrik, die sich auch in seinem Schicksal als Publizist widerspiegelte. War er bei der Linken unmöglich, so schockierte er die Rechte der »bien-pensants« durch seine phantastische Unkonventionalität und die Absonderlichkeit seiner Themenstellung. Wie schon angedeutet, war er an sich eine konservative, und das bedeutet eine in der Väterweisheit wurzelnde, zutiefst a-politische Natur. Höher als all die »großen« Zwecke und Ziele des Gemeinschaftslebens stand ihm ein erfülltes Privatleben. Der revolutionäre Umsturz mußte ihm darum allein schon verhaßt sein, weil einzig der Status quo ihm die ungestörte Fortführung seines geliebten privaten Daseinsstils gestattete. Wohl verstand er das Wesen des Staates als Machtentfaltung; aber als die einzig wirksame Entgiftung des gesamten gesellschaftlichen Lebens der Zeit konnte er nur die völlige Entpolitisierung befürworten und war sogar bereit, nach dem Zusammenbruch von 1917/18 eine deutsche Eroberung Rußlands in Kauf zu nehmen, weil sie den Russen das lästige Geschäft der Politik abgenommen hätte. Das Politische und Soziale spielte für ihn nur die Rolle eines Reizes unter anderen, eines Kaleidoskops von Eindrücken, die ihn zum Ausdruck herausforderten. Wesenhafte Bedeutung wie dem Kosmischen, Erotischen, Künstlerischen und, vor allem, Religiösen kam ihm nicht zu. Das erklärt sein Schwanken zwischen den Parteien, seine politische und weltanschauliche »Unzuverlässigkeit«, die man ihm von links wie von rechts immer wieder mit herben Worten vorgehalten hat; und die Verdammungsurteile mußten um so schroffer ausfallen, als die von ihm Enttäuschten ahnten, daß er ihr Anliegen im Grunde nicht ernst nahm. In dieser Beziehung ist Rosanow eine vereinzelte Spielart im Bestiarium der neueren russischen Literatur mit ihrem erdrückend sozialethischen Pathos. Kein Wunder, daß Rosanow einer

Aufwertung, wie sie kürzlich Dostojewskij widerfuhr, in der Sowjetunion vorläufig nicht gewürdigt worden, sondern tabu geblieben ist bis auf den heutigen Tag. Doch auch schon zu seiner Zeit übersah eine auf politisch-soziale Allheilmittel eingeschworene Gesellschaft, daß aus religiöser Sicht – mochte er seine Anschauungen nun alttestamentarisch, orthodox oder gnostisch-häretisch formulieren – nur eines von Bedeutung war für ihn: der Mensch zwischen Gott und den kosmisch-vitalen Mächten, das tellurisch-erotische Ich und die nach Christus bangende Seele …

In D. H. Lawrences »Studien zur klassischen amerikanischen Literatur« heißt es einmal: »Die Kunst der Sprache ist die einzig gültige Wahrheit. Gewöhnlich ist der Künstler selbst ein ganz ordinärer Lügner, aber sein Werk, wenn es überhaupt Kunstrang beanspruchen kann, enthält die Wahrheit seiner Zeit.« Dieser Ausspruch findet seine Ergänzung in folgenden Lamentationen aus der Abhandlung »Der Roman«: »Es ist wirklich trübselig festzustellen, daß fast alle großen Romandichter didaktische Absichten verfolgen oder aber eine Weltanschauung predigen, die ihrer triebgespeisten Inspiration diametral entgegengesetzt ist. Dieser Inspiration nach sind sie alle Phallus-Anbeter … doch wenn ihre Weltanschauung ins Spiel kommt, sind sie alle gekreuzigte Jesusse. Wie trübselig! Und was für eine überflüssige Last der Roman mit sich herumschleppen muß!«

Will man diese Kriterien auf Rosanow anwenden, so gilt es, zwei Umstände zu beachten: einmal war Rosanow kein Romancier im strengen Sinne des Wortes.

Immerhin könnte man seine Aphorismen, Selbstbekenntnisse und Prophetien als Materialien zu dem Roman seines inneren Lebens betrachten. Insofern Rosanows äußeres Dasein, bis auf die Schlußkatastrophe, ereignisarm, sein inneres Leben aber voller Spannungen, Konflikte und unablässiger Bewegung war, wäre er selbst eine Art Idealfigur für einen modernen Roman. Zum andern aber richtet sich Rosanows »triebgespeiste Inspiration« im Prozeß der Gestaltung auf sich selbst – der schöpferische Antrieb und die im Geschaffenen geformten »didaktischen Absichten«, die »Weltanschauung«, das Ausdruck gewordene Denken sind identisch.

Wenn bei jemandem, so geht es gerade bei Rosanow nicht an, eine Distanz zwischen Mensch und Gestalter legen zu wollen, über die hinweg die beiden sich anriefen, ohne sich je verständigen zu können. Vielmehr ist er in Intention, Thema und sprachlichem Vollzug völlig eins mit sich selbst, und der unnachahmliche Zauber seines Stils, der noch die auf den ersten Blick läppischsten Extravaganzen annehmbar, ja eingängig macht, beruht eben auf dieser absoluten Identität des Schreibenden mit seinem Wort. Es ist der Stil eines Mannes, der spricht, aber nicht so sehr zu anderen (oder gar zum Leser), sondern zu sich selbst. Hier decken sich wirklich einmal Stil und Mensch, nicht in dem Sinne, daß man von der Schreibweise als einem vom Menschen Losgelösten, quasi Objektivierten nun psychologische Schlüsse auf die charakterliche Beschaffenheit des Schreibenden ziehen könnte, daß der Stil den Autor »verriete«, sondern daß der Mensch ohne jede Nahtstelle völlig in den Stil eingegangen, der Stil gleichsam Mensch geworden ist. Erst von solchen Beobachtungen her könnte man sagen, daß Rosanows schöpferische Leistung die unablässige, spontane Verwandlung des Lebensstoffes in Ausdruck gewesen ist. Hier liegt der Schlüssel zu seiner befremdlichen Graphomanie, aber auch zu der kein Sprachingrediens verschmähenden Subtilität und zupackenden Unmittelbarkeit, Originalität und Farbigkeit seines Schreibens. Reflexion, Gedankensplitter und Erlebnis – wo immer aufgelesen, erhascht oder aufgefangen – wandeln sich in sofort niedergeschriebene Notiz, Aphorismus, Aperçu. Der gesamte Stoff, den das Leben ihm unaufhörlich von innen und außen zuspielte, bildet darum nicht etwa nur Anlaß und Vorwand zum Ausdruck, wie einige Kritiker wahrhaben wollten; es wäre ein Irrtum, auf reiner Beliebigkeit der Motive zu bestehen, um aus sprachästhetischer Gewissenhaftigkeit den Autor vor sich selbst zu retten. Denn Rosanow hat nur sich selbst zum Thema, das er ernst, aber nicht feierlich genommen hat, ernst bis zum Überdruß an aller »Literatur« überhaupt. Doch auch ironisch – »die Literatur trage ich wie meine Hosen« – und die scheinbar verantwortungslose Spielerei mit seinen Ideen und Widersprüchen, in der er sich oft gefiel, verrät nur das beständige Oszillieren seines Geistes zwischen den Polen, die sein metaphysisches und moralisches Ich begrenzten. Seine Tränen um den Schmerz, die Unbarmherzigkeit und Kälte der Welt, deren er sich nicht geschämt hat, finden ihr Gegenstück in einer bald melancholischen, bald faunischen Scherzhaftigkeit, die sich alle die plastischen, spottsüchtigen und derben Kapriolen der russischen Umgangssprache, die Schnoddrigkeit des Schüler- und Studentenjargons, der Redaktionsstube und Kneipe dienstbar macht, denn, wie Jean Pauls Luftschiffer Gianozzo notiert: »Der Scherz ist unerschöpflich, nicht der Ernst.«

So ist Rosanows Stil in seiner geplanten Formlosigkeit, Spontaneität und dem absichtsvoll-absichtslosen Parlando ein einzigartiges sprachliches Phänomen. Gewiß hat er auch seine Vorgänger gehabt. Nicht die geringsten unter ihnen sind Pascal, Lichtenberg, der Rousseau der »Confessions« und der Baudelaire der intimen Tagebücher. In ihrem steten Kreisen um die eigene Person, in ihrem Verhältnis zu sich selbst, zu Gott, den kosmischen Mächten und zu Gesellschaft, Kirche und Kultur erinnert Rosanows Aphoristik gelegentlich an Amiels Aufzeichnungen; allerdings stimmt Rosanows Pathosformel ganz und gar nicht zu des Genfers calvinistischem Bohren in Schuld und Vereitelung. Die Unmittelbarkeit spontaner Einsicht, die Sicherheit der Intuition erinnert an Novalis' Athenäumsfragmente, etwa die graziöse Prägnanz des Ausspruchs: »Die Lieder stammen eben daher, von wo auch die Blumen kommen.« Die zustoßende Aggressivität der kulturkritischen und persönlichen Invektive und der Mut zum »Unzeitgemäßen« lassen immer wieder an Nietzsche denken. Der Aufrichtigkeitsfanatismus Gides und seiner Nachahmer und Bewunderer ist bereits in dem rückhaltlosen Aussagewillen des Russen enthalten, der keineswegs die Absicht hatte, auch bei intimster Ichbezogenheit sich selbst zu schonen. Natürlich ließ sich dieser ungehemmte Wille zum Ausdruck nicht mehr in die Schranken zwingen, die bürgerliche und ästhetische Konventionen der Sagbarkeit gesetzt hatten. Daher ein gelegentlich zynisch-naives, oft stark naturalistisches Kolorit in der Textur von Rosanows Stil – naturalistisch im Verstande des »naturalia non sunt turpia« –, ein sorgfältiges Beobachten und Registrieren all jener unzähligen Bewußtseinspartikel, die aus dem Unterbewußtsein, gleich Sauerstoffblasen in einem Aquarium, unablässig an die Oberfläche heraufspülen ... Sicherlich eine Vorwegnahme der Technik des inneren Monologs, wie sie James Joyce etwas später zur Perfektion brachte. Doch bleiben diese Bezüge im Bereich von bloßen Anklängen. Sie stellen keine Abhängigkeiten oder Beeinflussungen fest, wenn man von Pascal und Nietzsche absieht. In Rosanows Themen ließen sich viel leichter die Spuren gnostischer Autoren, Gogols, Dostojewskijs, Leontjews und Ssolowjows aufdecken als die Einwirkungen europäischer Denker. Die Bibel, Lesskow und Gogol, der Zeitungsstil seiner Zeit und die unverblümte Redeweise der Gasse, wo »er den Leuten aufs Maul sah«, mögen zur allmählichen Herausbildung der ihm eigenen Schreibweise beigetragen haben. Sonst aber ist er im Ausdruck völlig, ja bestürzend original, und es ist diese expressive Individualität von Wortwahl, Sprechton und Rhythmus, dieser an Überraschungseffekten reiche Wechsel von Pathos und Grauen, Melos, Ironie und kauziger Vertracktheit, durch die er sich die mannigfaltigsten, ihn bedrängenden Denkmotive und -bilder so ganz ohne Bruchstelle anverwandelt hat, daß sich eine ungetrübt einheitliche »Physiognomie des Geistes« (Schopenhauer) in seiner Sprache spiegelt.

Heinrich A. Stammler

Embryonen

»Was ist zu tun?« fragte ein ungeduldiger junger Mann aus Petersburg. Ja, was wäre da wirklich zu tun? Nun, wenn wir Sommer haben, putzt man die Erdbeeren und kocht sie ein; und wenn es dann Winter ist, ißt man das Eingemachte zum Tee.

Die Vollkommenheit der Form ist der Vorzug sinkender Epochen.

Wenn ein Volk stirbt, hinterläßt es zunächst einmal nur Formen: das Skelett seines Geistes, seines Schaffens, seiner inneren und äußeren Schicksale. Sind etwa die Republik oder die Monarchie keine Formen? Oder die Tragödie, das Epos, der sechsfüßige Jambus? Oder der Parthenon und die Neunte Symphonie? Und endlich die Metaphysik Platos, Hegels?

Und darum noch einmal: Wenn das Dasein eines Volkes sich dem Ende zuneigt, kommt die formale Seite alles von ihm Geschaffenen der Vollkommenheit am nächsten.

Das neunzehnte Jahrhundert ist das Jahrhundert, das sich an seinem Untergang weidet: Es fühlt ganz wie Sardanapal, der sich mit seinen Weibern, auf seinen Schätzen thronend, verbrennen ließ.

Die ganze Welt ist ein Spiel von Potenzen. Ja, ich möchte sagen, das Spiel von geistigen oder physischen, toten oder lebenden Embryonen. Ein Dreieck ist die

Hälfte eines auf ganz bestimmte Weise zerteilten Quadrats, und darauf beruhen seine Eigenschaften wie Meßbarkeit und Verhältnis zu anderen Figuren.

Die Erde ist eine Art zerplatzter und wieder zusammengeronnener »Ring des Saturn«, und darum gravitiert sie nach der Sonne. Und so ist jedes Ding ein Teil zahlloser anderer Dinge, der Embryo, eine Potenz zu ihrer Formung. Und darum allein tritt es zu ihnen in Beziehung und verbindet sich mit ihnen oder wird von anderen Dingen abgestoßen. Und deshalb, so behaupte ich, ist das Leben der Natur das Leben von Embryonen. Ihre Gesetze sind Gesetze der Embryonalität. Und die ganze Wissenschaft, d.h. die einzelnen Wissenschaften samt und sonders sind nichts als Zweige einer kosmischen Embryonologie.

Was nennen wir mystisch? Vor allem einmal alles Unklare, aber nur soweit wir dabei das Gefühl von Tiefe haben, auch wenn wir das nicht beweisen oder wissenschaftlich erforschen können. Weiter heißt mystisch das, worin wir einen Abglanz, einen schräg gebrochenen Strahl des Göttlichen vermuten; und endlich alles, worin wir etwas Ur-Elementares, im Hinblick auf alle anderen Dinge Ur-Erschaffenes wittern.

Fällt jemandem ein Stein auf den Kopf, so ist das natürlich nichts Mystisches; aber der auf solch einen Unfall möglicherweise erfolgende Tod ist ganz und gar mystisch. Er ist mystisch als Akt und sogar mystisch als Moment im Schicksal des Menschen, als mögliche Strafe seiner Sünden.

Es ließe sich sogar behaupten, daß das Mystische nicht so sehr in der Natur als vielmehr im Menschen beschlossen liegt: alle Dinge und Erscheinungen kann man natürlich mystisch betrachten, aber ebensogut auch naturalistisch. Ein Mensch ist von einem Stein getroffen worden und gestorben: bis hierhin reicht der Naturalismus. Aber weshalb der Stein gerade *diesen* Menschen traf – das ist schon die reine Mystik.

Vom Naturalismus her gesehen ist zwischen Mensch und Hund kein großer Unterschied: auch ein Hund wird von einem Stein getroffen und heult auf. Ist der Anprall stärker, geht der Hund ein. Da gibt es weiter nichts zu fragen. Der Mensch aber wollte sich auf dieses »Warum wohl« niemals beschränken. Er fragt weiter: und hier eben beginnt der Mensch, Mensch zu sein.

Ein Blitz zuckt durch die Nacht: ein Brett leuchtet auf, ein Hund zittert, und ein Mensch beginnt zu sinnen. Drei Spielarten des Seins, die in eins zu sehen wir uns vergeblich bemühen würden.

Jedes Genie zieht es zum Überweltlichen, und ist es nicht eine Vorstufe hierzu, daß es alle Menschen zum Seltsamen zieht und selbst zum Entsetzlichen? Den Hund zieht es nicht zum Schrecklichen, er läuft nur weg davor. Auch der Mensch läuft davon, dennoch aber schaut er dem Furchtbaren ins Auge und läßt sich faszinieren. Einer der Hauptzüge menschlichen Wesens...

»Ich suche meine Fäustlinge, und dabei stecken sie mir im Gürtel« – »am schrecklichsten ist, daß es nichts Schreckliches gibt«, bemerkte Turgenjew traurig. In sich selbst hatte er den Grund seiner Schwermut durchschaut. Und daß er es eben so schrecklich fand, dieses Nichtvorhandensein des eigentlich Schrecklichen – liegt darin nicht ein furchtbares Geheimnis der menschlichen Seele? Ich sehe den Tag, aber wünsche die Nacht herbei, sehne mich nach ihr. Mein ganzes Leben lang sehe ich nur den Tag und frage doch, ob sie nicht irgendwo oder irgendwann zu gewahren sei: »Warum ist nicht Nacht? Wo ist die Nacht? Ohne die Nacht finde ich alles schrecklich und bedrückend.« Ist nicht diese dunkle Vision ein furchtbares Geheimnis?

Furchtbarer als alle jene Schreckphrasen von den »Liedern der triumphierenden Liebe«, mit denen er in der Vorschau auf die undurchdringliche Nacht sich im Alter tröstete?

Denn es gibt die schreckende Nacht. Alle unsere Ängste sind begründet; die Nacht ist nichts Ausgedachtes oder Fiktives – sie ist wirklich. Von dort her überfallen uns die Träume, und in diesen Träumen lebt eine relative Wahrheit, auch wenn unsere Phantasie sie etwas entstellen mag. Und zu dieser Nacht gewandt beten wir, verschreckt und erschüttert. Ängstlich krampft sich unser Herz zusammen, und wir drücken uns aneinander … Das ist die Kirche.

Daher kommen alle Mysterien der Religionen. Von dort her erscholl es einstmals: »Fürchtet euch nicht!«, von dorther breitete sich »die Frohe Botschaft« aus.

Und die gestern noch Verschreckten sind heute in Sanftmut getröstet ... Evangelium und Bibel.

Häufig vergleicht man die Stoiker mit den Christen und zieht Parallelen zwischen der heidnischen Philosophie der Spätzeit und dem neuen Evangelium. Dabei gibt es aber doch nichts Gegensätzlicheres: sogar die Epikuräer stehen den Christen näher.

Der Stoizismus ist der Wohlgeruch des Todes – das Christentum aber der Schweiß, der Schmerz und die Freude einer Kreißenden, der Schrei des Neugeborenen. »Freuet euch alle Tage«, sagte der Apostel; hätte das wohl ein Stoiker sagen können? »Meine Kinder, bewahret, was euch anvertraut ist« – ist das etwa die Sprache des untergehenden Rom? Ohne Lärmen, Wein und Rausch ist das Christentum völlige Heiterkeit, eine erstaunliche Leichtigkeit des Geistes. Niedergeschlagenheit und Schwermut haben hier keinen Ort. Die Asketen wie auch die Märtyrer waren heiter – die einen in der Einöde, die anderen auf ihrem Leidensweg. Ein Strom innerer Heiterkeit verscheuchte selbst in solchen Minuten jeglichen Schatten von Verdüsterung von ihrem Antlitz.

Der Vater Ambrosius vom Optina-Kloster und Johann von Kronstadt sind die besten und typischsten Christen, die wir zu unserer Zeit unter uns gesehen haben; und beide waren bemerkenswert helle, freudige, lebenerfüllte Naturen. Beim Vater Ambrosius finden wir in seinen Briefen und Gesprächen fast nur Scherzworte und heiteren Witz; und das Antlitz Johanns von Kronstadt ist bekannt genug – aus ihm strahlt die Freude selbst.

Der Stoiker – wir sagen das, weil ein aufrichtiger Christ nicht umhin kann, ihn ein wenig zu belächeln – macht gute Miene zum bösen Spiel. Er lebt enthaltsam, gibt sich die größte Mühe in allem, was er tut, und führt einen streng moralischen Wandel – all das, ohne auch nur im geringsten zu begreifen, wozu eigentlich.

Eine unmerklich feine Linie führt von den Stoikern zu den Pharisäern: beide sind in ihrem Verhältnis zur Welt übertrieben mäkelig. Der eine setzt sich in die Badewanne, öffnet sich die Pulsadern und liest seinen Phaidon dabei. Der andere zieht sich von der Welt zurück in seine Gebetsecke.

Das ganze Geheimnis der Orthodoxie liegt im Gebet, und das Geheimnis eines guten Orthodoxen enthüllt sich in der Fähigkeit zu beten.

Wir gestehen es – jedesmal, wenn die Rede auf den Caesaropapismus oder den Papocaesarismus kommt, bereitet uns das Verdruß. Stehst du in der Kirche und siehst die Beter – wie könnte es dir da einfallen, sie etwa in Caesaropapisten und Papocaesaristen einzuteilen. Das sind doch alles Themen, die für uns nur insoweit interessant sind, als wir das Beten verlernt haben.

Es gibt keine Statue, die trügerischer wäre als der Moses des Michelangelo. Diesen Moses hat es nie gegeben. Die Phantasie des Künstlers und seine Intuition haben sich hier geirrt.

Moses hatte eine schwere Zunge. Dieser Verfasser von Büchern, derengleichen es in der Welt nicht gibt, besaß die Gabe des Wortes nicht. Ist das nicht erstaunlich? Die ganze Macht des Wortes hatte sich im Geiste konzentriert, und für die körperliche Zunge, dies plappernde Stückchen Fleisch, war nichts übriggeblieben.

Und dabei hatte er die Kinder Israel aus Ägypten durch die Wüste ins Gelobte Land geführt. Ein staunenerregender Mann, und wie tief eindringend wahr sind Heines Worte: »Wie klein ist der Sinai, wenn Moses auf ihm steht.« Dieses größte Wort der Bewunderung für Moses, das wir kennen, entrang sich dem Mund eines Schriftstellers, der Heide in einer heidnischen Epoche war.

Ich glaube, Moses war von niedriger Gestalt und kleinmütig; vielleicht hatte er gar keinen Bart, oder doch nur ein paar kümmerliche Härchen am Kinn. Ich glaube auch, daß er stumm war in seinem Leibe vor den von ihm vollbrachten Taten, wie er auch stumm war vor den von ihm geschriebenen Büchern.

Moses war ganz Konzentration, ganz Innerlichkeit. Unzweifelhaft war er schön wie niemand unter den Menschen – niemand vor Christus. Aber diese Schönheit war ungreifbar und unüberlieferbar, und sie ist uns auch nicht überliefert.

Michelangelo hat sich und andere betrogen.

Das Bedrohlichste am Christentum des 19. Jahrhunderts ist die Rhetorik, in die die Verkündigung verfallen ist. Selbst im Stil hervorragender Schriftsteller tritt das hervor. Es gibt keine Apostel mehr, sondern ›Fischer aus Galiläa‹; man spricht nicht mehr von Jesus Christus, sondern vom ›göttlichen Lehrer‹. Chateaubriands ›Génie du Christianisme‹ ist ein weniger christliches Werk als Voltaires ›Pucelle‹ – das Werk einer weniger christlichen Epoche. Denn daß sich Hohn, Spott und frecher Witz gegen das Christentum erheben, das geht auf urchristliche Zeiten zurück; daß aber die Christen selbst ihren Glauben nunmehr bloß noch rhetorisch auffassen, ist erst eine Erscheinung der jüngsten Zeit.

Bemerkungen am Rande eines nicht zu Ende gelesenen Buches

Mein zentraler Gedanke geht dahin, daß die Familie in ihrem angeblichen »Naturstand« eine nicht weniger uralte, geheiligte Erscheinung ist als die Ecclesia Romana, der Pontifex Maximus und Servus servorum Dei. Und wenn die Ecclesia Romana eine jegliche »natürliche« Familie (wie, wann und wo sie auch immer entstanden sein mag) nicht in ihren Schoß aufnimmt, so kann es durchaus geschehen, daß sich aus dem Wesen dieser natürlichen Familien heraus eine eigene Kirche bildet, die genau so gut zu Füßen Gottes ruht.

Man könnte mir vielleicht den einen Vorwurf machen, ich hätte ein göttliches Geheimnis, das im Verborgenen bleiben soll, ausgeschwatzt. Die Wurzel vom Baume des Lebens, die nicht in der Sichtbarkeit wirkt, habe ich bloßgelegt. Allerdings sollte man sich in diesem

Falle lieber über die Herrn Asketen aufregen, die es sich in den Kopf gesetzt haben, dieses göttliche Mysterium zu leugnen. Und schließlich habe ich ja auch nur darauf hingewiesen, nicht aber es analysiert: denn auch so bleibt das Geschlecht etwas Unsägliches. Wir sehen wohl den Blitz, was aber Elektrizität eigentlich ist, wissen wir nicht.

Zur Geschichte Abrahams: Gott beschnitt den Menschen, den er für sich heiligen wollte, an geheiligter Stelle. Wenn die Eheleute in der ehelichen Umarmung oder überhaupt Mann und Weib sich zuinnigst nahekommen, so vereinigen sie sich an gottgeweihter Stelle, am intimsten Sitz ihres kreatürlichen »Ich«. Deshalb ist jede Vereinigung, »auf daß zwei ein Fleisch seien«, die für Mann und Weib bestimmte Aufdeckung geheiligter Tafeln mit geheimnisvoll darauf niedergelegten Geboten...

Ich habe kein sonderliches Talent; was jedoch an mir talentvoll ist, das ist mein Thema. Und es ist nur gut, daß ich, d. h. ein den Status quo grenzenlos liebender, ganz in den Willen Gottes ergebener Mensch, angefangen habe, dieses Thema zu bearbeiten. Denn es wäre durchaus vom Übel, wenn ein grundsätzlich bösartiger, zu absoluter Gegenstimmung neigender Mensch sich dieses Gegenstandes bemächtigt hätte.

Ich will weiter nichts, als die Lehren vom Weibe und vom Kinde ein wenig verbessern – dann kann ich ruhig einschlafen...

Das wahre Fin de Siècle

In einem Strahlenkranz von Schwindel und Betrug versinkt die Sonne des neunzehnten Jahrhunderts. »Esterhazy oder Dreyfus?« »Welcher von den beiden ist der Verbrecher?« »Oder sind beide Verbrecher?« Nicht das ist wesentlich, daß gegen Ende eines bedeutenden und stolzen Jahrhunderts ein paar weltbekannte Spitzbuben hervortreten konnten; von Bedeutung aber ist, daß ganz Europa tage-, wochen-, monate- und schließlich jahrelang mit der hingebendsten Bereitschaft des Geistes und Feinfühligkeit des Herzens den geringfügigsten Einzelheiten im Leben von Leuten nachging, von denen doch von Anfang an feststand, daß sie nichts waren als jämmerliche Alltagsmenschen ohne den Witz, den einst Cartouche besaß, oder die Ritterlichkeit von Puschkins »Räuberbrüdern«. Von Bedeutung ist, daß nach dem Panamaskandal und dem Prozeß der Zeitungserpresser der Fall Esterhazy und Co. offensichtlich nicht nur eine Episode, ein zufälliges Ereignis darstellt, sondern gleichsam ein Kettenglied in einer Entwicklungsreihe, ein Moment in einem historischen Prozeß, dessen Ende abzuwarten uns noch bevorsteht. Aber dieser Moment ist so schlimm, daß wir, die Schrecken des zwanzigsten Jahrhunderts beiseite lassend, angstvoll nach dem Ende des neunzehnten Jahrhunderts fragen: Ist denn hier wirklich nichts zu entdecken, was stark genug wäre, diese Epauletten von unschönem französischem Zuschnitt, diese aufgezwirbelten Schnurrbärtchen und schwanzförmigen Schnauzbärte, diese mörderische Alltäglichkeit der Physiognomien aus der Phantasie, dem Gedächtnis, dem Interesse der Menschen zu verdrängen?

Man könnte denken, es handle sich hier um eine Fehlleistung der Presse, die für die Spitzbüberei Reklame gemacht und eine ordinäre Polizeiepisode zum Rang eines historischen Ereignisses erhoben hätte. Jedoch darf man nicht übersehen, daß es niemandem so zuwider ist, die Spalten der Presse mit dieser Affäre anzufüllen, wie den Journalisten; und daß eine Gruppe von Schriftstellern, die sich zufällig zusammenfindet, es ängstlich vermeidet, auch nur die Namen dieser notorischen Majore zu erwähnen. Nein, hier geht es nicht um die Interessen der Presse. Aber die Presse hat sich dem weltweiten Interesse am Verbrechertum unterworfen und schließlich vor jener Verödung der historischen Atmosphäre kapituliert, die so recht eigentlich erst die Bedingungen dafür aufkommen ließ, daß eine üble Episode im Leben ganz übler Herrschaften plötzlich vom Tajo bis zur Kama ruchbar wurde, und mit einer Dreistigkeit, die mit ihrer Weltbekanntheit zusammenhängt, sozusagen Anspruch darauf erhebt, daß man ihr ein Denkmal wie die Vendôme-Säule setzt. Warum soll man nicht mit Esterhazy enden, wenn man mit Napoleon angefangen hat? ... Das neunzehnte Jahrhundert ist nicht unwitzig ... oder ist es vielleicht sehr unglücklich?

Da gab es einmal die Tübinger Schule in der Theologie, die Bibelkritik betrieb und an Handschriften und Texten herummanipulierte; nun, man interessierte sich dafür; die einen erschraken, andere waren erfreut; aber die einen sowohl wie die anderen waren nicht bis ins Letzte betroffen. Da war Puschkin, aber wie schwer hatte er es, sich die allgemeine Aufmerksamkeit zu erringen; Jahre und Jahrzehnte sind wir nun schon der Ansicht, daß man »auch in Frankreich begonnen habe, ihn zu würdigen«, »daß Mérimée aufgetreten sei, um ihn zu interpretieren« – im Vaterlande aber gedachte man bald seiner, bald »vergaß man ihn auch wieder«. Die Wogen des Interesses kommen und gehen; ohnmächtig bereits im Steigen, fallen sie auch schon. Da war Byron, der die Geister verwirrte, infizierte und erregte. Aber doch kaum bis hinein in die letzte Kleinbürgerfamilie, bis in die Unterhaltung von zwei Kokotten, die heute die Zeitung weglegen und fragen: »Nun, Liebste, wie steht's – Esterhazy oder Dreyfus?« Über das Evangelium, die Poesie, das traurige Ende der österreichischen Kaiserin Elisabeth, bei dem sich das Entsetzliche mit dem Lächerlichen verflocht, triumphieren kraft der Beständigkeit des ihnen zugewandten weltweiten Interesses zwei Männer: ein Offizier, der ein Zuhälter ist, und ein reicher Israelit, den es nach den Epauletten gelüstet, die man ihm nicht geben will und die er ja auch eigentlich gar nicht braucht. Und wirklich, weder das Leben der Kaiserin mit ihrer merkwürdigen Hingabe an Andenken und Dichtung Heinrich Heines (ein privates Interesse, welches in einem Menschen von so allgemein überragender Stellung im Leben die Oberhand über das Allgemeine gewann) noch die Biographie Puschkins, die verschiedenen Lesarten seiner Gedichte, noch auch die Versuche der christlichen Welt, ihr Evangelium vor der Kritik deutscher Haarspalter zu schützen, haben solche Berge von Papier erzeugt wie dieser doch eigentlich ganz inhaltslose Prozeß. Der arme Gutenberg: wenn er das gewußt, wenn er das vorausgesehen hätte ... Die armen Setzer mit ihren kranken Augen unter den grünen Augenschirmen – da stehen sie in dem schädlichen Bleistaub vor ihren Lettern, die, so scheint es heute, nur wegen der Erregung über ein »Bordereau«, ein »eingerissenes« und »zusammengeklebtes«, aber zum Leidwesen der ganzen Welt nicht total zerrissenes und in die Kloake geworfenes Telegramm erfunden worden sind...

In einer seiner Aufzeichnungen hat Gogol den Grundriß oder die Idee der von ihm geplanten »Toten Seelen« hingeworfen: »Die Idee der Stadt. Bis zum höchsten Grade angewachsene Leere. Leeres Geschwätz, alle Grenzen überschreitender Klatsch. Wie all das *aus dem Nichtstun entsteht«* (hier und weiter unten stammt die Hervorhebung von Gogol) »und einen im höchsten Grade platten, ordinären Ausdruck angenommen hat; wie durchaus nicht dumme Menschen dazu kommen, absolute Dummheiten zu begehen ... Wie die Leere und sinnlose Unausgefülltheit des Lebens abgelöst werden von einem trüben, nichtssagenden Tod. Wie dieses schreckliche Ereignis sich ganz sinnlos vollzieht. Niemand wird davon berührt. Der Tod trifft eine Welt, die nichts mehr berühren kann. Dabei muß dem Leser die tote Fühllosigkeit des Lebens nur noch stärker vor Augen treten. *Die schreckliche Finsternis des Lebens* und das noch zutiefst darin verhüllte Geheimnis ... Ist das nicht eine entsetzliche Sache – ein Leben ohne festen Anhalt? Ist das nicht ein furchtbares und doch *großes Phänomen?* ... So blind ist das Leben bei Ballbeleuchtung, Fräcken, Klatsch und Visitenkarten.«

Erstaunlich ist es, erschütternd, wie diese Aufzeichnung, die Gogol in den Papierkorb geworfen hatte und von Tichonrawow wieder herausgefischt wurde, nicht nur jene Szene, über die wir heute weinen, zutiefst ausdrückt, sondern auch bis in alle Einzelheiten umreißt. O unser Prophet mit seinen »unsichtbaren Tränen« – o du, unser Weissager! Nicht nur über Rußland hat er geweint; die Besonderheit seiner seltsamen und von niemandem jemals (an ihrer Quelle) entschleierten Trauer lag vielleicht darin, daß das Schicksal ihn zum Jeremias nicht nur über den Ruinen seiner Zeit und seines Vaterlandes, sondern auch der europäischen Kultur und christlichen Zivilisation bestimmt hatte.

Ja, warum sollten wir dieses Wort nicht endlich aussprechen? Denn das Wesen dieses Vorgangs, nämlich daß das letzte und üppigste Jahrhundert dieser Zivilisation in einem Strahlenkranz von Schwindel und Betrug zu Ende geht, besteht doch, wie wir bemerkt haben, in Öde und Belanglosigkeit, darin, daß keine Persönlichkeit, keine Idee sichtbar wird, die es auf sich nehmen könnte, gegen die »Kolossalität« des »Bordereaus« und des »Telegramms« anzukämpfen. Schließlich handelt es sich ja nicht um diese Fetzen Papier, um Esterhazy oder Dreyfus, sondern um mich, um uns und, in letzter Analyse, darum, daß die Zivilisation vom Osten bis zum Westen und vom Norden bis zum Süden in einer entsetzlichen und eigentlich ganz unmöglichen Seelenleere zerrinnt. Aber Seelenleere und Langeweile bedeuten Verödung und Nichts. Und wenn dieses Nichts auf dem Boden einer Kultur weiterwuchert – ist es dann nicht klar ersichtlich, daß er erschöpft und ausgedörrt, daß die Erde unter uns zu totem Staub geworden ist, weshalb wir auch von ihr nichts ernten als faule, fahle Ähren ohne nährende Körner? Kümmerlich ist der Mensch, kümmerlich der historische Acker – doch gestatten Sie mir, dies zu Ende zu führen: kümmerlich ist nicht die Ähre, sondern unfruchtbar und deshalb zur weiteren Bestellung untauglich ist die Erde. Es steht also schlimm – so schlimm, daß der kluge Sämann sein Saatkorn im Korbe behält und sich gezwungen sieht, darüber nachzudenken, wo er es auswerfen könnte.

Man könnte dies alles gewiß vom Standpunkt der Wahrheit oder Würde aus kritisieren. Jedoch hieße es, eine allzu hohe Meinung von seinem Verstand oder der Makellosigkeit seines Herzens haben, wenn man sich ein Urteil über diese Seite der Dinge erlauben wollte. Aber es ist auch durchaus möglich, vom Standpunkt der Kraft her zu kritisieren. Und vielleicht wäre das der wahrhaft historische Gesichtspunkt; denn was unstreitig sich in der Geschichte durchsetzt, ist das Kraftvolle und Starke, während das Schwache in Nichts zergeht. Wir mögen uns vom Geist und Gefühl des »fin de siècle« lossagen. Worin sich unser Auge aber nicht täuschen kann, das ist seine bescheidene Physiologie; gerade sie zeigt uns, daß unserem Herzen keine Schönheit mehr entquillt und daß wir nicht mehr imstande sind, »das Schöne und Ewige« zu erschaffen – wir haben es auch verlernt, uns dafür zu entscheiden und uns an ihm zu erfreuen. Das »Schöne und Ewige« ... was ist schon davon übriggeblieben ...

Und wenn es so mit uns steht, so heißt das, daß die Muttererde nicht mehr trägt und der Acker verkommt, weil die Wurzeln sich nicht in das dürre Feuersteingeröll einsenken können; denn nur das ist nach der völligen Erschöpfung der Humusdecke nachgeblieben. Aus diesem Zirkel von Folgerungen gibt es kein Entrinnen. Gut – ich bin talentlos, aber talentlos sind wir ja schließlich alle, oder wenigstens nicht genial. Und das geht nun schon so nicht fünf und nicht acht Jahre, sondern viel länger – mindestens ein Vierteljahrhundert. Sehen wir einmal näher zu. Etwas Gebrochenes, Nervöses und teilweise Falsches konnten wir schon an den letzten Vertretern unserer Dichtung feststellen. Ich meine hier Garschin und Nadson, die ihr kurzes Lied in die Ohren von ganz Rußland gesungen haben: in dem einen Fall eine geborstene Saite, im andern ein zitternder Bogen. Das ist offenbar, unstreitig und von großer Bedeutung im geistigen Orchester Europas. Wir sprechen über Europa, denn es scheint uns, daß auch dort während des letzten Vierteljahrhunderts keine helleren Gestirne aufgegangen sind als diese zwei bleichen Sterne. Und ein Vierteljahrhundert hat doch großes Gewicht für eine so enorme Gruppe von Völkern. Zeigen Sie mir noch ein Vierteljahrhundert in der Geschichte, in dem nirgendwo etwas Neues, Großes oder wenigstens Bedeutsames an den Tag getreten wäre: Sie werden es nicht finden. Gab es keine Dichter, dann Heerführer; keine Heerführer, dann Seefahrer. Und schließlich war die ganze Epoche an sich von großem Interesse. Aber wenn heute nacht jemand Sie aufweckte und plötzlich fragte, was an besonders interessanten Dingen in der Welt vorginge, so würden Sie nicht wissen, was darauf zu antworten ... während der Grenadier Napoleons, der Jakobiner, der Puritaner, der Katholik in der Bartholomäusnacht um eine Antwort nicht verlegen gewesen wäre. »Esterhazy oder Dreyfus?« Aber das ist doch wirklich nicht so interessant, daß es einem einfiele, wenn man nachts plötzlich aufwacht. In einer lesenswerten Etüde hat »Old Gentleman« verschiedentlich auf Grund historischer Studien auf die tiefgehende Ähnlichkeit der Symptome unserer Zeit mit denen der Spätantike vor dem Erscheinen, oder besser, dem Triumph des Christentums hingewiesen, d. h. auf die Ähnlichkeit der Symptome von Verfall und Niedergang. Aber was war im Verfall begriffen? Dort das Heidentum, bei uns aber? Das ist die herzbeklemmende Frage, die wir nicht loswerden. Zwanzig Jahre vor »Old Gentleman« hat Dostojewskij im »Tagebuch eines Schriftstellers« den ebenso melancholischen wie gewagten Begriff »des mißlungenen Christentums« geprägt. Gewiß ist es furchtbar, so etwas zu denken: aber, in der Tat – wo sind die Früchte, an denen wir erkennen könnten, daß der Baum des Christentums noch nicht abgestorben ist? Wie die Erinnerungen von Dostojewskijs Freunden und Bekannten offenbaren, konnte er es nie anders als mit Tränen in den Augen anhören, wenn in seiner Gegenwart etwas dem Christentum oder Christus Abträgliches gesagt wurde. Und wenn er die oben angeführten Worte niedergeschrieben hat, so bedeutet das, daß sein prophetisches Herz zutiefst Beunruhigendes gefühlt hatte, genau wie das prophetische

Herz Gogols und wie endlich wir alle, von »Old Gentleman« bis zu mir, der ich beinah aus Zufall nur von Dreyfus zu reden angefangen habe. Panama, die Erpresser, die Dreyfusiade: all das ist natürlich die Totenglocke jeden Idealismus' und in der christlichen Zivilisation die Totenglocke des Christentums selbst. Die Schönheit und Wahrheit des Evangeliums ist noch dieselbe wie eh und je. Aber, wie wir bemerkt haben, gibt es Wahrheit hier und Kraft dort. Die Wahrheit des Evangeliums hat die menschliche Lüge, Verderbtheit und Schwachköpfigkeit nicht überwinden können. Die Finsternis hat das Licht verstellt ... und das Licht hat nicht gesiegt.

Das ist völlig evident. Dagegen läßt sich nichts anführen. Zur Zeit sind wir Zeugen der edelmütigsten Bemühungen edelmütigster Geister, das Licht der Worte Christi wenigstens in den Kinderherzen wieder zu entzünden. Sacharjin hat fünfhunderttausend Rubel für die Kirchenschulen gespendet – ein schönes, gewichtiges Scherflein. Der alte Professor Ratschinskij lebt nun schon ein Vierteljahrhundert unter den Bauernkindern und lehrt sie das Lesen nach dem Psalter und dem Stundenbuch: ein heiliges Werk, ein wahrhaft Gerechter. Aber hier ist die Wahrheit, und dort ist die Kraft. Schamlose Rüpel in Epauletten erscheinen auf der Bildfläche ... und wo ist Sacharjin, wo Ratschinskij? Zermalmt sind sie und zerquetscht; und ist der Strahl ihres Lichtes nicht in der Finsternis untergegangen, die ihn von allen Seiten umfängt? Aber wenn dem so ist, so hat sich die Finsternis ausgebreitet, und das Licht, welches sie überwinden könnte, gibt es nicht.

Einige Einzelheiten hierbei sind bemerkenswert. Sacharjin hat fünfhunderttausend Rubel »springen lassen« – das ist ein einfacher Vorgang, eine Geldüberweisung an eine Bank, die Übertragung von Ziffern aus einem Buch ins andere; allerdings hat der in der Stille der Nacht schweigend gefaßte Entschluß seine Größe. Das Werk Ratschinskijs aber ist noch viel bemerkenswerter – er wäre einer Biographie würdig und könnte in die Geschichte eingehen. Hier geht es um zwanzigmal dreihundertfünfundsechzig Tage ununterbrochener Arbeit und Geduld, um Tausende, vielleicht Zehntausende von kleinen Leiden und Freuden … etwas Wundervolles, wahrhaft Großes geschieht hier. Jedoch ist weder das Opfer des einen noch die Tat des anderen in weltweit aufschießenden Strahlen zum Ausdruck gekommen – Strahlen, die die Unverschämtheit jener Herren, deren verdienter Platz in der Welt unter dem Stiefelabsatz wäre, während sie sich listig darauf verstanden haben, sich ins Zentrum der Weltaufmerksamkeit zu drängen, zugedeckt, überwunden, zunichte gemacht und, gleichsam, unter den Stiefelabsatz getreten hätten. Das auf die Schwindeleien jener Bösewichter verwendete Talent war stärker als das Talent zu großen Taten.

Ja, es gibt so etwas wie Wahrheit und Gerechtigkeit, aber es gibt auch die elementare Kraft. Nun, wenn wiederum ein David den Psalter dichtete und Jesaja zu reden anhübe – wo wären dann die Esterhazy, Henry und Dreyfus? Wir jedoch lehren den Psalter fromm-beschaulich in demütig dörflicher Stille, lehren ihn nun zum eintausendachthundertachtundneunzigsten Mal:

aber gesiegt hat Esterhazy. In seiner Frechheit liegen Originalität und Neuheit; zum mindesten liegen Originalität und Neuheit darin, daß er »so dumm« ist. – Und das verbreitet sich über die ganze Welt. Ist es aber neu und originell, wenn jene Gruppe von Kindern dieses herrliche Buch nun noch einmal lernt? Kann das die Aufmerksamkeit der Welt auf sich ziehen? ... Das ist wie der Aufgang der Sonne an derselben Stelle des Tierkreises, an der sie tagein, tagaus seit Erschaffung der Welt aufgegangen ist.

Hier liegt das Geheimnis des »Mißlingens des Christentums«: es treibt keine wesentlich neuen, originellen Früchte mehr aus sich hervor. Es enthält ein aus der Ewigkeit kommendes Ethos, dem nachzuleben der Menschheit in ihrer Zeitlichkeit not täte. Aber da erscheint Esterhazy und erweckt eine ganz neue Vorstellung, und die gelangweilte Menschenherde – ach so gelangweilt, wenn's nichts Neues gibt – läßt den Psalter im Stich und läuft selbstvergessen hinter der Drehorgel her. Da ist nichts zu machen: wir sind nun einmal so gebaut. Gäbe uns jemand noch einmal Davids Harfe, würden wir freilich nicht auf Esterhazy hören. So hat das »fin de siècle«, Gogols Unruhe des Herzens, Dostojewskijs trübe Ahnung und auch jene aus Beunruhigung und Widerwillen gemischte Stimmung, die uns alle ergriffen hat, ihren Grund darin, daß es überall am schöpferischen, unversieglichen, ewig unversieglichen Sturme fehlt, der in unseren armen Herzen »das Wort des Lebens« wieder anfachen könnte. Und so wenden wir uns an die elementare Kraft: gib uns nicht Wahrheit, sondern wahre Stärke, auf daß wir unsere Brust mit ihr erfüllten und »dahinflögen, ohne zu ermüden« und »aufbrächen, ohne zu ermatten«. Im ewigen Stereotyp sind wir matt und kraftlos geworden, und deshalb, nur deshalb kann uns ein Esterhazy beschäftigen. Das bringt uns auf einen Zyklus von Ideen, die vor nicht langer Zeit das Publikum erheiterten und doch von niemand anders formuliert worden waren als von Wladimir Ssolowjow. Er konstruierte ein System von Weltkräften oder -prinzipien, das sich auf folgende Formel bringen läßt: Zar, Hohepriester und Prophet. Wie er verschiedentlich betonte, hat der Zar seinen Sitz im Osten, in der rechtgläubigen Stadt Moskau; der Hohepriester ist uns gegeben in der Gestalt des Papstes zu Rom, wo er schon lange der verspäteten Pilger, besonders aus dem Osten, harrt; und ganz kluge Leser rieten darauf, daß der »Prophet« in der Gestalt des Autors dieser Konzeption selbst gegeben sei oder doch sich zum Erscheinen rüste. Aber Scherz beiseite – betrachten wir, was ernst ist an diesem Gedanken: tatsächlich hat es dem Christentum stets an Propheten gemangelt, und das ist auch heute noch so. Der eigentlich prophetische Geist war ihm nicht eigen. Es hatte große Lehrer, Erzieher, Prediger und vor allem Katecheten. Aber was es nicht besaß, das war die Harfe. Es hat nicht im Psalter gesprochen. Die europäische Menschheit akzeptierte »die frohe Botschaft« auf der Schneide des Verstandes und pflanzte sie ein in die Akademien, nicht aber in das gerührte Menschenherz; sie erscholl nicht in Gesang und Saitenspiel. Und das ist das Geheimnis der Finsternis, die das Licht verschlungen hat, der Kraftlosigkeit des Lichtes und unseres traurigen »fin de siècle«.

Und damit sind wir bei der Morgenröte des zwanzigsten Jahrhunderts angelangt und den Hoffnungen, die wir für die Zukunft hegen. Es ist bemerkenswert, daß alle Phantasien, die sich damit beschäftigen, was das anbrechende Jahrhundert bringen wird (und es sind ihrer viele), einen einförmig technischen Charakter tragen. Sind wir im neunzehnten Jahrhundert in der Eisenbahn gefahren, so werden wir im zwanzigsten durch die Luft fliegen. Bewegen wir uns jetzt mit einer Geschwindigkeit von sechzig Werst in der Stunde, werden wir im neuen Jahrhundert mit einer Geschwindigkeit von hundertsechzig Werst dahineilen. Alle Verbesserungen beziehen sich auf Dinge, die außerhalb unserer selbst liegen, uns umgeben und umstellen: Verbesserungen der Apparaturen, der technischen Hilfsmittel, mit denen wir unsere Arbeit verrichten. Aber daß der Mensch selbst besser wird, daß etwas Neues in seinem Herzen emporwächst und seinen Geist ergreift, davon hat niemand geträumt und gerätselt. Es fehlte einfach das Bewußtsein, daß auch das einigermaßen notwendig sei. Dieser Charakter technologischer Phantasien deutet ebenfalls auf jenen erschreckenden Seelenverlust, den wir am Ende des Jahrhunderts beobachten. Da verlangt einen danach, sich dieser technischen Visionen wenn auch nur für einen kurzen Augenblick zu entschlagen, um einer idealistischen Hoffnung, und wäre sie noch so unbegründet, Raum zu geben, die eben dieser unserer furchtbaren Seelennot gerecht würde.

Unstreitig wächst sie aus dem Christentum hervor. Niemand wird uns widersprechen, wenn wir behaupten, daß es mehr umfaßt als alle die Ausdeutungen, die man ihm gegeben hat; daß menschliches Denken und menschliche Arbeit auch im Verlauf von zweitausend Jahren nicht alle Schätze gehoben haben, die es in sich birgt. Solch ein bescheidener Blick des Menschen auf sich selbst würde ihm die Möglichkeit neuer Perspektiven erschließen. Wir, d. h. neunzehn Jahrhunderte, haben das Christentum als ein Denksystem aufgefaßt, als ein »Gottesdenken«, nicht aber als ein »Gottgefühl«. Man könnte sagen, daß wir, entgegen unzähligen Worten des Erlösers selbst, das Evangelium mit dem Verstand und in den Verstand aufgenommen haben, nicht aber mit dem Herzen in das Herz. Davon spricht die Geschichte von sieben ökumenischen Konzilen und vielen lokalen Synoden im Westen, von denen manche sieben, acht, und selbst – wie das Konzil von Trient – ganze dreißig Jahre lang gedauert haben. Dreißig Jahre lang Klügeleien! Nein, wir irren uns nicht, wenn wir, das Christentum als Gesamtkomplex betrachtend, feststellen, daß die europäische Menschheit durch fast zwei Jahrtausende hindurch über das Evangelium gegrübelt und philosophiert hat, während es doch darum geht, es zu erfühlen und in der Tat zu bewähren.

Dabei wäre es doch möglich und auch dogmatisch zulässig, für diese oder analoge Fragen nicht die Worte, sondern das *Handeln* des Heilands in solchen oder ähnlichen Fällen zum Maßstab zu nehmen und nicht die Worte, sondern eben dieses Handeln zum dogmatischen Fundament der Beurteilung zu machen. Hier wäre zu bemerken, daß die Aussprüche des Heilands wohl kaum in ihrer buchstäblichen Genauigkeit auf uns gekommen sind – dann hängt von der geringsten Variante des Wortlautes außerordentlich viel ab –, sein Handeln aber und die Umstände, unter denen es erfolgte, sind doch sicher schon allein auf Grund der Vielschichtigkeit und Massivität ihrer Faktur (Taten – nicht Worte) richtig überliefert worden, so daß den Varianten der Tradition hier keine besondere Bedeutung zukommt. Man möchte annehmen, daß bei einer solchen Auffassung des Evangeliums in seiner Fülle die Mehrzahl der Häresien niemals entstanden wäre und die verfolgten Häretiker keinen Grund gehabt hätten, mit so heiliger Empörung darauf hinzuweisen, daß man mit ihnen zwar »im Namen Christi«, aber auf höchst »unchristliche Weise« verfahre: ein Anlaß ewiger Verlegenheit für die Christen und aller möglichen Bedenken für den christlichen Historiker. Die Häresien, oder jedenfalls die meisten von ihnen, verdanken ihren Ursprung dem Bestreben, sich angesichts einer einseitigen, auf Wortklauberei begründeten Auffassung der organisierten Kirchen in den Besitz der Fülle des Christentums zu setzen. Und hier gelangen wir zu den bis jetzt noch im Christentum nicht erschlossenen Quellen von Begeisterung, Beseelung und heiligem Schwung. Das Gedächtnis, die gedächtnistreue Bewahrung, der Konservatismus des Überlieferten schaltet diesen Schwung wesentlich aus. An diesem Schwung hat das Gedächtnis keinen Teil: hier begeht die Seele sofort »heilige Irrtümer«, indem sie »das Wort« mindert, aber auch um »Worte« mehrt. Die Methode der Vorsicht und Genauigkeit wurde selbstverständlich zur herrschenden im Christentum, als es begann, sich auf das überlieferte Wort zu gründen. Und doch wird es ganz Musik, wenn man auf das Antlitz schaut, den Urheber, der auf Erden gelebt hat und auch heute noch lebt und gleichsam unter uns wandelt. Es ist doch merkwürdig, daß zwar in den Worten der Evangelisten Unstimmigkeiten und schwer miteinander in Einklang zu bringende Stellen zu finden sind, während es im Antlitz des Erlösers keinerlei sich widersprechende Züge gibt: es ist heil und ganz. Hierin sind sich alle Konfessionen einig. Konfessionelle Unterschiede könnten gar nicht entstehen, wenn wir den ganzen Erlöser bekennen wollten und nicht nur Texte und ihre »Abweichungen« voneinander im Gedächtnis hätten. Was könnte auch die Tübinger Schule angesichts des Antlitzes des Erlösers vorbringen? Und wie schwächlich würde sich Voltaires Gelächter ausnehmen! Welcher Mensch überhaupt würde es wagen, gegen den »handelnden« Erlöser aufzustehen, so wie die »irregeleitete Vernunft« gegen ihn aufgestanden ist und die Wahrheit seiner Worte und die Worte der von ihm berichtenden Evangelisten bestritten hat?

Hier wäre das Thema für eine große, ideale Bewegung des zwanzigsten Jahrhunderts: die musikalische Ausarbeitung dessen, was wir bisher nur vermittels des Mechanismus der Tradition ausgearbeitet haben. Im Namen der Genauigkeit und Folgerichtigkeit haben wir die Kirche auf quasi juristischen Fundamenten errichtet;

sie wurde zur Bewahrerin und Hüterin des kanonischen Rechts – oder jedenfalls haben wir uns bemüht, sie dazu zu machen –, ganz so, wie es Konservatoren und Kustoden archäologischer und anderer Museen gibt. Die Finsternis, die sich, allen fühlbar, über die christliche Welt gelagert hat, hat sich nicht über das Antlitz des Erlösers gebreitet: wie könnte sie etwas gegen das göttliche Antlitz vermögen? Aber sie hat die christliche Welt verdunkelt, weil diese das göttliche Antlitz nicht mehr in sich birgt, sondern nur noch ärmlich und dürftig einige mühsam überlieferte göttliche »λόγοι« im Gedächtnis bewahrt. Es ist daher nicht so, daß der Boden des Christentums unter den Menschen verdorrt wäre; eher haben sich jene menschlichen Fähigkeiten verbraucht und erschöpft, die gleichbleibend ununterbrochen zweitausend Jahre lang vom Christentum gezehrt haben. Der christliche »Geist«, die christliche »Reflexion« ist erschöpft und vielleicht an ihrem Ende angelangt. Das christliche Herz jedoch, der Schwung der christlichen Seele, die Musik des Christentums sind noch nicht erwacht. Und nur in ihnen wohnt das Unterpfand ewigen Lebens und, so scheint es, ewig verjüngter Schöpferkraft.

1899

Solitaria

Aus dem Unbekannten kommen unsere Gedanken und gehen hinüber ins Unbekannte.

Und dies zuerst: wie ernstlich du dir auch vornimmst, dich hinzusetzen, um etwas zu schreiben – hast du dich hingesetzt und geschrieben, kommt etwas ganz anderes heraus.

Zwischen dem »ich will mich hinsetzen« und dem »ich habe mich hingesetzt« ist nur eine Minute verstrichen. Woher aber stammen nun die ganz anderen Gedanken zu einem ganz anderen, neuen Thema? Denn sie sind ganz anders als die, mit denen ich in der Stube herumging und mich sogar niedersetzte, um sie aufzuzeichnen, diese und keine anderen …

Unsere Literatur begann mit der Satire Kantemirs, und das ganze darauf folgende achtzehnte Jahrhundert war ja auch satirisch genug.

Die erste Hälfte des neunzehnten Jahrhunderts war pathetisch.

Aber dann, seit den sechziger Jahren, stand die Satire wieder im Vordergrund.

Aber niemals mehr mit solcher Ausschließlichkeit wie im achtzehnten Jahrhundert.

Nowikow, Radistschew, Fonwisin und dann, ein halbes Jahrhundert später, Stschedrin und Nekrassow hatten einen derartigen Erfolg, wie er selbst Puschkin niemals zuteil wurde. Als ich aufs Gymnasium ging, war von Puschkin überhaupt nicht die Rede, geschweige denn, daß man ihn gelesen hätte. Aber alles las sich krank an Nekrassow; jede Zeile von ihm war in aller Munde, kein Vers von ihm entging dem begierigen Leser. Ich fand, ich weiß nicht warum, keinen Geschmack an Stschedrin, und bis heute habe ich keine einzige seiner »Sachen« durchgelesen ... Mein Bruder Kolja (er war Geschichtslehrer am Gymnasium – ein Mann mit »positiven Idealen«) konnte gar nicht genug von ihm bekommen, und gerne las er ihn sogar seiner Frau vor ...

Dieser geifernde Vizegouverneur ist ein widerwärtiger Typ. Und es bedurfte der ganzen Geschmacklosigkeit unserer Gesellschaft, ihn zu ertragen.

Ich erlaube mir hier, ein bißchen den Inquisitor zu spielen: schließlich ist ja der junge Stschedrin nicht in den Justizdienst eingetreten, Friedensrichter oder sogar Gymnasiallehrer geworden, sondern hat sich, ganz wie Tschitschikow oder Ssobakjewitsch*, »einen Stuhl ausgesucht, der nicht zusammenbricht« – nämlich das Innenministerium. Und er hat's ja auch weit gebracht: immer wieder wurde er befördert, schließlich sogar zum Vizegouverneur: gewiß kein kleiner Posten ... Später veruneinigte er sich wegen irgendeiner Kleinigkeit mit den Vorgesetzten, aber wohl kaum, weil er »die Altgläubigen in Schutz nahm« oder »für die jungen Studenten eintrat«. Und so wurde er entlassen. »Eine ganz gewöhnliche Geschichte.«

Er wurde ein berühmter Schriftsteller. Sogar Loris-Melikow suchte seine Freundschaft. Für die Gouverneure aber gab er keinen Pfifferling. Welch ein Kontrast zum Schicksal Dostojewskijs!

(Bei meiner Münzsammlung)

* Gestalten aus Gogols Roman »Die toten Seelen«. (Der Hrsg.)

Nina Rudnjewa (eine Verwandte von uns), ein junges Mädchen von siebzehn Jahren, antwortete auf die Frage nach dem ausgesprochen Männlichen, Festen in mir: »Männlich sind an Ihnen nur die Hosen ...«

Und biß sich auf die Zunge ...

Das heißt also, daß außer meinem Anzug alles an mir weiblich ist?

Aber ich habe ja auch den Frauen (außer der »Freundin«) nie gefallen – hier also liegt die Erklärung für die Antipathie, die die Frauen gegen mich hegen und unter der ich bereits seit meiner Gymnasialzeit immer gelitten habe.

Lebe jeden Tag so, als ob du dein ganzes Leben lang nur für diesen einen einzigen Tag gelebt hättest.

(Auf dem Flur beim Nachhausekommen)

Das Geheimnis der Autorschaft besteht in ewiger, ohne unser Zutun erklingender Musik der Seele. Wenn diese fehlt, kann der Mensch höchstens »einen Schriftsteller aus sich machen«. Aber darum ist er noch kein Autor.

Etwas strömt in der Seele. Ewig. Ohne Unterlaß. Was? Weshalb? Wer weiß das schon! – Der Autor am wenigsten.

(Bei meiner Münzsammlung)

Der Schmerz des Lebens ist unendlich mächtiger als das Interesse am Leben. Deshalb wird am Ende die Religion obsiegen über die Philosophie.

Erstaunlich zuwider ist mir mein Name. Immer, wenn ich das »W. Rosanow« unter meine Aufsätze schreibe, habe ich so ein fremdartiges Gefühl. Wenn ich doch wenigstens »Rudnjew« oder »Bugajew» oder sonstwie hieße. Oder mit dem ganz gewöhnlichen russischen Namen »Iwanow« herumlaufen dürfte. Einmal gehe ich so auf der Straße, und wie ich den Kopf hebe, lese ich:

»Rosanows deutsche Bäckerei«.

So ist das also: alle Bäcker sind »Rosanows« – folglich sind alle Rosanows Bäcker. Was sollen solche Dummköpfe (mit einem so blöden Namen) denn auch anfangen? Schlimmer als mein Name ist nur noch »Kablukow«: das ist wirklich ganz abscheulich, oder »Stetschkin«: da muß man sich schon schämen. Überhaupt ist es schrecklich unangenehm, wenn man einen Namen führen muß, der einem zuwider ist. Ich glaube, »Brjussow« freut sich jeden Tag neu über seinen Namen. Deshalb haben auch »W. Rosanows Werke« für mich nichts Verlockendes. Es klingt zu lächerlich. »Gedichte« von W. Rosanow kann man sich schon gar nicht vorstellen, wer würde wohl solche Verse lesen?*

»Was machst du, Rosanow?«

* Rudnjew war der Mädchenname von Rosanows Frau, Bugajew der Name des unter dem Pseudonym Andrej Bjely bekannt gewordenen symbolistischen Dichters. Die Namen »Kablukow« und »Stetschkin« sind abgeleitet von »kabluk« = Stiefelabsatz und »stetschka« = Abfluß, Abflußrohr, Bezeichnung auch der »stillen Wut der Hunde«. Brjussow – Name eines bekannten symbolistischen Dichters. Der Name »Rosanow« kann auf das Wort »rosan« = Brötchen, Weißwecken zurückgeführt werden. (Der Hrsg.)

»Ich schreibe Verse.«

»Dummer Kerl. Solltest lieber Brötchen backen.«

Völlig klar.

Solch einen unnatürlich widerwärtigen Namen habe ich als Zugabe zu meinem miserablen Äußeren erhalten. Wie oft bin ich als Gymnasiast (wenn die Jungen das Gymnasium verließen) vor dem großen Spiegel im Korridor stehengeblieben – und wie viele heimliche Tränen habe ich verstohlen vergossen. Ein rotes Gesicht. Die Haut irgendwie unangenehm, feucht glänzend. Feuerrote Haare, die in die Höhe stehen, aber nicht in einer anständigen »Bürste« (männlicher Charakter), sondern in einer ganz albern ansteigenden Welle, wie ich sie bei noch niemandem gesehen habe. Pomade habe ich hineingeschmiert, und trotzdem wollten sie sich nicht legen. Später dann zu Hause wieder der Spiegel (ein kleiner Handspiegel): »Na, wer wird sich schon in so einen abstoßenden Kerl verlieben.« Ich war direkt von Entsetzen ergriffen. Aber meine Schulkameraden hatten mich wirklich sehr gern, und ich war immer der Anführer (gegen die Obrigkeit), die Lehrer, besonders gegen den Direktor. Wenn ich so vor dem Spiegel stand und nach Zügen von Schönheit suchte, bis mir die Augen aus dem Kopf traten, bemerkte ich natürlich nicht »den Blick«, das »Lächeln«, überhaupt das innere Leben des Gesichtes. Und ich glaube, daß gerade dies in mir lebte und der Grund dazu war, daß mich trotz allem viele aufrichtig liebgewannen (so wie auch ich immer Liebe und Zuneigung erwidert habe).

Es ist, als ob dieser verfluchte Gutenberg alle Schriftsteller mit seiner Messingzunge beleckt hätte, und davon haben sie in der Druckerpresse Seele, Antlitz und Charakter verloren. Mein »Ich« lebt nur im Handgeschriebenen – das gilt für jeden anderen Schriftsteller auch. Aus diesem Grunde hege ich eine abergläubische Furcht, Briefe, Hefte (sogar die der Kinder) und Manuskripte zu zerreißen – und tatsächlich zerreiße ich auch nie etwas. Alle Briefe meiner Schulkameraden habe ich aufgehoben, und nur mit Bedauern zerreiße ich meine eigenen Sachen, weil sonst der Wust zu groß würde – und auch das nur gelegentlich und bekümmerten Herzens …

Die Zeitungen, glaube ich, werden etwas ebenso Vorübergehendes sein wie »die ewigen Kriege« des Mittelalters, die Tournüre in der Damenmode und so weiter. Sie halten sich vorläufig nur wegen der allgemeinen Schulbildung, die man jetzt sogar zur Schulpflicht erheben will*. So einem Menschen mit pflichtgemäß beigebrachter Schulbildung ist es natürlich interessant, »etwas über Spanien« zu lesen.

Aber es wird damit anfangen, daß man einfach die Gewohnheit, Zeitung zu lesen, aufgibt … Man wird das Zeitunglesen dann einfach für unanständigen Kleinmut halten, ein Zeichen der »parva anima«.

Wovon leben Sie?

* Im Jahre 1908 lief in der Duma die gesetzgeberische Arbeit zur allmählichen Einführung der allgemeinen Schulpflicht in Rußland an. (Der Hrsg.)

Ach, davon, was »*Die Stimme der Wahrheit*« sagt (gestern erfunden), oder auch

»*Die endgültige Wahrheit*« (wird morgen erfunden).

Wenn man so was hört, wird man lächeln, und eben dieses Lächeln wird die Zeitungen allmählich zu Grabe tragen.

Die Literatur, fast die ganze Literatur ist nichts als leere Wortmacherei ... Ausnahmen gibt es nur tödlich wenige.

Und die Hungrigen sind so hungrig, und so hat die Revolution trotz allem recht. Aber recht hat sie nicht ideologisch, sondern nur als Druck, als Wille, als Verzweiflung. »Ich bin kein Heiliger und vielleicht schlimmer als du: aber ich bin ein hungriger, sprungbereiter Wolf, der Hunger hat mich mutig gemacht. Du aber bist tausend Jahre lang ein Ochse gewesen, und wenn du auch einmal Hörner und Hufe gehabt hast, um mich zu erschlagen, so bist du jetzt alt und hinfällig, und da werde ich dich eben auffressen.«

Die Revolution und »die alte Ordnung« – das ist weiter nichts als »Hinfälligkeit« und »frische Kräfte«. Aber das ist keine Idee, beileibe keine Idee!

Alle sozialdemokratischen Theorien lassen sich auf die These zurückführen: »Ich will essen.« Was soll man dazu sagen: die These stimmt. Nicht einmal der Herrgott selbst kann dagegen etwas einwenden. »Wer mir den Magen gegeben hat, muß mir auch zu essen geben«... Kosmologie.

Ja. Aber der Träumer geht beiseite. Denn mehr noch als Speise liebt er seine Sehnsucht. Und in der Revolution gibt es nichts zum Träumen.

Und vielleicht wird sie auch nur darum nicht gelingen, weil keine höhere Sehnsucht sie erfüllt.

»Zerschlagenes Porzellan« wird es viel geben, aber »das neue Gebäude« wird nicht errichtet. Denn es baut doch nur der, der verzehrender Sehnsucht fähig ist; solche Baumeister waren Michelangelo, Leonardo da Vinci. Die Revolution aber wird ihnen allen ihre prosaische Zunge zeigen und sie noch im Kindesalter, wenn sie elf bis dreizehn Jahre alt sind und ihre eigene Seele anfängt sich zu rühren, ersticken.

»Ah, ihr seid stolz. Ihr wollt euch nicht mit uns einlassen, mit uns teilen und plump vertraulich tun ... Ihr habt da so etwas wie eure eigene Seele, und nicht die Gemeinschaftsseele ... Das Kollektiv, das euch und euren Eltern zum Leben verholfen hat – denn ohne das Kollektiv wären sie und ihr vor Hunger krepiert –, nimmt jetzt das Seinige zurück. Verreckt!«

Und »das neue Gebäude« mit seinen eselhaften Zügen wird in der dritten, vierten Generation einstürzen.

Der Kern der Sache ist, daß unsere Talente irgendwie mit unseren Fehlern, unser Wohlverhalten aber mit Farblosigkeit verbunden ist. Aus dieser Schlinge ziehe sich einer heraus ...

In neunundneunzig von hundert Fällen ist das Wohlverhalten einfach: »ich will nicht«, »ich mag nicht«, »ich habe keine Lust« ... »Eine tugendhafte Biographie«

oder »eine Epoche sittlichen Wohlverhaltens« (in der Geschichte) zeigt nur eine recht antlitzlose Persönlichkeit und eine ziemlich »unzeitige« Zeit. Kein Mensch hatte eben zu irgend etwas rechte Lust. Merci.

(Bei der Einfahrt nach Selenina)

Gut ist es, sich zu bewegen, aber nur mit einem Vorrat an großer Stille in der Seele, zum Beispiel, wenn man auf Reisen ist. Dann erscheint alles hell und sinnbegabt, und alles trägt seine Frucht.

Aber auch auf der Stelle zu sitzen ist gut nur dann, wenn man einen Vorrat von Bewegung in der Seele birgt. Kant saß sein ganzes Leben lang still, aber in seiner Seele rührte es sich so gewaltig, daß sein Stillsitzen Welten in Bewegung setzte.

»Das Glück liegt im Streben«, spricht die Jugend.
»Das Glück liegt in der Ruhe«, spricht der Tod.
»Ich überwinde alles«, spricht die Jugend.
»Ja, aber alles hat sein Ende«, spricht der Tod.

Der ewige Träumer, und immer hat er nur einen Gedanken im Kopf: wie kann ich mich vor der Arbeit drücken. (Über die Russen.)

Zynismus aus Leiden? – Haben Sie schon einmal darüber nachgedacht?

Wünsche ich mir wohl Nachruhm nach dem Tode (den ich, wie ich fühle, verdient habe)?

Schon seit vielen Jahren ist meine Seele von einem ununterbrochenen Schmerz erfüllt, der den Wunsch nach Ruhm übertäubt. Und ich fühle, daß dieser Schmerz (falls die Seele unsterblich ist) sich noch verstärken würde, wenn es Nachruhm gäbe.

Und deshalb will ich ihn nicht.

... und alle rennen und laufen ... in ungeheuerlicher Menge. Wohin? Weshalb?

Du fragst, wozu das »volo« der Welt?

Ja, hier ist doch kein »volo«. Hier gleiten nur Füße und schwabbeln Bäuche. Und niemand ist an irgend etwas gebunden. Das ist ein Eislaufring, aber kein Leben ...

(Des Nachts im Bette)

Gelächter kann niemanden umbringen. Gelächter kann nur niederdrücken. Und Geduld überwindet jegliches Gelächter. (Über den Nihilismus)

Die Technik hat sich mit der Seele vereinigt und ihr Allmacht verliehen. Aber sie hat sie auch zerquetscht. Es erschien eine »technische Seele« – eine »contradictio in adjecto«. Und die Inspiration ist erstorben.

(Die Presse und überhaupt alles Neue)

Zu meiner Zeit, in meinem Leben wurden einige neue Worte geprägt: im Jahre 1880 nannte ich mich selbst einen »Psychopathen«, lachte und freute mich über den gelungenen neuen Ausdruck. Ich hatte ihn anscheinend von niemand anders vorher gehört. Und dann (es war die Zeit Schopenhauers) begannen viele, sich selbst oder andere so zu nennen; und über ein kleines erschien das Wort auch im Druck. Jetzt ist daraus ein Schimpfwort geworden – ursprünglich bezeichnete man Dichter und Philosophen damit. Werther war ein »Psychopath«. – Etwas später kam dann das Wort »dekadent« auf, und wieder war ich einer der ersten dabei. Sperk sagte mit Stolz von sich: »Ich, mein Lieber, bin dekadent.« Das war noch, bevor wir beide von Brjussow gehört hatten; A. Bjely war noch kaum geboren. – Jetzt hat sich das Wort »feinfühlig« verbreitet. Ich müßte mein Buch »Vom Verstehen« wieder zur Hand nehmen; aber soviel weiß ich, daß ich es in der Vorstellung von »Feinfühligkeit« und »Stimmung«, im klaren Bewußtsein von der Wichtigkeit dieser Begriffe geschrieben habe.

Alle diese für die Gesellschaft wie für die Literatur neuen Ausdrücke haben stufenweise eine enorme Vertiefung des Menschen zum Ausdruck gebracht. Alle sind ein wenig zu »Maeterlincks« geworden, und darin liegt das Wesen der Sache. Aber zu »Maeterlincks« wurden sie, noch bevor sie von Maeterlinck selbst gehört hatten …

Bei mir ist jede Seelenbewegung mit dem Drang zum Aussprechen verbunden. Und jedes Aussprechen möchte ich unbedingt niederschreiben. Das ist Instinkt bei mir. Ist nicht die ganze (handgeschriebene) Literatur aus diesem Instinkt entstanden? Denn die Druckerpresse kommt einem hierbei gar nicht in den Sinn. Deshalb ist auch Gutenberg so spät erschienen.

Bei uns ist die Literatur so sehr mit der Druckerpresse eins geworden, daß wir ganz vergessen, daß sie schon lange vor dieser da war und ihrem Wesen nach gar nicht zur Veröffentlichung bestimmt ist. Die Literatur wurde (in Schweigen) nur für sich selbst geboren. Und erst sehr viel später begann man sie dann zu drucken. Aber das ist lediglich Technik.

»Interessant spricht der Mensch über vieles, aber mit wirklichem Appetit nur über sich selbst« (Turgenjew). Zuerst haben wir uns über diesen Ausspruch amüsiert, weil wir ihn für so gelungen hielten ... Aber etwa ein Jahr später wird einem dann doch, wenn man es recht bedenkt, traurig ums Herz: der arme Mensch – sogar das Recht, von sich selbst zu sprechen, will man ihm nehmen. Da heißt es nicht nur: leide Schmerz und Not, sondern auch: ... verschone uns damit. Und Turgenjews witziger Ausspruch, der den Menschen des Zynismus überführen wollte, erweist sich selbst als zynisch.

Ich hingegen habe bemerkt, daß man die Guten von den Bösen an nichts so sehr unterscheiden kann wie an ihrer Fähigkeit, einem anderen zuzuhören, wenn er von sich selbst erzählt. Wer gern zuhört, ohne eine gelangweilte Miene zu machen, gibt zu verstehen, daß er ein guter, klarer, einfacher Mensch ist. Mit ihm könnte man Freundschaft halten und ihm vertrauen. Aber hofft nicht auf Freundschaft mit einem Menschen, der sich langweilt, wenn er euch anhört: er denkt nur an sich selbst und ist mit nichts anderem beschäftigt als mit sich selbst. Ein ebenso untrügliches Anzeichen ist es, wenn jemand von sich selbst erzählt: das zeigt, daß er in den anderen seine Brüder fühlt. Wer einem anderen von sich selbst erzählt, gibt dadurch seine Zuneigung zu ihm kund.

Es ist mir betrüblich, gestehen zu müssen, daß ich weder andere anhören noch etwas von mir erzählen mochte. Ich hatte kein Geschick dazu. Deshalb halte ich mich auch für einen schlechten Menschen.

Eigentlich zuwider sind mir nur die Mängel, die ich selber nicht habe. Wenn ich aber meine eigenen Mängel an anderen bemerke, so sind sie mir durchaus nicht zuwider. Und niemals würde ich sie verurteilen ...

Möchte ich auf das Leben einwirken? Einfluß haben? Nicht besonders.

Nehmt sozusagen mitten aus dem Wesen der Welt das Gebet heraus – richtet es so ein, daß meine Zunge, mein Geist die Worte, ja den Akt selbst des Gebets verlernten; – daß ich das nicht mehr könnte, daß der Mensch das nicht mehr könnte: und mit aufgerissenen Augen und entsetzlichem Wehgeschrei würde ich aus dem Hause laufen und fliehen, fliehen, bis ich zu Boden stürzte. Ohne Gebet gibt es kein Leben ... Ohne Gebet ist nur Raserei und Entsetzen.

Aber all dies begreift man erst, wenn man weint ... und wenn einer nicht weint – wie soll man's ihm klarmachen? Er wird nichts begreifen. Und es gibt doch viele Menschen, die niemals weinen.

Als Mann hat er seine Frau nicht geliebt, als Vater sich nicht um seine Kinder gekümmert; seine Frau hat ihn betrogen – er hat nur abgewinkt; sein Sohn ist aus der Schule geflogen – er hat die Schule beschimpft und den Jungen in eine andere gesteckt. Und nun sage man mir, was die Religion einem solchen »Positivisten« zu sagen hat. Er wird mit den Achseln zucken und lächeln.

Ja: aber er – das ist nicht alles.

Der Positivismus ist wahr, nötig und sogar ewig, aber nur für einen bestimmten kleinen Teil der Menschheit. Die Sache liegt so, daß die Positivisten den Positivismus brauchen. Nicht um den Positivismus geht es, sondern um die Positivisten. Wie immer und überall kommt auch hier zuerst der Mensch und dann erst die Theorie.

Ja ...

Der religiöse Mensch geht jeder Religion voraus, und der »positive« Mensch wurde viel früher geboren als Auguste Comte. (Bei meiner Münzsammlung)

Wenn ich allein bin, ist mir wohl, und wohl ist mir auch mit allen anderen. Ich bin kein Eigenbrötler und auch kein Geselligkeitsmensch. Aber wenn ich allein bin, bin ich ganz; nicht ganz aber zusammen mit anderen. Wenn ich allein bin, ist mir trotzdem wohler.

Wohler, weil ich, wenn ich allein bin, mit Gott bin. Ich könnte auf meine Begabung, die Literatur, die Zukunft meines »Ich«, auf Ruhm und Ehre nur allzu gern verzichten; ob auch auf Glück und Wohlbefinden ... das weiß ich nicht. Aber auf Gott könnte ich niemals verzichten. Gott ist das Wärmste für mich, was es gibt. Mit Gott ist mir am wärmsten. Mit Gott ist es niemals langweilig oder kalt.

Schließlich und endlich ist Gott mein Leben.

Ich lebe nur für Ihn, durch Ihn, außerhalb Gottes gibt es mich nicht. Was ist nun Gott für mich? ... Fürchte ich Ihn? Durchaus nicht. Daß Er mich straft? Nein. Daß Er mir das zukünftige Leben gewährt? Nein. Daß Er mich nährt? Nein. Daß ich durch Ihn das Leben habe, von Ihm geschaffen wurde? Nein.

Was ist Er denn dann für mich?

Meine ewige Trauer und Freude. Eine ganz eigene, die sich auf nichts bezieht.

Ist Gott dann nicht »meine Stimmung«?

Ich liebe den, der mich traurig und freudig sein läßt, der mit mir redet, mir Vorwürfe macht und mich tröstet.

Das ist Jemand. Das ist eine Person. Gott ist für mich immer »ER«. Oder »DU« – immer mir nahe.

Mein Gott ist ein besonderer Gott. Er ist nur mein Gott und sonst keines anderen. Wenn er sonst noch jemandem gehört, so weiß ich das nicht und interessiere mich auch nicht dafür.

»Mein Gott« ist meine unendliche Intimität, meine unendliche Individualität. Meine Intimität ist einem Trichter ähnlich, oder sogar zwei Trichtern. Von meinem »sozialen Ich« geht ein Trichter aus, der sich bis zu einem Punkt verengt. Durch diesen punktförmigen Durchlaß fällt nur ein Strahl hinein: der kommt von

Gott. Jenseits dieses Punktes ist ein anderer Trichter, der sich aber nicht mehr verengt, sondern sich bis zur Unendlichkeit erweitert; das ist Gott. »Dort ist Gott.« So daß Gott 1. meine Intimität ist und 2. die Unendlichkeit, von der die Welt selbst nur ein Teil ist.

Dauernd schimpfe ich auf die Russen. Fast tue ich nichts anderes, als sie zu beschimpfen. »Der ganz unausstehliche Stschedrin« ... Aber warum habe ich eine Wut auf jeden, der auch auf sie schimpft? Und ich tue beinah weiter nichts, als die zu hassen, welche die Russen hassen und verachten.

Und dabei verachte ich die Russen ganz zweifellos bis zum Abscheu. Welche Anomalie ...

(Bei meiner Münzsammlung)

Seit Erschaffung der Welt hat es nur zwei Philosophien gegeben: die Philosophie dessen, der aus irgendeinem Grunde jemanden durchhauen möchte; und die Philosophie dessen, der durchgehauen wird. Von Manfred bis Nietzsche jedoch leidet die westliche Philosophie an dem Ssologubschen Jucken: »Wen könnte ich jetzt wohl durchhauen?«

Nietzsche hat man respektiert, weil er ein Deutscher war, und dazu noch leidend (seine Krankheit). Aber wenn ein Russe von sich aus in diesem Geiste gesprochen hätte: »Was da fällt, das soll man auch noch stoßen« – hätte man ihn ein Ekel genannt und gar nicht erst angefangen, ihn zu lesen.

(Nach der Lektüre von Pertzows Aufsatz »Zwischen Altem und Neuem«)

Mein Gott! Meine Ewigkeit! Wovon gerät meine Seele so ins Tanzen, wenn ich an Dich denke?

Und alles hält Deine Hand: daß sie mich hält, fühl' ich beständig. (In der Nacht zum 25. Dezember 1910)

Das Denken benimmt mir den Atem. Und wie gerne lebe ich in dieser Benommenheit. Eben deshalb ist es für mich eine Lust zu leben, trotz aller Dornenwege und Tränen.

Selbst ein Dummkopf kann mich an der Nase herumführen, und dabei weiß ich, daß er dumm ist, mich in Ungelegenheiten und schließlich und endlich »ins ewige Verderben« führt: und trotzdem folge ich ihm nach. Zu meiner Ehre wäre jedoch zu vermerken, daß an der Hälfte aller Fälle, wo man mich an der Nase herumgeführt hat, nichts anderes schuld ist als meine Unfähigkeit, jemandem zu sagen: »du Dummkopf«, oder auch: »du hintergehst mich.« Nicht ein einziges Mal in meinem Leben habe ich so gesprochen. Und einzig und allein, um meinen »Nächsten« nicht in eine peinliche Lage zu bringen, tue ich so, und das manchmal jahrelang, als ob alle seine Ratschläge äußerst gescheit seien oder als ob er »comme il faut« sei und nur mein Bestes im Auge habe. An einem weiteren Viertel von Fällen ist meine seit der Kinderzeit her völlige Gleichgültigkeit gegenüber dem äußeren Leben schuld (es sei denn, es drohe eine unmittelbare Gefahr). Aber ein Viertel von allen diesen Fällen ist doch nur das Zutagetreten eines reinen Minus, meiner Willenlosigkeit – ohne äußere oder sonstige Erklärungen …

Ich bin einem Kinde im Mutterleibe ähnlich, welches nicht die geringste Lust hat, geboren zu werden. »Hier ist mir warm genug« …

(Bei Nacht, in einer Mietdroschke)

Gott hat Abraham berufen: ich aber habe Gott berufen. Das ist der ganze Unterschied.

Trotzdem hat nicht einer von den Bibelgelehrten diese Eigentümlichkeit und Seltsamkeit der biblischen Erzählung geprüft – nämlich, daß doch nicht Abraham Gott gesucht, sondern Gott Abraham gewollt hat. In der Bibel ist sogar ganz klar erwiesen, daß Abraham lange vor der Schließung des Bundes zurückgeschreckt ist … Er floh, aber Gott ergriff ihn. Dann erst antwortete er: »Von jetzt an werde ich Dir treu sein, ich und meine Nachkommen.«

(Bei meiner Münzsammlung)

Nach nichts habe ich mich so sehr gesehnt wie nach Erniedrigung. »Das Prominentsein« hat mir manchmal Spaß gemacht – ein ganz und gar ferkelhaftes Vergnügen. Aber das hat nie lange gedauert (einen Tag oder zwei): und dann trat wieder die frühere Sehnsucht auf – erniedrigt zu werden.

(Auf dem Umschlag eines Transparents)

Der Mensch ist zwiefach verankert: da sind einmal seine Eltern, das Elternhaus, seine Kindheit – das ist der eine Anker. »Die erste Liebe« mit dreizehn oder vierzehn Jahren ist ein Umbruch, eine Vorbotin davon, daß er »den anderen Anker« langsam herabzulassen begonnen hat … Auszug und … Krönung; der Hafen des »Auslaufens« und der Hafen des »Anlegens«. »Der endgültige Hafen« – ist das Grab; und es ist bemerkenswert, daß schon die Liebe auf ihn zuführt. Aber die Liebe – das bedeutet »ich werde wieder zeugen« und werde für meine Kinder »der Auslaufhafen« sein.

Aus dieser Beschaffenheit des Lebens geht doch so klar hervor, daß bei uns Menschen die Genitalien wichtiger sind als das Gehirn. »Das Gehirn« ist der Kapitän, ist der, der steuert. Aber für die »Seefahrt« ist offensichtlich nicht der Kapitän wichtig, eine auswechselbare, angeheuerte Person, sondern die ewigen Stationen des »Auslaufens« und »Anlegens«. Die Ostindische Kompanie bestand jedenfalls nicht zum Vorteil der Kapitäne; und die Wolgadampfschiffahrt und der Getreidehandel sind auch nicht ihretwegen da.

Und das bedeutet: »ein hübsches Gesichtchen« bei einer jungen Dame ist weiß Gott wichtiger als die »geistigen Fähigkeiten«. Ja, das ist wirklich so. Und auch die jungen Mädchen fühlen so. Jedoch nur sie. Die Schule aber? Die ganze Organisation des Erziehungswesens? »Büffle Quadratgleichungen und die Flüsse Südamerikas. Und laß vor allen Dingen die Nebenflüsse des Rio de la Plata nicht aus!« Aber wie begreiflich und sogar wie schön das ist, daß die jungen Mädchen eben diese »Nebenflüsse« gerne auslassen …

(In der Eisenbahn Luga–St. Petersburg)

Die Seele ist Leidenschaft. Daher klingt es aus erhabener Ferne: »Ich bin ein verzehrendes Feuer.« (Gott über sich selbst in der Bibel).

Daher auch: das Talent wächst, wenn die Leidenschaft wächst. Talent ist Leidenschaft.

(Bei Nacht in einer Mietdroschke)

Völker, wollt ihr, daß ich euch eine donnergleiche Wahrheit verkünde, die noch kein Prophet ausgesprochen hat? ...

Nun? Nun ... hm ...

Das private Leben steht höher als alles andere.

Hi hi hi! ... Ha ha ha! ... Ha ha!

Ja, ja! Das hat noch niemand gesagt; ich bin der erste ... Einfach zu Hause sitzen und, na schön, in der Nase bohren und den Sonnenuntergang betrachten.

Ha ha ha ...

Wahrhaftig: das ist umfassender als die Religion ... alle Religionen werden vergehen, aber das bleibt: einfach so auf dem Stuhl sitzen und ins Weite schauen.

(Am 23. Juli 1911)

Tolstoj hat eigentlich ein ganz ordinäres Leben geführt ... Ihm ist das niemals eingefallen.

Kein Leiden; keine »Dornenkrone«; kein heroischer Kampf um seine Überzeugungen; und nicht einmal irgendwelche besonders interessanten Abenteuer. Ein ganz ordinäres Leben.

Ja – Abenteuer »mit seinen Ideen« ... Nun, das ist doch nur literarische Mache und ganz dieselbe ordinäre Sache, nur mit etwas Parfum bespritzt.

Es kommt mir so vor, daß Tolstoj nur wenig geliebt wurde und daß er das auch empfand. Bei seinem Tode, und selbst bei seinen Lebzeiten, erscholl nicht ein einziges Mal einer jener plötzlichen qualvollen Aufschreie, ereignete sich keine jener Wahnsinnstaten, an denen wir echte Anhänglichkeit erkennen. »Alles war im höchsten Grade vernünftig« – aber eben das ist das Siegel der Gewöhnlichkeit.

Mein Gott, mein Gott, warum hast Du mich vergessen? Weißt Du denn nicht, daß ich jedesmal, wenn Du mich vergißt, den Kopf verliere? (Erfahrungen)

Der Ruhm ist eine Schlange. Möge mich ihr Biß niemals treffen.

Nach dem Baden im warmen Sand zu liegen – das ist in seiner Art eine ganze Philosophie wert.

Und die ewig im Sande liegenden Lazzaroni – warum ist das nicht eine ausgezeichnete philosophische Schule? (Bei meiner Münzsammlung)

Das Schicksal schützt, wem es keinen Ruhm vergönnt. (Im Winter 1911)

Ich bin noch nicht solch ein Lump geworden, um an die Moral zu denken. Eine Million Jahre sind vergangen, bis endlich meine Seele entlassen wurde, um sich auf der weiten Welt zu ergehen. Und da sollte ich ihr plötzlich sagen: du, mein Seelchen, vergiß dich nicht und schweife herum, aber immer schön nach der Moral.

Nein, ich sage ihr: tummle dich, meine Liebe, tummle dich, meine Beste, tummle dich, wie du es verstehst. Und wenn es Abend wird, gehst du ein zu Gott.

Denn mein Leben ist mein Tag – *mein* Tag, und nicht etwa der des Sokrates oder Spinozas.

(In der Eisenbahn)

Ich weiß nicht einmal, ob »Sittlichkeit« mit einem oder mit zwei ›t‹ geschrieben wird.

Und wer ihr Papachen war, weiß ich nicht, und wer ihr Mamachen war und ob Kinderchen da waren und was ihre Adresse ist – keine blasse Ahnung habe ich davon.

(Über die Moral.
In der Eisenbahn von St. Petersburg nach Kijew)

Oh, über meine traurigen »Erfahrungen« ... Und wozu wollte ich auch alles wissen. Jetzt werde ich schon nicht mehr so ruhig sterben, wie ich gehofft hatte ...

(1911)

Sperk sagte mir einmal: »Nicht in Ihren Absichten oder Ideen, sondern in Ihnen als Mensch ist etwas Ungutes, eine unsaubere Beimischung, etwas Trübes in Ihrer Organisation oder im Blut. Ich weiß nicht, was es ist, aber ich fühle es.« Er hat mich sehr geliebt (mir scheint, mehr als alle anderen – außer meinen nächsten Angehörigen). Er war sehr scharfsichtig und wußte um »die Wurzeln der Dinge«. Und wenn er das gesagt hat, so ist es wahr.

Wer das russische Volk liebt, muß auch die Kirche lieben. Denn das Volk und die Kirche sind eins. Und nur bei den Russen sind sie eins. (Sommer 1911)

Wißt ihr, daß die Religion das Wichtigste, das Erste, das Allernötigste ist? Wer das nicht weiß, mit dem braucht man gar nicht erst anzufangen, sich zu unterhalten, zu diskutieren. An so jemand muß man vorübergehen, ihn mit Schweigen übergehen.

Aber wer weiß das? Viele etwa? Deshalb kann man in unserer Zeit fast mit niemandem über irgend etwas sprechen.

Ich habe keinerlei Interesse an Selbstverwirklichung. Mir fehlt jegliche äußere Energie, »der Wille zum Sein«. Ich bin der unverwirklichteste Mensch von allen.

Der Zusammenhang zwischen dem Geschlecht und Gott ist tiefer als der Zusammenhang des Geistes mit Gott oder sogar der Zusammenhang des Gewissens mit Gott. Das geht schon daraus hervor, daß alle Asexuellen auch als Atheisten dastehen. Jene selben Herren, wie Buckle oder Spencer, Pissarew oder Belinskij, die über das »Geschlecht« nicht mehr zu sagen wußten als über die Argentinische Republik und offensichtlich auch nicht mehr darüber nachgedacht hatten, sind dabei so atheistisch eingestellt, als ob es niemals vor ihnen und um sie herum irgendwelche Religion gegeben hätte. Sie sind buchstäblich »Ungetaufte« in einem seltsamen, eigentümlichen Sinne ...

Ob ich wohl möchte, daß meine Lehre um sich greift?

Nein.

Große Unruhe würde daraus entstehen, und ich liebe doch die Ruhe so ... und die Abenddämmerung und leises Abendläuten.

Das Verhängnis Gorkijs besteht darin, daß er zu Ruhm gelangt, nach oben gekommen ist. Dabei ist er seiner Natur nach ein Kämpfer. Aber mit wem sollte er kämpfen, wenn schon alle zu Boden gestreckt sind? – Doch nicht mit Gringmut, mit Katkow, mit dem Fürsten Mestscherskij, von dessen Existenz Gorkij kaum eine Ahnung gehabt haben dürfte.

Und so sind ihm die Arme herabgesunken.

Der Kämpfer ist gestorben, aber nicht im Kampf. Ich habe ihm darüber geschrieben. Aber – höchst seltsam – er wollte hiervon nichts begreifen.

Meine Seele ist zusammengemischt aus Dreck, Zärtlichkeit und Trauer.

Oder aber:

Sie gleicht Goldfischen, die in der Sonne spielen, aber in ein mit Jauche gefülltes Aquarium gesetzt sind.

Und darin nicht ersticken. Sogar: »nur um so besser« ... Unwahrscheinlich. Und doch ist es so.

Gott hat mich über und über vergoldet.

Ich fühle das ...

Mein Gott, wie sehr ich das fühle.

Jede meiner Zeilen ist eine heilige Schrift (nicht im Schul- oder Gebrauchssinne), und jeder meiner Gedanken ist ein heiliger Gedanke, und jedes meiner Worte ist ein heiliges Wort.

Wie unterstehen Sie sich? schreit der Leser.

Nun, ich unterstehe mich eben, gebe ich ihm lachend zur Antwort.

Ich lebe ganz »in der Vorsehung« ... Mein Gott, wie sehr ich das fühle.

Als ich das erste Mal bei einem Konzert »Francesca da Rimini* hörte, dachte ich: ›Das ist meine Seele.‹

Jene Stelle, wo das Rauschen der Schwingen so deutlich hörbar wird (erstaunlich!!!).

Meinem tiefsten Wesen nach hat doch – mein Gott! mein Gott! – in meiner Seele ewig ein Kloster gestanden ...

Das ist es eben, was ich endgültig und ganz und gar nicht weiß: »Bin ich etwas – oder nichts?« Ein Hauch bläht mich auf, und es scheint mir, ich bin etwas. Aber dann »entfaltet sich eine lange Schriftrolle« (Puschkin), und es kommt heraus, daß ich nichts bin.

(In der Eisenbahn St. Petersburg–Kijew)

»Warum denkst du immer an dich selbst – du solltest einmal auch an die anderen denken.«

Hab' keine Lust. (In der Eisenbahn St. Petersburg–Kijew)

* Tondichtung von Peter Tschajkowskij. (Der Hrsg.)

Ja, vielleicht stimmt der »Plan des Gebäudes« wirklich nicht. Dennoch schützt es uns vor Regen und Schmutz: und wie sollte man sich unterfangen, es einzureißen?

(In der Eisenbahn; über die Kirche)

Was liebst du nun eigentlich, du Sonderling?
Meine Sehnsucht. (In der Eisenbahn; über mich selbst)

Verwunderlich ist, wie ich mit der Lüge zurechtgekommen bin. Sie hat mich niemals beunruhigt. Und zwar aus einem seltsamen Beweggrund: »Was geht euch das eigentlich an, was ich wirklich denke«, »was könnte mich dazu verpflichten, meine Gedanken auszusprechen?« Meine Subjektivität (das Pathos der Subjektivität) hat es zutiefst zuwege gebracht, daß ich mein ganzes Leben lang gleichsam hinter einem unzerreißbaren, nicht wegzuziehenden Vorhang verbracht habe. »Niemand wird es wagen, sich an diesem Vorhang zu schaffen zu machen.« Dort habe ich gelebt; dort, mit mir selbst, war ich aufrichtig. Aber was ich »jenseits des Vorhangs« gesagt habe – ob das nun stimmt oder nicht, geht niemanden etwas an. »Ich muß doch sagen, was nützlich ist.« Eure Kritik erstreckt sich nur darauf, ob ich etwas Nützliches vorbringe – »und das ist schließlich auch nur bedingt: ist es schädlich, so braucht ihr es ja nicht zu akzeptieren«. Hier mein Aphorismus - schon seit fünfunddreißig Jahren: »Ich schreibe nicht auf Stempelpapier« (d. h. ihr könnt's ja jederzeit zerreißen).

Wenn ich, nichtsdestoweniger, meistens (oder sogar immer, wie mir scheint) aufrichtig geschrieben habe, so nicht aus Wahrheitsliebe, die ich nicht nur nicht habe, sondern mir auch nicht einmal vorstellen kann, sondern aus Unachtsamkeit. Die Unachtsamkeit ist mein negatives Pathos. Um zu lügen, muß man sich noch etwas »ausdenken«, eine genaue Rechnung anstellen, »konstruieren« – und das alles ist viel schwerer, als »das zu sagen, was ist«. Ich habe »einfach zu Papier gebracht, was ist«: und darin besteht eben meine Wahrhaftigkeit. Sie ist natürlich, aber nicht moralisch.

»So wachse ich«: »und wenn es euch nicht gefällt – dann schaut doch nicht hin.«

Eben deshalb schien es mir so oft (und vielleicht ist es auch so), daß ich der wahrhaftigste und aufrichtigste Schriftsteller bin: wenn auch kein Fünkchen von Moralität darin enthalten ist.

»So hat Gott mich gemacht.«

Die Verschmelzung meines Lebens, des Fatums besonders meiner Gedanken und hauptsächlich meiner Schriften mit dem göttlichen »Ich will« griff beständig in mir Platz, schon von meiner Jugend, ja selbst von meiner Kindheit an. Davon leitet sich wohl auch meine Nonchalance her. Ich war immer so nachlässig, weil eine innere Stimme, eine unverbrüchliche innere Überzeugung mir sagte, daß von allem, was ich ausspreche, eben Gott will, daß ich es sage. Ich habe das nicht immer mit der gleichen inneren Anspannung empfunden: aber zuweilen erhitzte sich diese Überzeugung, dieser Glaube bis zur Weißglut. Ich wurde gleichsam ganz dicht, meine Seele verdichtete sich, meine Gedanken fielen spontan in eine ganz besondere Ordnung, und »es redete die Zunge selbst«. Nicht immer hatte ich in solchen Fällen die Feder zur Hand: dann *sprach* ich aus, wie mir ums Herz war ... Aber ich fühlte, daß in dem »Ausgesprochenen« ein solcher Andrang von Kraft (von »Verdichtung«) lag, daß Mauern ihn nicht aufhalten oder Institutionen, fremde Gesetze und selbst fremde »Überzeugungen« ihn nicht bändigen könnten ... In solchen Minuten empfand ich, daß ich eine absolute Wahrheit aussprach mit ganz genau demselben Neigungswinkel, wie er in der Welt, in Gott, in der »Wahrheit an sich« begegnet. Meistens jedoch habe ich das nicht aufgezeichnet (es war keine Feder zur Hand).

Von allen ist er weggegangen und nirgends angekommen. (Über mich selbst)

Der Stil ist die Stelle, wohin Gott ein Ding geküßt hat.

Das Gefühl des Frevelhaften (wie bei Dostojewskij) habe ich nie gehabt: aber immer das Gefühl der Schwäche.

Schon seit meinem siebenten oder achten Lebensjahr begann ich, schwach zu werden ... Damit meine ich den merkwürdigen Verlust an Willen über mich selbst, über meine Handlungen, die Wahl der »Tätigkeit«, der »Pflichten«. In die Fakultät habe ich mich zum Beispiel nur einschreiben lassen, weil mein älterer Bruder dasselbe getan hatte, ohne daß mich (damals) irgendein geistiges oder sonstiges Band mit meinem Bruder verknüpft hätte ... Ich bin immer »in die offene Tür« eingetreten, und es war mir ganz gleich, »welche Tür offenstand«. Niemals im Leben habe ich eine Wahl getroffen, in diesem Sinne auch niemals geschwankt. Es war in mir eine merkwürdige Willenlosigkeit und Teilnahmslosigkeit. Und ständig der Gedanke: ›Gott ist mit mir.‹ Aber zu jeder beliebigen Tür bin ich nicht in der Hoffnung eingetreten, daß »Gott mich nicht verlassen wird«, sondern einzig und allein aus Interesse »an Gott, der mit mir ist«, und der daraus entspringenden Interesselosigkeit daran, »in welche Tür ich eintrete«. Ich trat zu mancher Tür herein, ob es drinnen nun »kümmerlich« oder »vornehm« war ... Wegen dieser zwei Beweggründe denke ich auch immer, daß ich ein guter Mensch war: und daß Gott mir deshalb vieles vergeben wird.

Wie ein wilder Wolf hat er sich am russischen Blut vollgetrunken und ist satt in die Grube gerollt.

(In der Eisenbahn, über Stschedrin)

Und nun ende ich doch wirklich damit, daß ich alles Russische zu hassen beginne. Wie traurig das ist, wie fürchterlich.

Traurig besonders am Ende des Lebens.

Diese verschlafenen Gesichter, ungefegten Zimmer, ungepflasterten Straßen.

Widerwärtig, widerwärtig.

Aber auch hier wieder ist Hinterlist im Spiel. »Warum lügt denn diese Schlafmütze nur immer?«

(In der Eisenbahn Luga–Petersburg)

Du schaust einen Russen mit so einem gewissen Zwinkern an – und er dich auch, und alles ist klar. Da braucht's keine weiteren Worte.

Bei einem Ausländer geht das nicht.

Ja, und so ist das Leben schon vorbei ... Es sind nur noch ein paar trübe Jahre... Traurige, unnötige Greisenjahre.

Und wie unnötig alles wird! Das ist das wesentliche Gefühl des Alters. Besonders Dinge, Gegenstände: Kleider, Möbel, Einrichtung.

Und was ist das Fazit des Lebens?

Entsetzlich wenig Sinn. Ich lebte und war auch einmal meines Lebens froh: und das ist die Hauptsache. »Und was ist dabei herausgekommen?« Nichts Besonderes. Und es ist irgendwie auch ganz unnötig, ob etwas dabei herausgekommen ist.

Unbekanntheit, Verborgenheit – das ist fast das Wünschenswerteste.

Warum habe ich so einen Zorn auf die Radikalen?

Das weiß ich selber nicht.

Sind mir die Konservativen lieber?

Nein.

Was ist nur mit mir los? Ich weiß es nicht. Begreife mich irgendwie selbst nicht. (Am 14. Dezember 1911)

Und warum sollte ich auch »den Leser zum Freund haben«? Schreibe ich etwa »für den Leser«? Nein, ich schreibe für mich selbst.

Warum lassen Sie dann aber etwas drucken? –

Es bringt Geld ...

Das Subjektive ist hier mit den äußeren Umständen zusammengefallen. So entsteht Literatur. Mehr ist nicht dabei. (In der Eisenbahn Luga–Petersburg)

Ein Wanderer, ein ewiger Wanderer und, wohin er auch kommt, nur ein Wanderer.

(In der Eisenbahn Luga–Petersburg, über mich selbst)

Was war denn nun jener Pfeil, den ich beständig in meinem Herzen spürte?

Und von dem auch alles herrührt, was ich geschrieben habe.

Meine Sünde.

Durch die Sünde habe ich alles in der Welt erkannt und durch die Sünde (die Reue) mich mit allem in der Welt in Beziehung gesetzt.

(In der Eisenbahn Luga–Petersburg)

Jede Liebe ist schön. Und nur sie allein ist schön.

Denn auf Erden ist das einzige »an sich Wahre« die Liebe.

Die Liebe schließt die Lüge aus: das erste »ich habe gelogen« bedeutet: »ich liebe nicht mehr«, ich liebe »*weniger*«.

Erlischt die Liebe, so erlischt auch die Wahrheit. Will man also auf Erden in der Wahrheit leben, so heißt das beständig und wahrhaft lieben.

(In der Eisenbahn Luga-Petersburg)

Die russische Kirche ist ein bemerkenswertes Phänomen. Das Luthertum und der Katholizismus sind in vieler Hinsicht bemerkenswerter als sie, aber es gibt doch mancherlei, worin sie bemerkenswerter ist als die beiden anderen Kirchen. Wir sollten darauf achten, daß ausgeglichene Geister wie Buslajew, Tichonrawow, Kljutschewskij oder S. M. Ssolowjow nicht danach gestrebt haben, sie zu verbessern, sondern vollständig zufrieden mit ihr waren. Und dabei waren das gläubige, religiöse Menschen eines im besten, im ausgeglichen russischen Sinne frommen Wandels. Sie machten sich niemals besondere Gedanken über die Religion, sondern schafften das ganze Leben, arbeiteten und mühten sich in selbstverständlicher nobler Gesinnung. Die Religion war für sie eine Art Fundament, welches diesen Berg erhabener Lebensarbeit trug. Kein Zweifel – hätten sie den Glauben nicht besessen, wären sie nicht so rastlos tätig und erhaben gesinnt gewesen; zum religiösen Skeptizismus verhielten sie sich mit größter Verachtung. Die Infragestellung der Orthodoxie beginnt ein Stockwerk tiefer: hier betätigen sich ätzendere, beweglichere, kleinere Geister. Tolstoj, Rosanow, Mereschkowskij, Herzen und nicht etwa der von stillem Abendlicht bestrahlte Buslajew. Die Skeptiker – da haben wir Aufregung und Sturm, Verbitterung und Nerven. Mag sein, auch allerhand Bemerkenswertes. Aber nichts Ruhiges, Klares, Harmonisches.

Die Orthodoxie entspricht in höchstem Grade der Harmonie des Geistes. In ihr ist, allegorisch gesprochen, Zeus enthalten; mit Alexander Newskij hat sie sogar (wiederum allegorisch) ihren »Mars« erhalten. In der »Petersburger Periode« (die Slavophilen) errichtete man Alexander Newskij, diesem »Ares« und gleichzeitig »Romulus« Rußlands, Kathedralen und schob die Kijewer Asketen beiseite. Mars und Zeus (das durch sie personifizierte Element) symbolisieren also die Orthodoxie; was aber nicht in ihr vertreten ist, das sind Aphrodite und Juno, »die Herrin des Hauses«, Saturn und esoterische Mystik.

(Auf der Rückseite eines an mich gerichteten Briefes)

Gibt man nicht gerne her, so wird einem bekümmert zu Sinn. Selbst wenn es nur um ein Geschenk geht.

(Ein kleines Mädchen auf dem Bahnhof in Kijew, dem ich einen Drehbleistift schenken wollte; aber ich verpaßte den Moment, und sie ging mit ihrer Großmutter weg)

Und dann kam das kleine Mädchen doch wieder, und ich schenkte ihr den Bleistift. So einen hatte sie noch nie gesehen und konnte sich kaum erklären, was das für ein »Wunder« war. Wie froh war uns beiden da ums Herz.

Wer legt sich *mit reiner Seele* ins Grab? O wie uns allen *Läuterung* not tut.

(Winter 1911)

… mag sein, ich bin ein »Dummkopf« (es gibt so Gerüchte), vielleicht auch ein Schelm (es gibt Leute, die so reden): aber jene *Weite* des Denkens, jene *Unermeßlichkeit* »sich auftuender Horizonte« – das gab es noch bei keinem vor mir. Und all das »ist mir von selbst eingefallen« – nicht ein Jota habe ich geborgt. Erstaunlich. Ich bin wirklich ein ganz erstaunlicher Mensch.

(Auf der Sohle meines Pantoffels beim Baden)

Ich streite nicht mit Gott und werde Ihn nicht verraten, wenn Er mein Gebet nicht erhört: ich *liebe* Ihn, bin Ihm *ergeben*. Und was Er auch mit mir tut – ich werde keine Lästerung ausstoßen, sondern nur *über mich* weinen.

(Im traurigen Sommer 1911;
der Arm von Iu. l.'s Frau ist immer noch lahm)

Die Seele der Orthodoxie besteht in der Gabe des Gebets. Ihr Körper sind die Riten, der Kultus. Wer aber denkt, daß in ihr außer den Riten nichts enthalten ist (wie Harnack, dieser Berliner aus Dorpat), der hat bei aller geistigen Kapazität nichts von ihr begriffen.

(Im Sommer 1911)

Wie hohl war meine »Rebellion gegen das Christentum«: worauf es mir ankam, war, gut zu leben; und dafür waren (zwanzig Jahre lang) hervorragend günstige Bedingungen gegeben. Aber mit meinen »Schriften« habe ich alles verdorben. Ich bin ein kümmerlicher »Autor«, der eigentlich ganz unnütz ist – und daß dem so ist, geschieht mir ganz recht. (Am 14. Dezember 1911)

Die Kirche ist das einzig Poetische, das einzig Tiefe auf Erden. Mein Gott, was für ein Wahnsinn war es doch, daß ich im Verlauf von elf Jahren die größten Anstrengungen gemacht habe, sie zu zerstören.

Und wie gut, daß es mir nicht gelungen ist...

Und was wäre auch die Erde ohne die Kirche? Mit einem Male stünde sie jeglichen Sinnes beraubt und würde erkalten.

Ach, ihr Menschen: benützt jeden schönen, klaren Abend. Das Leben geht vorbei, ist so schnell vergangen, und dann sagt ihr: »wenn ich es doch recht genossen hätte«, aber dann ist es zu spät: dann setzt der Schmerz ein, der Kummer ... einstmals ... ! Die Numismatik – schön, beschäftigt euch mit Numismatik; Bücher – in Gottes Namen, lest Bücher. Nur gebt euch nicht mit dem Schreiben ab, »bemüht« euch nicht: ihr werdet das Leben versäumen, und was ihr geschrieben habt, erweist sich als »dummes Zeug« oder ganz »unnütz«.

Ja, was ist denn nun wirklich schön in Rußland, wenn nicht die alten Kirchen? Die Büros etwa? Oder die Redaktionsstuben? Die Kirche allerdings ist alt, sehr alt, und an dem Küster ist nicht viel dran – all das ist behaftet mit Mängeln, sieht schwächlich aus. Aber während es *überall* kalt ist, *ist es hier warm. Hier* hat man die Mutter begraben, die Brüder; hier wird man auch mich begraben; hier werden die Kinder heiraten – *hier und nur hier*. Alles, was wichtig ist im Leben ... Hier kann man sich noch an Wärme satt atmen.

Stille, dunkle Nächte ...
   Furcht vor Übertretung ...
   Schwermut der Einsamkeit ...
Tränen der Verzweiflung, der Angst,
des Schweißes der Arbeit ...
   Das bist du, Religion ...
Hilfe dem Gebeugten ...
Hilfe dem Ermüdeten ...
Glaube des Kranken ...
   Hier deine Wurzeln, Religion ...
Ewige, wunderbare Wurzeln ...

(Bei der Korrektur eines Feuilletons)

Ich habe immer von der Ehe, der Ehe, der Ehe geredet ... und was zu mir kam, war der Tod, der Tod, der Tod.

Schreckliche Einsamkeit mein ganzes Leben lang. Von Kindheit an. Einsame Seelen sind getarnte Seelen. Tarnung aus Lasterhaftigkeit. Der entsetzliche Druck der Einsamkeit. Rührt daher der Schmerz?

Nicht nur daher.

Der religiöse Mensch steht höher als der Weise, der Dichter, der Sieger und der Redner. Wer betet, besiegt alle, und *die Heiligen* werden Sieger sein über die Welt.

Ich werde in die Kirche gehen! Ja, bestimmt! Ich gehe. Ich gehe ...

Niemals werde ich meinen Fuß auf denselben Boden setzen wie die Positivisten. Niemals! Niemals! Und niemals will ich mit ihnen die Luft ein und desselben Zimmers atmen!

Besser Aberglaube, stupider, schwarzer Aberglaube, aber mit *Gebet*. Die Religion oder das Nichts. Das bedeutet: Kampf und Kreuz, Pilgerstab und Keule, Lanze und Grab.

Aber ich glaube, die Heiligen werden siegen.

Die besten Menschen, denen ich begegnet bin – nein, die ich im Leben *gefunden* habe ... waren alles *religiöse* Menschen. Und religiös waren auch solch tiefe Geister wie Florenskij und Rtzy. Das bedeutet doch etwas, nicht wahr? Meine Wahl ist *getroffen*.

Das Gebet oder das Nichts
oder:
Gebet – und Spiel
Gebet – und Feste
Gebet – und Tänze
Aber im innersten Kern von allem –
das Gebet.
Betet der Mensch – geht alles.
Ohne Gebet – geht nichts.

Das ist mein Credo, und mit ihm werde ich ins Grab steigen.

Den großen Tanz des Gebets werde ich anheben. Mit Posaunen, mit Musik, mit allem: und alles wird gewährt, denn alles ward erbetet. Und alles werden wir tun, weil wir, wenn alles vorbei, uns vor Gott verneigen. Aber wir werden nichts tun, was vom Übel ist; wir werden an uns halten – nichts »Karamasowsches« wird an uns sein: denn im »Tanz« werden wir Gottes gedenken und nicht begehren, Ihn zu kränken.

Das Grab – wißt ihr, daß sein Sinn alle Zivilisation besiegt ... (14. Dezember 1911)

Von allen Ecken und Enden schreit es: »das Soziale«, »das Aufkommen des sozialen Elements in der Literatur«, »das Erwachen des sozialen Interesses«.

Es kann schon sein, daß ich nichts davon verstehe: aber wenn ich jemandem mit »sozialen Interessen« begegne, heißt das nicht nur, daß er mich langweilt oder daß ich mich nicht weiter mit ihm zanke: ich sterbe einfach in seiner Gegenwart. »Zugeknöpft bin ich wie eine Auster« oder in Luft zergangen: kein Verstand und kein Wille mehr, kein Wort, keine Seele.

Tot.

Und ich erwache und öffne die Augen erst, wenn ich spüre oder vermute, daß das »Soziale« von dem Menschen (dem Nachbarn oder Nächsten) gewichen ist.

Wenn man im Gymnasium einem »in die Fresse hauen« oder schummeln wollte, so nicht etwa aus irgendwelchen »sozialen« Gründen, sondern einzig und allein darum, weil man traurig und um einen herum alles so scheußlich war.

Und die »Sozialstruktur« war nicht wegen des »Sozialen« wichtig, sondern nur darum: »wir ziehn dann um in eine andere Straße« und »ich werde mir ein Mädchen anlachen« (als ich Gymnasiast war, stand mein Sinn immer nach Mädchen).

Weshalb glaube ich also immer zu ersticken, wenn man vom »Sozialen« redet? Es ist mir immer, als spräche man vom Zug der Dohlen. »Sie sind nach Norden gezogen«, »sie sind nach Süden gezogen«.

Ach, fliegt schon, wohin ihr wollt, meine Lieben: mir ist das ziemlich egal.

Oder: »die Menschen gehen ihren Zielen entgegen«: wo ich doch weiß, daß jegliches »sie gehen« von der *Straße* bedingt ist und nicht *von dem, der* »geht«. Deshalb bin ich dieses Dohlenvolkes so überdrüssig.

Und schließlich noch eins: ich kann schon Lärm an und für sich nicht vertragen. Und wo Dohlen sind, ist auch immer Gekrächz. (18. Dezember 1911)

Wie sehr muß Gott mich lieben, daß er mir »sie« geschenkt hat. (19. Dezember 1911)

So rollt und rollt das Leben dem Ende zu. Unaufhaltsam. Und ich will es auch gar nicht aufhalten.

Wie hat alles seinen *Sinn* entsprechend dieser Situation geändert.

Wie wenig verlangt einen mehr nach heiterer Zerstreuung und Vergnügen ... weiß Gott, wie wenig. Und jetzt ist die *Stunde* da, wo Tugend süßer ist als Genuß.

Niemals hätte ich das gedacht. Niemals hätte ich das vermutet. (21. Dezember 1911)

Ich habe meinen Weihnachtsartikel beendet. »Die Freundin« ist eingeschlummert ... Es ist fünf Uhr nachts. Und in meiner Seele – Karfreitag ...

(23. Dezember 1911)

Wenn jemand mir eine Lobrede »am offenen Grabe« halten sollte, springe ich aus dem Sarg heraus und haue ihm eine herunter. (28. Dezember 1911)

Kein Mensch ist es wert, daß man ihn lobt. Jeder Mensch ist es wert, daß man sich seiner erbarmt.

(29. Dezember 1911)

Verwehte Blätter

Ich dachte, alles sei unsterblich. Und sang meine Lieder.

Jetzt weiß ich, daß alles ein Ende hat.

Und mein Lied ist verstummt.

(Seit drei Jahren schon)

Starke Liebe zu einem Menschen macht die Liebe zu den Vielen überflüssig. Sogar uninteressant ...

Wenn ich sterbe – was hat das zu bedeuten?

Die Wohnung auf der Kolomenskoer Straße wird frei, und der Hauswirt vermietet sie an jemand anders.

Und was noch?

Die Bibliographen werden meine Bücher analysieren.

Und ich *selbst?*

Ich selbst? – Nichts.

Das Büro erhält sechzig Rubel für die Beerdigung, und die werden dann im März verrechnet. Aber da wird das alles schon mit anderen Beerdigungen in einen Topf geworfen ... kein Name, kein Seufzer.

Grauenhaft!

Das Wesen des Gebets besteht in der Anerkennung der eigenen tiefen Kraftlosigkeit und tiefen Beschränktheit.

Das Gebet stellt sich ein, wo »ich nichts vermag«; wo »ich etwas vermag«, gibt es kein Gebet.

Die Gesellschaft, die *Umwelt* legen der Seele nichts zu, sondern reduzieren sie.

Ja. Der Tod ist *auch eine Religion. Eine andere Religion.* Das ist mir noch niemals in den Sinn gekommen.

....

Hier – der Nordpol. Schneeiges Schleiertuch. Und Nichts. Das ist der Tod.

....

Der Tod ist das Ende. Die Parallelen haben sich getroffen. Schön, sie haben sich in einander verkrochen, und sonst nichts. Nicht einmal »die Gesetze der Geometrie«.

Ja, der Tod überwindet selbst die Mathematik. »Zwei mal zwei ist null.«

(Beim Anblick des Himmels im Garten)

Ich bin sechsundfünfzig Jahre alt: und doch, multipliziert mit der Mühsal eines jeden Jahres, ergeben sie – Null.

Ja, noch mehr: multipliziert mit Liebe und Hoffnung, ergeben sie – Null.

Wer braucht aber diese »Null«? Gott doch wohl nicht. Aber wer denn sonst? Und wozu?

Oder müßte man etwa sagen, daß der Tod *stärker* ist als selbst Gott? Aber dann würde doch herauskommen, daß er Gott ist? An *Gottes Stelle steht?*

Entsetzliche Fragen.

Den Tod fürchte ich, den Tod will ich nicht, vor dem Tod entsetze ich mich.

Und so werden Mutter und ich sterben, die Kinder aber nach einer Zeit der Trauer leben bleiben. In der Welt wird sich nichts verändern: eine fürchterliche Veränderung *wird nur für uns eintreten*. »Das Ende«, »aus«.

Dieses »Aus« nicht nur von einzelnen Dingen, sondern des Ganzen – entsetzlich.

Mit mir ist es *aus*. Weshalb habe ich aber dann *gelebt?*!!

Ich bin in die Welt gekommen, um zu *schauen*, nicht aber, etwas zu *vollbringen*.

Was werde ich im Jenseits Gott über das sagen, was zu schauen er mich entsandt hatte?

Werde ich ihm sagen, daß die von ihm geschaffene Welt herrlich ist?

Nein.

Was werde ich aber dann sagen?

Gott wird sehen, daß ich weinend schweige, daß dann und wann ein Lächeln über mein Gesicht geht. Aber zu hören bekommen wird er von mir nichts.

Nicht die Literatur ist scheußlich, sondern das *Literarische:* das Literarische in der Seele, das Literarische im Leben. Nämlich, daß jedes *Erlebnis* ins spielerische, lebenatmende Wort umgegossen wird: aber damit ist dann auch alles zu Ende – das *Erlebnis* ist tot, ausgelöscht. Das Wort hat die Temperatur (des Menschen, des Leibes) abgekühlt. Das Wort erregt nicht, o nein! Es kältet und bremst. Ich rede hier vom originellen, schönen Wort, nicht etwa vom Wort »bloß so«. Deshalb tritt nach »goldenen Zeitaltern« der Literatur immer eine tiefgehende Zersetzung des gesamten Lebens ein, Apathie, Erschlaffung und Talentlosigkeit. Das Volk wird gleichsam schläfrig, das Leben wird gleichsam schläfrig. So war es in Rom nach Horaz und in Spanien nach Cervantes. Aber nicht die Beispiele sind überzeugend, sondern der wesenhafte Zusammenhang der Dinge.

Deshalb ist die Literatur eigentlich auch eine überflüssige Sache. Hierin hatte Konstantin Leontjew ganz recht. »Warum nennt man, wenn man vom Ruhm des Jahrhunderts spricht, immer Goethe und Schiller und nicht Wellington und Schwarzenberg?« Tatsächlich – »warum«? Warum war »das Zeitalter Nikolaus' I. das Zeitalter Puschkins, das Zeitalter Lermontows und Gogols« und nicht das Zeitalter Jermolows, Woronzows und wie sie sonst noch hießen? Wir wissen es nicht einmal. Wir sind so von den Büchern verwöhnt, nein – so überhäuft, daß wir uns der Feldherren nicht einmal entsinnen ...

Was wir brauchen, ist überhaupt keine »große Literatur«, sondern ein großes, schönes und erfülltes Leben. Die Literatur aber kann ruhig »so-so« sein, ein Hinterhof des Lebens ...

Ich gehe, gehe, gehe, gehe.

Und wo mein Weg endet – das weiß ich nicht.

Es interessiert mich auch nicht. Hier geht es um etwas Elementares, schon nicht mehr Menschliches. Eher »trägt« es mich, als daß ich gehe. Die Füße schleppen sich weiter, und es reißt mich von jeder Stelle, wo ich stand.

Seit der Erfindung des Buchdrucks ist die Liebe unmöglich geworden. Was wäre das schon für eine Liebe »mit Büchern« ... (Auf dem Weg zu einem Namenstag)

Alles ist unsterblich. Ewig und lebendig. Bis zum Riß im Stiefel, der nicht weiter ging und deshalb auch nie geflickt wurde. Das ist besser als jene »Unsterblichkeit der Seele«, die trocken und abstrakt bleibt.

Ich will im Jenseits mit meinem Taschentuch ankommen. Darunter tue ich es nicht. (Am 16. Mai 1912)

Ist die Geschichte nicht ein ungeheuerliches *anderes* Wesen, welches die Menschen, sich zur Nahrung, verschlingt, ohne auch nur im geringsten an ihr Glück zu denken? Oder sich dafür zu interessieren? Sind wir nicht ein »ich« im »Ich«?

Wie ist alles so schrecklich und erbarmungslos eingerichtet.

Gibt es Erbarmen in der Welt? Schönheit – ja, Sinn – ja. Aber Erbarmen? Erbarmen sich etwa die Sterne? Die Mutter – sie erbarmt sich: und so sei sie denn über die Sterne erhoben.

Tolstoj war genial, aber nicht klug. Und bei aller Genialität schadet doch ein bißchen Klugheit nichts.

Der Verstand ist, sagen wir mal, so ein bescheidener Kleinbürger; trotzdem kann man ohne dieses »dritte Element« nicht leben.

Unsere Stiefel müssen geputzt und unsere Kleider genäht werden. Selbst der Prophet Elias besaß ein Gewand, das irgendein Schneider genäht hatte.

Wer den Verstand verachtet (die Mystiker), d.h. voll Hochmut herabsieht auf den Kleinbürger, hat schließlich und endlich selbst etwas Kleinbürgerliches an sich. »Ich bin solch ein großer Herr« oder »Prophet«, daß ich »diesem Spießer nicht die Hand gebe«. – Wer das sagt oder denkt, verwandelt sich eo ipso in einen Pseudo-Herrn oder Lügenpropheten.

Die wahre *Herrschaft über den Verstand* muß ganz tief sein, ganz im Selbst verborgen – ein subjektives Geheimnis. Soll Spencer nur vor Pascal großtun! Pascal muß Spencer gelegentlich sogar »Ew. Exzellenz« nennen und darf sich keinesfalls merken lassen, wohin Spencer *wirklich* gehört.

Vielleicht bin ich nicht mit dem Menschen an sich zerfallen, sondern nur mit der Literatur? Mit dem Menschen zerfallen zu sein ist furchtbar; aber nur mit der Literatur – da ist nichts Besonderes dabei.

....

....

Herausgerissene Bahnschwellen. Pflasterblöcke. Sand. Steine. Schlaglöcher.

Was ist denn das? Ausbesserung des Pflasters?

Nein, nein, das sind »Rosanows Werke«. Und auf eisernen Schienen gleitet die Trambahn selbstsicher vorüber. (Bei Straßenarbeiten auf dem Newskij-Prospekt)

Von jeder Seite bei Weininger steigt der Schrei auf: »Ich *liebe Männer*!« Na ja, wenn schon: *du bist Päderast*. Und hiermit könnte man das Buch zuklappen.

Es ist ganz zusammengewoben aus »*volo*« und »*scio*«: sein »*scio*« ist genial, dort wenigstens, wo es um einen Überblick über die Natur geht. Mit seinem weiblichen Auge erfaßte er Tausende von bisher unbemerkt gebliebenen Einzelheiten; er bemerkte sogar, daß »das Stillen des Kindes die Frau erregt« ...

»Pfui, was für ein Weib!« – »Als ob du *selbst* schon einmal ein Kind *gestillt* hättest oder wenigstens eins stillen wolltest!«

Nina Rudnjewa, meine Nichte, hat eine Freundin: die ist ganz versenkt in ihre Bücher ... Geschichte, Kosmographie. Sie ist ansehnlich. Schön sogar. Von feinem Wuchs. Und ich fragte sie:

»Was ist das Beste am Manne?«

Exaltiert hob sie den Kopf:

»*Die Kraft!*« (Bei einem Aufenthalt in Moskau)

Vollkommenheit gibt es nicht auf Erden ...

Nicht einmal eine vollkommene Kirche.

Niemals, niemals wird ein Priester ehrliche Freude über die »Frucht des Leibes« empfinden.

Niemals.

* * *

Niemals ex cathedra, allerhöchstens privat.

Und dabei habe ich bei dem Numismatiker B. (er leitet seine Familie von Alexander Baal, dem König von Syrien, her) eine bronzene Faustina junior gesehen, eine Münze, auf deren Rückseite eine Frau zwei kleine Kinder in den Armen hält und zu ihren Füßen sich noch zwei weitere größere Kinder am Saum ihres Gewandes festklammern. Die Aufschrift rund herum besagt:

Fecunditas Augustae –
Die Fruchtbarkeit der Kaiserin.

Von der Schönheit dieser Worte war ich so ergriffen, daß ich die Münze sofort kaufte: »eine Scheidemünze«, ein Instrument des Warenaustausches, in aller Händen, in der Tasche von Händlerinnen, Dirnen, Metzgern und Stutzern in Tibur und auf dem Kapitol: und plötzlich legt die Kaiserin Faustina (die Gattin Mark Aurels), eine solch stattliche, königliche Frau (ihr Bildnis ist auf der Stirnseite der Münze zu sehen), ihren schwangeren Leib »dem guten römischen Volke« gleichsam in die Hände, als ob sie sagen wollte:

»Freuet euch, noch einmal habe ich geboren: jetzt sind es vier ...«

Alles dies sagte ich ganz laut heraus, und B., ein listiger, witziger Alter, rief sogleich seine Frau herbei: es erschien eine üppige, hochgewachsene Dame, wohl um zwanzig Jahre jünger als B., und ich wollte ihr schon die Münze zeigen, denn ich hatte im Augenblick beinahe vergessen, daß sie eine »Dame« war ... Sie aber (Griechin, wie auch er) begriff sofort und hörte mir verständnisvoll zu, und als ich ihr, taktvoll zwar, aber doch vorwarf, daß sie keine vier Kinder habe, entgegnete sie lebhaft:

»Nein, aber so gut wie vier: einen Seemann, einen Studenten ... und eine Tochter ...«

Sofort ging sie hinaus und brachte ihre Tochter herein, die an Schönheit der Mutter nicht nachstand. Zu ihr sagte ich nichts (eine junge Dame ...), und bald verließ sie das Zimmer wieder.

Nach zwei Jahren kam ich wieder einmal zu B., um ihm eine kleine Schuld von siebzig Rubeln für Münzen zu bezahlen. Er war erheblich gealtert und auch seine Frau ein wenig. Da sagte ich zu ihr:

»Bereden Sie ihren Mann – er ist doch schon ganz alt –, in sein Testament aufzunehmen, daß er mir die Tetradrachme von Maronea mit dem zwei Thyrsosstäbe und eine Weintraube schwingenden Dionysos (25 Rubel) und die Tetradrachme von Tripolis (in Phönizien – Maronea liegt in Thrazien) mit dem Haupte der Dioskuren (rund 100 Rubel) vermacht.«

B. schrie:

»Ach Sie ... Sie überlebe ich noch lange!«

»Wieso, Sie sind doch ganz eisgrau. Sie besitzen ein großes Vermögen, und was bedeuten Ihnen schon zwei Münzen im Gesamtwert von hundertfünfundzwanzig Rubeln? Ihre Kinder brauchen diese Stücke sicher nicht, denn es handelt sich da doch um eine Spezialität ... Nun, und Ihre Tochter?«

»Sie hat geheiratet!!«

»Sie hat geheiratet?!! Das ist lobenswert. Und ...«

»Sie hat schon einen Jungen«, sagte die glückliche Großmutter.

Sie war sehr schön. Üppig. Ganz wie Faustina. Keine

Spur von Hinfälligkeit oder Alter, nichts von »absteigendem Ast«; B. war, wenn auch ganz weiß von Haar, doch noch lebhaft und munter wie ein Tausendfüßler. Ich bin überzeugt, in seinem Ressort gebot er über das scharfäugigste, unentbehrlichste Gesicht.

Und solch ein »Einwiegen« des jungen Dionysos durch die Kureten (ein Mythos, wie er auf den Münzen abgebildet ist), frei und ohne Süßlichkeit, aber begleitet von Scherzen und liebeerfüllt, konnte und kann es dort nicht geben, wird es dort niemals geben, wo die allzu offiziellen goldgestickten Gewänder wehen, die zu feierlich sind, um zu den Windeln, Betten und Schlafzimmern herabzusteigen.

. . .

Daher das ganze Unbegreifen und die Zornausbrüche, als ich auf den Sitzungen der Religionsphilosophischen Gesellschaft vorschlug, man möge es den jungen Ehepaaren erlauben, die erste Zeit nach der Trauung eben dort zu weilen, wo sie zur Ehe zusammengegeben wurden. Denn ich hatte bei Andrej Petscherskij gelesen, wie ein junges Mädchen, das nach einem schönen, alten Ritus den Nonnenschleier genommen hat, drei Tage in der Kirche der Altgläubigen verbringt, wo sie auch gespeist und getränkt wird. Meine Idee ist: »Was den Mönchen recht ist, muß den Eheleuten billig sein – gleiche Ehre und gleicher Ritus.«

Diesen Gedanken, daß die jungen Eheleute einige Tage, drei oder auch sieben, an geweihter Stätte verbringen, habe ich später unter Hinweis auf meinen Vorschlag in der Religionsphilosophischen Gesellschaft auch in der »Nowoje Wremja« wiederholt. Das zweisame Wachen an der Stätte des Gebets vor verdämmernden Heiligenbildern, einigen wenigen angezündeten Ewigen Lichtern ohne irgendwelche anderen Menschen oder Außenstehende, fern von allen fremden Blicken und Ohren ... was für Gedanken und Eindrücke könnte dies alles wachrufen! Und diese Erlebnisse würden sich wie ein langer Streifen stillen frommen Lichtes über das beginnende, ja bereits begonnene eheliche Leben hinziehen – ein eheliches Leben, das eben hier, *im Hause des Gebets*, seinen Anfang genommen hat. Hier würden sich ganz von selbst jene ersten Vorbedeutungen, Anzeichen und Omina einstellen wie bei den »vates« des Altertums. Und wer bedarf alles dieses mehr, als wer die wichtigste und wertvollste, die süßeste, aber auch die gefährlichste Bindung eingeht! Der Bischof Antonij Chrapowitzkij hat das alles ganz anders dargestellt, als es mir zu jener wahrhaft hellsichtigen Stunde erschien, da ich meinen Vorschlag vorbrachte. Woran ich dachte, war Nacht, und die Mitte des Gotteshauses mit weit geöffneter Kuppel und Sternenglanz; in der Kirche erhöben sich an den Mittel- und Seitengängen hingepflanzte Bäumchen und Blumen; und an Stelle der Fliesen wäre schwarze Erde aufgeschüttet. Und hier nun, mitten unter Bäumen und Blumen und unter den Sternen, in der *Natur* und dabei doch im *Tempel*, würde das junge Paar eine Woche oder auch zwei, drei, vier verbringen ... All das wäre freilich nur im Süden zu verwirklichen: aber es gibt doch auch einen *Süden* im Herrschaftgebiet des russischen Reiches. Und was weiter? – Hier würden sie bis zur klar sich abzeichnenden Schwangerschaft verweilen. Und auch ein Bassin würde sich hier befinden. Denn im Tempel des Alten Testaments gab es doch auch ein Becken, in welches die Priester und Hohenpriester stiegen – das »Steinerne Meer«, das auf dem Rücken von zwölf gemeißelten Stieren ruhte. Und warum sollten wir diesen Zug des alttestamentarischen Kults nicht auch in unsere Kirchen übernehmen, wo doch der alttestamentarische »Vorhang« aufgespannt ist und Paroemien, d.h. Auszüge aus den Büchern des Alten Testaments, verlesen werden? Wir haben ja nicht mit der Heiligen Schrift des Alten Bundes gebrochen. Und auch im Neuen Testament ... Lesen wir denn da nicht – wird denn bei unserem Gottesdienst nicht verkündet: »Wahrlich, ich sage euch, das *Himmelreich ist gleich einem Hochzeitsfest* ...« Abermals »einem Hochzeitsfest«!! – Natürlich nicht im Sinne eines Balls, der sich von anderen Tanzabenden nicht unterscheidet und mit der Ehe gar nichts zu tun hat, sondern im Sinne der Brautkammer der beiden Neuvermählten, im Sinne ihres Brautbettes. Kann denn das, womit das innerste Wesen dessen, wovon der Heiland lehrte (das Himmelreich), verglichen wird, niedrig und schmutzig sein? Sind wir nicht berechtigt, einen Teil unserer Kirche mit Baum- und Blütenschmuck und Wasserbecken auszuzieren und ihn so diesem Gleichnis auf den Lippen des Heilands anzunähern?! Das Hochzeitsfest, in der wahrsten Bedeutung dieses Wortes, in unsere Kirche hineinzutragen – das war der Sinn meiner Rede. Ganz richtig hat Rtzy wiederholt darauf hingewiesen, daß »der Teig *noch nicht aufgegangen* ist (Gleichnis aus dem Evangelium) und der Sauerteig (die Hefe) *noch nicht das ganze ins Gefäß geschüttete Mehl durchsäuert hat*«. Dieses »ins Gefäß geschüttete Mehl« ist unser ganzes Leben. *Die ganze Art, wie wir leben*. Und sie ist auch noch nicht völlig von der »Hefe«, dem »Sauerteig«, d.h. dem Worte Gottes, all den Gleichnissen, Bildern und Parabeln des Herrn durchsäuert!!! Ich bitte Sie: in der Kirche des Smolensker Friedhofes habe ich bei der Beerdigung meiner ältesten Tochter ein Zimmer mit der Aufschrift »*Kontor*« gesehen. Dieses Wort und die ihm anhaftende Bedeutung ist im Evangelium, in positivem Sinne jedenfalls, nirgends zu finden. Ich bitte Sie, mir zu erklären, Bischof Antonij, warum denn ein »Kontor« etwas Erhabeneres und Heiligeres ist als das »Hochzeitsgemach«, von dem der Heiland so liebeerfüllt und achtungsvoll des öfteren geredet hat? Und wenn man jetzt »das Kontor« in die Kirche trägt, ohne sie zu verunstalten oder zu beschmutzen – wie könnte es dann einer Befleckung unserer Kirchen gleichkommen, wenn die vom Heiland mit so viel Liebe genannten Brautgemächer in ihnen Platz fänden? Natürlich dürfte es nicht nur eines sein, sondern viele müßten bereitstehen, weil während der zwei, drei Monate bis zur Schwangerschaft einer jungen, sagen wir Maria, noch viele weitere Lisas und Katherinen getraut werden. Das würde zunächst einmal »ungewohnt« sein; wir haben uns noch nicht daran gewöhnt, so etwas »zu sehen«. Aber es ist doch ein großer Unterschied zwischen diesem »wir sind es noch nicht gewöhnt« und »Häresie«. Dabei wird selbstverständlich die eigentliche eheliche Vereinigung nicht zu sehen sein (wie irrtümlicherweise der Bischof Antonij angenommen hat), da nach dem Sündenfall dies alles in den Bezirk des Mysteriums und der tiefsten Verborgenheit verwiesen wurde (»Und sie machten sich Röcke von Fellen«); eben zum Gedächtnis dieses erschütternden Gebots müssen die einzelnen Gemächer (in Wandnischen? Längs der Mauern? Hinter dem Chor?) mit Fellen, mit Tierhäuten verhängt werden, wobei nur oben eine Lücke freigelassen wird, um die Luft der Kirche hereinzulassen. Wie konnte man mich nur so mißverstehen: wenn hier alles Religion ist, so muß auch alles taktvoll und unanstößig für Blick und Geist hergerichtet sein. Alles ist geradeso wie im ehelichen Leben, wo die reinsten Familien und innerlich vornehmsten Häuser, wie z.B. die Häuser unserer Geistlichkeit, auch nicht verunreinigt werden oder Auge und Gemüt verletzen, weil in ihnen das »seid fruchtbar und mehret euch« geübt wird und sich bei der Verehelichung einer Tochter die Eltern sowohl wie die Kinder in Fruchtbarkeit vermehren. Warum soll sich denn unsere orthodoxe Kirche nach Bild, Typus und Geist nicht dem Hause einer solchen Familie angleichen, sondern nur der einsamen Behausung eines gelehrten Archimandriten – die Kirche, in der doch bei weitem mehr Beter zugleich Familienangehörige sind als Ehelose oder Verwitwete!?

Chrapowitzkij hat das nicht verstanden.

Dabei ist meine Idee doch völlig verständlich.

Honig und Rosen ...

Und in der Rose – ein Neugeborenes.

»Gott hat es gesandt«, spricht die Welt.

»Nein«, sprechen die greisen Kanonisten. »Es ist vom Bösen«.

Aber die Welt hört auf, ihnen Glauben zu schenken.

(In der Klinik von Jel. Pawl.)

Alles im menschlichen Körper ist klar umrissen und vollendet, außer den Geschlechtsorganen, die neben dem übrigen sich wie ein Gedankenstrich, eine Unklarheit ausnehmen ... und die auf ihre Ergänzung durch die Unklarheit oder den Gedankenstrich eines anderen Organismus warten. Erst dann werden beide *klar*. Wo sollte wohl ihr abstoßender Anblick (über den sich alle Welt beklagt), aber auch das Entzücken in der Minute, wenn das nicht ganz Gesagte zu Ende gesprochen wird (die eigentliche Empfindung des Aktes) herrühren als von dieser *Unvollendetheit?*

Die einen sind jung, und was sie brauchen, ist Freude; die andern sind alt, und was sie brauchen, ist Ruhe; die jungen Mädchen wollen die Ehe, und die Eheleute »eine zweite Jugend« ... und alles drängt und stößt sich ... ewiger Lärm.

• • •

Das Leben rührt her von »schwankenden Gleichgewichten«. Wenn die Gleichgewichte überall fest gegründet wären, gäbe es auch kein Leben.

Aber schwankende Gleichgewichte: das bedeutet Unruhe, »es ist mir unbehaglich«, Gefahr.

Die Welt befindet sich in ewiger Unruhe, und eben dadurch lebt sie.

. . .

Was für ein Unsinn sind alle diese »Sonnenstaaten« und »Utopien«: deren Wesen in *ewiger Glückseligkeit* besteht, d.h. in endgültig »feststehendem Gleichgewicht«. Das ist nicht »die Zukunft«, sondern der Tod.

(Als ich meine Tochter Werotschka zur Fahrt nach Lissino zum Bahnhof brachte)

Der Sozialismus wird als Disharmonie vorübergehen. Jede Disharmonie geht vorüber. Der Sozialismus aber – das ist Sturm, Regen, Wind...

Dann geht die Sonne wieder auf und trocknet alles. Und wie von verdunstetem Tau wird man reden: »Gab es denn das (den Sozialismus) wirklich einmal?« »Und der Hagel trommelte ans Fenster: Brüderlichkeit, Gleichheit, Freiheit?«

O ja! Und wie viele Menschen dieser Hagel erschlagen hat!!

»Erstaunlich. Ein merkwürdiges Phänomen. Man glaubt es einfach nicht. Wo könnte man etwas über seine Geschichte nachlesen?«

Der zerstreute Mensch ist der konzentrierte Mensch. Nur konzentriert er sich nicht auf das, was erwartet oder gewünscht wird, sondern auf etwas anderes, nur ihm Eigenes.

Ein glückliches, mächtiges Vaterland zu lieben ist keine große Sache. Wir müssen es aber gerade dann lieben, wenn es schwach, klein und erniedrigt ist, vielleicht sogar dumm und vielleicht sogar, wenn es verderbt ist. Gerade, gerade, wenn unsere »Mutter« betrunken ist, lügt und sich ganz in Sünde verstrickt hat, dürfen wir sie nicht verlassen ... (Beim Aufräumen der Bibliothek)

Wie entsetzlich, daß der Mensch (dieser ewige Philologe) für dieses Unbegreifliche ein Wort erfunden hat: »Tod«. Ist es denn überhaupt möglich, dies irgendwie zu benennen? Kann *das* überhaupt einen Namen haben? Ein Name – das ist doch schon eine Definition, die andeutet: »ein bißchen was weiß ich davon«, und dabei wissen wir davon doch *gar nichts*. Und wenn wir im Gespräch das Wort »Tod« gebrauchen – das ist, als tanzten wir im Blancmanger eines Diners herum oder stellten Fragen wie: »Wieviel Stunden gehen in eine Suppenterrine?« Nichts als Zynismus und Widersinn.

Wie ich zur jungen Generation stehe?

Überhaupt nicht. Ich denke nicht an sie.

Nur ganz selten denke ich an sie. Aber sie tun mir immer leid, die armen Waisen.

Liebe ist *Schmerz*. Wem es nicht weh ist (um den anderen), der liebt auch (den anderen) nicht.

Die Revolution hat zwei Dimensionen – nämlich Länge und Breite; aber die dritte, die Tiefe, geht ihr ab. Wegen dieses Mangels wird sie niemals reife, wohlschmeckende Früchte zeitigen, wird sie niemals zur »Vollendung gelangen«... Immer wird sie in bloße Irritation ausarten: nie aber jenes endgültige Stadium erreichen, wo der Mensch sagt: »Genug! Ich bin glücklich! Das *Heute* ist so schön, daß ich des *Morgen* nicht mehr bedarf ...« Die Revolution wird immer unter Qualen vor sich gehen und nur auf ein »Morgen« hoffen ... und jedes »Morgen« wird sie betrügen und bloß zum »Übermorgen« werden. Ein »perpetuum mobile«, ein »circulus vitiosus« – nicht jedoch aus der Unendlichkeit hervorgegangen – wo denken Sie hin? –, sondern aus der Kurzbemessenheit. »Der Hund an der Kette« – und die ist zusammengenietet aus seinen verrotteten Gefühlen. »Die Hundehütte«, »die Kettenlänge« und »zurück zur Hundehütte« – ein kurzer Albtraum.

...

In der Revolution lebt keine Freude. Und wird auch *nie* in ihr leben.

Die Freude ist ein zu königliches Gefühl, als daß sie diesem Lakaien je in die Arme sinken könnte.

...

Zwei Dimensionen: die Revolution ist nichts, was über den Menschen hinauswiese, sondern noch unterhalb des eigentlich menschlichen Bereiches verharrt. Sie ist mechanisch, materialistisch. Aber das ist kein Zufall, nicht einfach der Zusammenhang mit »den Theorien unserer Zeit«; hier geht es um Schicksal, um Ewigkeit.

Und wirklich hat die schon lange in den Seelen der Durchschnittsbürger schwärende Revolution es dahin gebracht, daß man Comte, Spencer e tutti quanti auf den Schild gehoben hat.

Die Revolution besteht aus zwei Schichten: der unteren und echten, ihrem »archeus agens«, als da sind Verbitterung, Haß, Not, Neid und Verzweiflung. Das ist die schwarze Masse, die Demokratie. Die obere Schicht aber besteht aus Gold: das sind die wohlsituierten Sybariten und *Nichtstuer*, die sich nur die Zeit vertreiben, ohne irgendeiner nützlichen Beschäftigung nachzugehen. Aber bei ihrem Müßiggang sind sie einmal irgendwie seelisch verwundet worden, oder, was auch vorkommt, sie waren einfach zu gutmütig, weichherzig, nachgiebig, zuckerig. In ihrem Kreise waren sie außerdem untereinander alle »gleich« und öfters sogar durchaus nicht auf demselben hohen Niveau wie mancher andere. Gehen sie nun zur Demokratie über, so werden sie sofort zu »primi inter pares«. Die Demokratie versteht es wirklich sehr gut, Zärtlichkeitsbeweise zu geben, die Cour zu schneiden und zu schmeicheln, wenn sie sich auch im Interesse der »Aufrichtigkeit und Wahrhaftigkeit« gröblich aufführt, streitet, attackiert und sich über den Aristokraten und seinen (gestrigen) Aristokratismus lustig macht. Überhaupt weiß die Demokratie sehr gut, »wo Barthel den Most holt« ...

Da sind also die zwei Schichten: die untere, in Gärung begriffene, der schwarze Heerhaufe der Masse, die »etwas will« – und die obere, passive, deren Losung ist: »Wir widersetzen uns nicht.« Die obere Schicht besteht aus lauter Catilinas, aber ehrsamen, wohlanständigen: »Großmütig rücken wir zusammen in dem Hause, in dem wir selber wohnen und in dem unsere Vorfahren gewohnt haben.«

Und in den Häusern dieser Vorfahren macht sich natürlich die schwarze Masse breit: aber wie das so ist, nicht nur aus Armut, sondern auch gerade aus der Stimmung des Aufruhrs und Hasses heraus (zwei Dimensionen, *ohne die dritte*) fühlt sie sich in der neuen Behausung nicht wohl, sondern es geht ihr wie Nikita und Akulina aus Tolstojs »Macht der Finsternis«:

»Ach, macht doch bloß das Licht aus! Ich will keinen Tee, nehmt den Wodka vom Tisch!«

Die Krönung der Revolution wird, *wenn sie überhaupt gelingt*, das große »volo« sein: Schlafen – einschlafen.

Die Seele ist eingefroren.

Furchtbar, wenn das Frösteln der Seele sich einstellt.

Ist es wohl möglich, daß der Positivist weint?

Genau so gut könnte man sich vorstellen, daß »die Kuh Laute schlägt«.

Und damit hat alles Reden mit ihm eine Ende. Ich scheide mich ab von ihm auf ewig.

. . .

Der Positivismus ist das philosophische Mausoleum über der untergehenden Menschheit.

Ich will nichts, gar nichts mit ihm zu schaffen haben! Ich verachte ihn, hasse ihn, fürchte ihn!!!

Wie welkende Blumen – die Menschen.

. . .

Herbst und Nichts. Wie schrecklich – dieses Nichts. Wie schrecklich der Herbst. (In einer Mietdroschke)

Mit schwerem Bügeleisen bügelt Gott den Menschen.

....

....

....

....

Und plättet die Seelenrunzeln aus.

....

....

....

Deshalb ist gesagt: *Fürchte Gott und sündige nicht.*

(Nachts in einer Mietdroschke)

Groß ist der Buckel der Menschheit, groß ist der Buckel der Menschheit, groß ist der Buckel der Menschheit...

Da kommt der eisgraue Uralte mit dem nackten Schädel, ächzend unter der Bürde dieses riesigen Buckels (Leiden und Dulden), und seine Haut ist schwarz verwittert, seine Füße sind aufgerissen...

Was tanzt da die Jugend auf dem Buckel herum? »*Wir* sind die letzten«, »*wir*« sind alles, alles gehört »*uns*«.

Ja, tanzt nur, meine Herrschaften.

(Bei meiner Münzsammlung)

Im »Jenseits« werden wir stumm sein.

Und unsere Seelen werden überquellen vor Entzükken. Wahres Entzücken ist immer stumm.

(Beim Zigarettenstopfen)

Ein paar Pfäfflein sitzen beim leckeren Fischgericht. Herein tritt der Philosoph:

Nun, wie geht's, meine Herren – wollte sagen – ehrwürdige Väter ... Kalt ist's überall draußen in der Welt. Bin ganz durchgefroren ... und gekommen, um mich bei Ihnen ein bißchen aufzuwärmen ... Gott mit Ihnen: ich verzeihe Ihnen Ihre Verknöcherung, entschuldige alles, was dumm ist an Ihnen, und verschließe meine Augen vor dem leckeren Fischgericht ... Das kommt alles nur von der menschlichen Schwäche, die vielleicht nur vorübergehend ist. Pharisäer sind Sie ... aber *trotzdem* sitzen Sie *»auf dem Stuhl Mosis«*: und so einen Stuhl wie Sie hat sonst niemand auf der Welt. Es war da mal jemand, der machte euer Pharisäertum offenbar und stieß euch zusammen mit dem »Stuhl« um ... Ich tue das Gegenteil: wegen der Bedeutung dieses »Stuhles«, der ganz unersetzlich ist, verschließe ich die Augen vor Ihnen und berühre mit der Stirne den Fuß des »Stuhles« ...

Bildet euch doch bloß nicht ein, daß ihr »moralischer« seid als ich. Ihr seid nicht moralisch und nicht unmoralisch. Ihr seid einfach Fertigfabrikate. Ein Laden mit Fertigwaren. Und da nehme ich meinen Stock und schlage diese Waren kaputt.

Ist eine Porzellantasse moralisch oder unmoralisch?

Man könnte sagen, daß sie sauber ist, hübsch bemalt, »Blümchen« und so weiter. Aber mein »Struppi« in der Hundehütte gefällt mir besser. Und wie schmutzig er auch ist, da beim Kehricht, ich gehe doch mit ihm spielen. Mit euch aber will ich nichts zu tun haben.

(Nach Erhalt eines Briefes von G., daß S. wegen meiner »Unsittlichkeit« nicht mehr in meinem Hause verkehrt. Unmoral – in den Ideen? In meinen Schriften?)

Das Heidentum ist der Morgen, das Christentum – der Abend.

Jedes einzelnen Dinges und der ganzen Welt.

. . .

Wird denn wirklich kein Morgen mehr anbrechen, ist dies wirklich der letzte Abend? ...

Die Schaufel ist aus Eisen. Und nur damit kann man das Unkraut fortkehren.

Hier ist das Fundament aller Strafen und Kerker.

Nur wenn man den Menschen nicht liebt, kein Mitgefühl mit ihm hat und nicht für ihn eintritt, kann man die eiserne Schaufel zurückweisen.

Alle Religionen enthalten die Vorstellung und Erwartung von Hölle und Paradies – – das ist die innere Stimme der ganzen Menschheit, die Stimme der Religion. »Gangstertum«, »Halsabschneiden« und »Stibitzen« wird nicht einmal der Himmel verteidigen.

Verteidigt wird das nur von den »neuen Christen« und Sozialdemokraten, nämlich solange sie selbst noch bestraft werden und nichts zu beißen haben. Aber wartet nur, bis sie sich an den gedeckten Tisch setzen. Dann werden sie darauf bestehen, daß jeder ins Gefängnis abgeführt wird, der ihnen verwehren will, die Füße auf den Tisch zu legen. (Bei der Arbeit)

Ich trage die Literatur wie meinen Sarg, wie meinen Kummer, wie meinen Abscheu.

Ich lache nur oder ich weine. Denke ich *im eigentlichen Sinne des Wortes?* Niemals!

Die Schriftsteller beim Ohr zu nehmen ist mehr als angebracht.

. . .

Sie sind ganz wie die Kinder, nur hochnäsig dabei – auch wenn sie schon über vierzig sind.

. . .

Im Mittelalter haben die Pfaffen sie tüchtig bei den Haaren gezaust. Und das geschah ihnen ganz recht.

Im Mittelpunkt aller Dinge steht das Leben, der Kontinent des Lebens ... die Schriftsteller aber sind nur Goldfische; oder Plötzen, die am Ufer spielen. Aber der Kontinent bewegt sich doch nicht, wie die Schwänzchen der Goldfische es wollen. (Morgens beim Zeitunglesen)

Ruhm ist nicht nur Größe; Ruhm ist auch der erste Schritt zum *Sturz* der Größe ...

Seht nur die Kirchen, die Reiche und Herrscher ...

(Auf einer abgegebenen Visitenkarte)

Die Traurigkeit ist immerdar bei mir zu Gast. Und wie ich sie liebe ...

Sie kommt, nicht reich gekleidet und nicht ärmlich. Abgemagert. Ich glaube, sie sieht meiner Mama ähnlich. Sie macht keine langen Reden oder spricht doch nur sehr wenig. Nur, wie sie aussieht ... nicht bekümmert, nicht gereizt. Aber was versuche ich hier zu beschreiben – dafür gibt es doch keine Worte. Sie ist ohne Ende.

Traurigkeit, das heißt Unendlichkeit!

• • •

Am Abend kommt sie, in der Dämmerung, unbemerkt und ungehört. Schon ist sie da, wenn du denkst, sie sei noch fern. Und hier ist sie nun, ohne zu streiten, ohne zu widersprechen, und alles, was du denkst, hat einen Anflug von ihr angenommen. Und dieser »Anflug« bleibt auf immerdar.

Traurigkeit – das bedeutet einen Vorwurf, eine Klage, ein Ungenügen. Ich glaube, sie kam zum Menschen um jene Abendstunde, als Adam »von der Frucht gegessen hatte« und aus dem Paradies vertrieben wurde. Seither ist sie ständig um ihn. Stets ist sie »hier irgendwo in der Nähe«: aber zeigen tut sie sich zur Abendstunde.

(Im Kreisgericht beim Warten auf den Sekretär)

Das Problem »des Juden« ist ohne Ende: hierüber könnte man mehr reden und schreiben als über die Periode der Teilfürstentümer in der russischen Geschichte.

• • •

Was für »Ja!« und »Nein!« es da gibt!

Das Wesen »unserer Zeit« – alles macht sie zur Schablone, zum Schlagwort und zur Phrase. Große Männer haben ihr Wort gesprochen. Da war Schopenhauer: und »der Pessimismus« wurde zur Phrase. Da war Nietzsche: und sein »Antichrist« sprach mit tausend Pferdekinnbacken. Gott sei Dank, daß man heute das Evangelium nicht mehr liest: mit ihm wäre dasselbe passiert.

Aus dieser Zwangsjacke kann man nicht mehr herausspringen.

Sie wollen Erfolg haben?

Ja.

Einen Augenblick. Wir werden Ihnen ein Schlagwort herrichten.

Ja, aber ich meine, das Herz ... ich dachte an die Seele.

Entschuldigen Sie. Wir haben nur Schlagworte auf Lager.

Dann brauch' ich nichts ... nein, ich gehe lieber. Und nehme meine Armut mit mir fort.

(Auf derselben Visitenkarte)

Warum ist so viel Eisen in Menschen? Es wiegt vor unter allen anderen Metallen.

Warum wurde er nicht aus Gold geschaffen?

»Das Gold ist für die Engel.«

Aber die goldenen Fäden schneiden durchs Eisen. Welche Qual das für sie bedeutet! Aber auch welch Entzücken »folgt ihnen nach«.

(Nach einem Gespräch mit einem Popen)

Ein *echtes* Verhältnis hat ein jeder nur zu *sich selbst.* Selbst der Sozialist ist nicht ganz ehrlich in seinem Verhältnis zum Sozialismus, und zwar einfach, weil der Sozialismus *Objekt* für ihn ist. Erst dort, wo Subjekt und Objekt *eins* werden, verschwindet alles Falsche.

. . .

In diesem Verhältnis erscheint der Egoismus – das »Ich« für das »Ich« ... *mein* »Ich« für *»mich«* als ein fernes, wenn auch leicht vernebeltes Sternchen. Das ist traurig, trocken – das ist furchtbar. Aber es ist die Wahrheit.

Verteidige deine Liebe mit den Nägeln, mit den Zähnen. Verteidige sie gegen den Verstand und gegen die Macht.

Sei fest in der Liebe – und Gott wird dich segnen.

Denn die Liebe ist die Wurzel des Lebens. Und Gott ist das Leben. (Auf der Fahrt nach Wolkowo)

»Die Welt von heute« verletzt nur den innerlich leeren Menschen. Deshalb sind alle Klagen über die Welt von heute eitel.

Die gesamte Frauenbildung erzieht im günstigsten Falle Nonnen, im ungünstigen Dirnen.

An die »Frau« und »Mutter« hat man überhaupt nicht gedacht.

. . .

Es mag schon sein, daß unser Volk nichts taugt: aber dies unser Volk ist *unser* Volk. Und das ist entscheidend.

Mehr Liebe – mehr Liebe, gebt mir mehr Liebe. Ich ersticke in der Kälte. O wie kalt es überall ist.

Mein Haushaltbüchlein (mit den Einnahmen und Ausgaben) ist mir so viel wert wie »Turgenjews Briefe an Pauline Viardot«. Es ist etwas ganz anderes und trotzdem eine ebensolche Achse der Welt, und es enthält im Grunde ebensoviel Poesie.

Wieviel Anstrengungen! Sparsamkeit! Besorgnis, sich richtig nach der Decke zu strecken! Und welche Befriedigung, wenn man zum Monatsersten gut ausgekommen ist!

Die Vereinigung von Schlauheit und Naivität ist meine erstaunlichste Eigenschaft. Und bei allem Ungeschick im Detail, im Nächstliegenden – die Vereinigung von Weitsicht, klarer Berechnung und Erfahrung im Fernliegenden, in Dingen »des Endes« …

Im Geschlecht liegt die Kraft, das Geschlecht ist Kraft. Und die Juden sind mit dieser Kraft verbündet, die Christen aber von ihr abgeschieden …

. . .

… Das Christentum muß, teilweise wenigstens, phallisch werden …

Wenn nichts mehr interessant ist, dann ist der Tod eingetreten.

. . .

Aber er tritt ein – für alles, was es gibt.

Aber gibt es das überhaupt, daß nichts mehr interessant ist?

. . .

Ist etwa für Turgenjew jetzt interessant, was man alles über ihn schreibt? Brrrrrrrrrr ...

Wie sehe ich meine »fast revolutionäre« Schwärmerei von 1900 ... nein, von 1897 bis 1906 an?

Sie war berechtigt.

Wird der Mensch selbstzufrieden, fängt er an, widerwärtig zu werden.

Und damals war die Bürokratie selbstzufrieden.

Dann wurden es die Revolutionäre. Und ich begann sie zu hassen.

Angesichts des Kosmos befinde ich mich in bräutlicher Stimmung: daher meine beständige Erregung.

. . .

Abraham war bräutlich gestimmt vor dem Antlitz Jehovas und ich vor der Natur. Das ist der ganze Unterschied.

Ich weiß alles, was ihm offenbart wurde.

Der Schriftsteller muß den Schriftsteller in sich selbst (»die Schriftstellerei«, das Literarische) unterdrücken. Erst wenn er das fertiggebracht hat, wird er ein Autor, hat er nicht etwas »gemacht«, sondern »geschaffen«.

In der »sozialen Struktur« müht sich einer ab, und neune faulenzen ...

Und da denkt man sich: besteht die »soziale Frage« nicht viel mehr in dem Problem, daß unter zehnen neun Drückeberger sind, als darin, den *wenigen* ihr Eigentum wegzunehmen, um es unter alle zu verteilen? Denn nach der Teilung werden dem einen Arbeitswilligen vierzehn Nichtstuer am Halse hängen und ihn endgültig erledigen. Aber daß man sie beiseite schiebt oder sie zur Arbeit zwingt, werden sie niemals zulassen, denn sie haben ja die »Stimmenmehrheit« und auch ganz einfach die gröberen Fäuste.

Die Liebe ist dem Durste ähnlich. Sie ist das Dürsten der Seele nach dem Leibe (d. h. der Seele, die sich im Leibe offenbart). Die Liebe richtet sich immer darauf, was mir, dem Dürstenden, besonders fehlt.

• • •

Die Liebe ist ein Abmatten; sie quält und macht matt, und sie tötet, wenn sie unbefriedigt bleibt.

• • •

Deshalb *ersteht* gesättigte Liebe immer *aufs neue*. Liebe *ist Auferstehung*.

• • •

Liebe ist ein gegenseitiges Aufzehren und Verschlingen. Liebe ist immer ein Austausch von Seele und Leib. Deshalb erlischt die Liebe, wenn es nichts mehr auszutauschen gibt. Und immer erlischt sie aus *einem* Grunde: wenn der Gegenstand zum Austausch erschöpft ist und der Austausch aufgehört hat; wenn wechselseitige Sättigung, Angleichung und Identität der einstmals Liebenden und voneinander Verschiedenen eingetreten ist.

Es ist sehr schön, »jenseits von Gut und Böse« zu stehen, das Drängen der Gläubiger mit napoleonischer Geste beiseite zu schieben und stolz zu entgegnen: »Ich bezahle nicht.« Aber ganz verflucht wird die Lage, wenn man mir nicht bezahlen will; und die meine »Nächsten« sind, haben so ihre kleinen Schulden bei mir. Gut, ich behelfe mich und warte, weiß aber nicht, wie ich aus der Geschichte herauskommen soll: ich habe ja selber beim Krämer meine Schulden. An die Polizei kann ich mich doch nicht wenden, wenn ich auch manchmal mit dem Gedanken spiele.

(Nietzsches Philosophie)

Ja, ich bin verschlagen wie Cesare Borgia: und der Teufel weiß, was ich alles über meine Freunde erzähle. Ich liebe diesen schwarzen Verrat, in dem die Augen der Dämonen funkeln. Aber es ist mir schrecklich unangenehm, wenn meine Hauswirtin auf der Treppe herumklatscht, ich hätte ein Verhältnis mit dem Stubenmädchen, und der Hausmeister sich plumpe Vertraulichkeiten herausnimmt und so tut, als sei ich gar kein Herr.

. . .

Ja, ich bin ein Herr und will, daß man mich entsprechend behandelt.

. . .

Zur »Nietzscheschen Freiheit« kann man nur gelangen, wenn man erst einmal ein Herr gewesen ist. Aber wie kann ich »ein Herr sein«, wenn meine Schuldner nicht bezahlen, man auf der Treppe Gemeinheiten über mich sagt und mir sogar auf der Straße jemand auf die Schnauze haut, das heißt, mir übers Gesicht fährt und mich, wenn ich nach dem Schutzmann rufen will, aus seinem Suff heraus anbrüllt:

»Elender Wicht, du hast keine Idee von der neuen Moral, laut der es nicht nur nicht schlimm ist, seinem Nächsten eine hinter die Ohren zu geben, sondern sogar eine Tugend.«

Ich begreife, daß dem *so* ist, wenn ich zuschlage. Aber wenn man auf mich einschlägt? …

(Auch eine Philosophie)

Seht nur die Pflanzen an. Ja, da liegt »Zelle an Zelle«, da gibt's »Protoplasma« und was nicht noch alles. Verständlich, rational und physiologisch.

»Völlig wissenschaftlich.«

Aber in der Pflanze und darin, wie sie wächst, liegt doch auch noch etwas Künstlerisches. Beim Pilz sieht das anders aus als bei der Birke: aber in beiden findet sich dieses Element des Künstlerischen.

Ist etwa die Tanne auf dem Hügel kein Kunstwerk? War sie nicht schon ein Kunstwerk, lange bevor es jemandem einfiel, sie zu malen? Woher stammt das?

Mein Gott, woher?

Mein Gott – von Dir.

Das »bis zur Unmöglichkeit«, bis zum Verlust aller Formen, jeglicher Skulptur komprimierte Heidentum ist Judentum. Dann ist der Komprimierungsprozeß noch weiter gegangen: nur noch ein Hauch schwebt in der Luft, alles Stoffliche ist geschwunden, hat sich in »Null«

verflüchtigt: das ist das Christentum. Auf diese Weise könnte man alle Religionen als »eine einheitliche Entwicklung« ohne Widersprüche und Gegenbewegungen betrachten, als allmähliche Komprimierung der Materie zu metallischer Dichte bis zu dem Punkt, wo nur noch eine Dampfwolke verschwebt.

Aber kann man das?

Nach der Bischofsweihe und in »das Kleid der Unverweslichkeit« gehüllt, schaut er sich nach der Seite um und beginnt, seine Einkünfte zu berechnen.

(Das Schicksal des russischen Bischofs) (aber nicht alle)

Vielleicht gibt es gar keine *Idee* der Unsterblichkeit der Seele, aber es gibt *das Gefühl der Unsterblichkeit der Seele*, das *aus der Liebe* stammt. Ich habe diese Idee abgelehnt oder mich für die Unsterblichkeit der Seele »nicht interessiert«, weil ich meine Mama nur wenig geliebt habe; sie tat mir leid – aber das ist etwas anderes als Liebe oder jedenfalls nicht ganz dasselbe ... Hätte ich sie *kräftiger*, heißer geliebt, hätte ich es schmerzlicher und schlimmer empfunden, daß »sie nicht mehr war«: dann wäre das alles selbstverständlich gewesen: »die Unsterblichkeit der Seele«, »das ewige Leben«, »das Fortleben nach dem Tode«. – Vielleicht ist das nur »eine Hypothese der Liebe«? Aber was ist das für eine »Hypothese«, wenn ich »Brot esse« und ohne dies »ich esse« sterben muß? All dies ist einfach »Speise«, genauso wie »die Umdrehung der Erde um die Sonne« und alles übrige »Kosmische«.

So entströmt einer großen *kosmologischen* Sehnsucht (denn diese Sehnsucht eben ist *kosmologisch*) beim Abschied im Tode dieses: »Im Jenseits sehen wir uns wieder.« Ebenso wie »das Wasser fließt«, »das Feuer brennt« und »das Brot sättigt« – so »stirbt auch die Seele nicht« beim Tode des Leibes, sondern wird nur vom Körper losgerissen und trennt sich ab von ihm. Warum das so *sein muß*, läßt sich nicht beweisen, und doch sehen und wissen alle, daß es so *ist*. Zu diesen ewigen »ist«, auf denen die Welt ruht, gehört auch die Ewigkeit des »Ich«, meiner »Trauer«, meiner »Freude«. Diese Idee – oder besser, dies all uns Lebende verbindende Gefühl ist so schön, erhaben und zugleich zart, daß angesichts seiner sogar die »Reichsduma« oder der »Streik auf den Lena-Goldfeldern«* oder das schafsdämliche »das Haus erhebt sich von seinen Sitzen« (bei einer Todesnachricht) wesenlos werden ... Und doch lehnt unsere Welt diese Idee, dieses Gefühl ab. Sie will sie nicht kennen und lacht über sie. Bedeutet das nicht, daß »unsere Welt« (und ihre Begriffe) etwas so hochgradig Vergängliches und Unsolides, etwas so völlig Überflüssiges, der auf uns folgenden Generation so völlig Entbehrliches ist, daß einem Angst wird, wenn man nur daran denkt? Tournüren.

Die Damen haben Tournüren getragen.

Na und?

Tournüren, meine ich.

Na ja, wenn schon. Sie sind verschwunden.

* Im April 1912 brach unter den Arbeitern der Goldfelder an der mittleren Lena in Sibirien ein Streik aus, der von der Regierung unter Einsatz von Militär blutig unterdrückt wurde. (Der Hrsg.)

Das ist es ja eben, daß sie »verschwunden« sind. Ebenso wird morgen »unsere Zeit« mit ihren Parlamenten, Streiks und Darwin »verschwunden sein«. Und vielleicht verschwindet sie, weil sie so unbedeutend geworden war, daß sie nicht einmal mehr der »Unsterblichkeit der Seele« bedurfte.

Eine sanftmütige Idee aber überlebt eiserne Ideen. Schienen zerspringen. Maschinen zerbrechen. Aber daß der Mensch schon bei der Drohung des »Scheidens auf ewig« in Tränen zergeht – das bleibt bestehen, das hört nie auf.

Glaubt, ihr Menschen, an sanftmütige Ideen! Werft das Eisen weg – es ist nur Spinnweb. Das wahre Eisen sind Tränen, Seufzer und Sehnsucht. Das wahre, das niemals bricht – das einzig Edle.

. . .

Aus ihm sollt ihr leben.

Zu wahrem Ernst gelangt der Mensch erst auf dem Totenbett.

....

....

....

....

....

....

Ist denn unser ganzes Leben nichts als Leichtsinn?

Nichts als das.

Mit den Denkmälern (für Gogol usf.) haben die Russen kein Glück, weil das einzig normale Denkmal die Kapelle ist und in ihr die Ewige Lampe »zum Gedächtnis des Knechtes Gottes Nikolaj« (Gogol).

. . .

Aber wir Russen sind dabei, Glauben und Klöster zum alten Eisen zu werfen.

Unbedingt muß das Herz sich um jemanden härmen. Wie seltsam das auch scheinen mag, ohne das ist das Leben leer.

Von Kindheit an habe ich nie im Evangelium lesen mögen. Es hat mich nicht angezogen. Ich las darin – und später mußte ich es auch lernen –, fand aber nichts Besonderes darin. Die Wunder (all die »Siege« über die Natur) machten mir keinen Eindruck, interessierten mich nicht einmal. Die Aussprüche, die Reden – ich fand nichts Ungewöhnliches daran außer einer gewissen Rätselhaftigkeit des Antlitzes, einem Wissen um zukünftige Dinge (die Zerstörung des Tempels und Jerusalems) und etwas Prophetischem. Am Alten Testament hingegen konnte ich mich gar nicht satt lesen: hier schien mir alles *wahr* und *richtig*. Hier fühlte ich eine ungewöhnliche Wärme, als ob durch die Worte und Zeilen *Blut strömte*, und noch dazu mein eigenes! Die Erzählung von der Witwe zu Zarpath erschien mir »christlicher« als das ganze Christentum.

Hier handelte es sich bei mir um eine angeborene Abneigung: und es ist nicht unmöglich, daß sie von dem

Anteil herrührt, den ich schon früh an allem nahm, was mit Zeugung und Geburt zu tun hat. Es herrscht doch eine gewisse Unvereinbarkeit zwischen dem Christentum und den »gespreizten Schenkeln«.

> (Aber das Benedictus in der Liturgie habe ich niemals ohne Tränen in den Augen anhören können. Doch ist es mir immer wie ein Ruf erschienen, der sich auf etwas ganz anderes bezieht. Auf etwas *Kommendes* und zugleich auch *vor langer Zeit Aufgegebenes*)

Mir scheint, daß im *Wesen* der Literatur etwas Verkehrtes liegt; nicht daß die »Literaten« »heutzutage« besonders üble Gesellen wären: aber *dieser ganze* Betrieb ist unerfreulich und dabei seinem Wesen nach gleich dem »Samenkorn, aus dem er erwachsen ist«.

»Soll ich mal etwas schreiben? *Alle* werden's lesen ...«

Warum »ich«? Und warum sollten »sie es lesen«?

Seinem innersten Kerne nach bedeutet dies: »*Ich bin klüger* als die anderen«, »*die anderen sind geringer* als ich« – und das allein schon ist Sünde.

Ihr Mädchen, heiratet keine Schriftsteller oder Gelehrten.

Autorschaft und Gelehrsamkeit sind Egoismus.

Und ihr werdet nie einen wahren »Freund« bekommen, mag er sich auch euren Freund nennen.

Heiratet einen gewöhnlichen Menschen, einen Beamten, Angestellten oder Kaufmann, am besten einen Handwerker. Es gibt nichts Geheiligteres als das Handwerk. Solch ein Mensch wird euch ein wahrer Freund sein.

Gebären – heißt das nicht auch, sich der Welt offenbaren? ...

. . .

Schweigsame Menschen und unliterarische Völker richten kein anderes Wort an die Welt als durch ihre Kinder.

. . .

Eine junge Mutter mit ihrem Neugeborenen auf dem Arm darf sprechen: »Dies ist mein prophetisches Wort.«

An mir gefällt mir auch der Schmutz, weil *ich* das bin.

(Über einem Bündel gehässiger Rezensionen meiner »Solitaria«)

Natürlich habe ich den Verstand immer hoch geschätzt (ohne Verstand ist's langweilig): aber keineswegs habe ich mich in ihn *verliebt*.

Der Verstand macht die Dinge interessant; das versteht sich von selbst. Aber er hat keine Faszination und vermag nicht zu entzücken (das wäre eine ganz andere Kategorie).

Wodurch fühlen wir uns zu Gott hingezogen? Doch sicher nicht durch seinen Verstand, seine »Allweisheit«. Aber wodurch dann sonst?

Meine Liebe galt immer der *Seele*. Hier war ich in Schauen versunken und »vergaß mich« (wie bei Musik) ... Die Seele berückt (und das ist eine ganz andere Kategorie). Zieht Gott die Welt nicht an, »indem er sie berückt«? Wie dem auch sei – er wirkt als Seele, nicht als Weisheit. Gott ist die *Weltseele*, nicht aber die *Weltvernunft* (und das ist ein ganz großer Unterschied).

(Am 12. Juli 1912)

Das Geschlecht ist ein leuchtender Berg: ein hoher, hoher Berg, der seine Lichtstrahlen aussendet, damit sie sich über die ganze Erde verbreiten und sie mit einem neuen erhabenen Sinn erfüllen.

Glaubt diesem Berg. Er steht ganz schlicht auf vier hölzernen Füßen (Eisen und jegliches harte Metall hat hier ebensowenig Platz wie »verwundende« Nägel).

Ich habe es gesehen. Ich lege Zeugnis davon ab und werde dafür einstehen.

Die Ehrfurcht vor dem Altüberkommenen muß in Frömmigkeit sich gründen, darf aber nicht zum Widersinn führen.

(Den Kanonisten und Altgläubigen ins Stammbuch)

Mehr Wissenschaft wird es geben, mehr Philologie und sogar mehr Ordnung und Wohlfahrt, aber die Patina der Zeiten wird fehlen.

Und so wird dann auch die Inspiration fehlen.

Denn mächtige Bäume wachsen nur auf alten Böden.

Unaufhörliches Rauschen in der Seele.

(Meine Psychologie)

Tagsüber, wenn ich in der Nacht aufwache – und manchmal tönt es seltsamerweise weiter bis in meine Träume (dreimal schon haben sich unlösliche Probleme, die mich an diesem Tag und auch dem vorhergehenden schon beschäftigt hatten, im Traume von selbst gelöst).

Wie eine Frühlingsblume vergeht das Leben. Wie entsetzlich ist dieses »es vergeht«. Die Kategorie der Zeit ist es, die Entsetzen erweckt. Entsetzlich ist diese Bindung an die Zeit.

Der Mensch ist *zeitlich*. Wer kann diesen Gedanken ertragen ...?

Oh, wie sehr ich *das Ewige* will. »Ein Knecht der Zeit« – ob für Jahrtausende oder für Minuten –, *das ist ganz gleich*. Oh, wie ich ihn nicht will, diesen »Knecht der Zeit«. (Am 11. Juli 1912)

Nur das Leid öffnet uns für das *Große* und *Heilige*.

...

Bevor wir das Leid erfahren, kennen wir das Schöne, das Gute, sogar das Bedeutende. Niemals aber das *Große*, das *Heilige*. (Am 1. Juli 1912)

Wir werden für die Liebe geboren.

So wie wir hier die Liebe verfehlen, müssen wir uns plagen und mühen in der Welt.

So wie wir hier die Liebe verfehlen, werden wir im Jenseits bestraft. (Am 1. Juli 1912)

Ich habe Mütterchen nicht vor einer furchtbaren Krankheit behütet. Und hätte es doch können. Hätte ich ihr nur mehr Aufmerksamkeit gewidmet als der Münzsammlung, dem Geld, der Literatur ...

Dieser Schmerz geht *einzig und allein* mich an. Nicht etwa »Christus«, keineswegs. »Christus« kann auch ohne mich auskommen. Er hat ja so viel. Aber Mütterchen hatte nur mich.

Ich war ihr zum Hüter bestellt. Und habe sie nicht behütet. Das ist mein Schmerz.

Die Popen sind ein ehernes Heer, um Christus geschart.

. . .

Von *seinen* Tränen und Leiden findet sich bei ihnen keine Spur. Von Kindheit an habe ich nicht einen einzigen Popen mit verweintem Gesicht gesehen. Sie haben nicht einmal Zeit dazu – da ist alles »Amt« und »Dienst«.

. . .

Und als »Krieger« verteidigen sie Christus, aber in vieler Hinsicht verkümmern sie auch sein »*Geheimnis*«, das, *worauf es bei ihm ankommt.*

(Sind vielleicht nur »unsere Popen« so? Dabei ist es doch ganz klar, daß nicht alle so sind.) (Ein halbes Jahr, nachdem mir »der Gedanke gekommen war«, d. h. nach der Niederschrift)

Dabei habe ich bei niemand anders eine so gleichgültige Haltung gegenüber dem Tode gefunden wie bei den Popen: »Auf diese Metaphysik geben wir nichts.«

(Na ja – natürlich auch nicht alle.)
(Ein halbes Jahr, nachdem mir »der Gedanke gekommen war«)

. . .

Trotz allem, was an ihnen tadelnswert ist – wie schrecklich wäre es ohne die Popen. Sie gebieten über die ewige Möglichkeit der Tränen: der Positivismus enthält nicht einmal diese *Möglichkeit*, dies *Versprechen*.

Wenn ein Pope keine Tränen hat, so fehlt ihm etwas. Die Positivisten jedoch wissen gar nicht, was Tränen sind – ihnen fehlt gar nichts. Hierin liegt der kolossale Unterschied.

(Trotz allem sind mir die Popen lieber als alles auf der Welt.) (Zusatz nach einem halben Jahr)

Immer war ich in der Welt nur Zuschauer, niemals Mitspieler.

. . .

Daher diese Qual.

Das Talent frißt, ohne daß er es will, das Leben eines Schriftstellers auf.

Es frißt das Glück auf und alles übrige.

Talent ist Verhängnis. Ein berauschendes Verhängnis.

(Am 1. August 1912)

Auch das Bitterste wird süß, wenn Kinder da sind. Ohne Kinder hat man nicht einmal das Glück nötig.

Mein Vermächtnis an meine Kinder – einen Sohn und vier Töchter – ist, daß sie alle Kinder haben. Das Schicksal eines Mädchens ohne Kinder ist schrecklich, trübe, schal und bitter.

Ein Mädchen ohne Kinder ist eine Sünderin. Das ist »Rosanows kanonisches Gesetz« für ganz Rußland.

Wir lieben nicht, wie das Denken will. Wir denken, wie die Liebe will. Selbst beim Denken kommt das Herz *zuerst*.

(Bei der Arbeit)

Es heißt, ich verkaufte meine Bücher so teuer. Aber schließlich sind meine Werke nicht mit Wasser, ja, nicht einmal mit Menschenblut, sondern mit menschlichem Samen bereitet.

Ist die Welt nicht voll von Schrecken, von denen wir noch gar keine Kenntnis haben?

Besitzen wir etwa darum kein volles Wissen, weil der Geist des Menschen und namentlich das Menschenherz es nicht ertragen könnte?

Arme Vögelchen sind wir ... flattern so von Zweig zu Zweig und von Tag zu Tag.

Alle Welt stellt sich vor, daß die Seele eine Wesenheit sei. Aber warum sollte sie nicht Musik sein?

Und da suchen sie ihre »Eigenschaften« (»die Eigenschaften des *Objekts*«). Aber warum sollte sie nicht bloß aus *Harmonie* bestehen? (Beim Morgenkaffee)

»Kinder, ihr dürft Sherlock Holmes nicht lesen. Das ist nicht gut für euch.«

Und kaum habe ich's ihnen weggenommen, fange ich heimlich an, gierig darin zu schmökern.

Jedes hat 48 Seiten. Jetzt vergehen meine Fahrten vom Vorort in die Stadt wie im Fluge. Aber ich sündige auch, »wenn der Schlaf sich naht«, manchmal bis vier Uhr morgens. Fürchterliche Geschichten.

Der Schmerz der Welt hat die Freude der Welt besiegt – das ist das Christentum.

Die Lieder stammen eben daher, von wo auch die Blumen kommen.

Verlerne nicht, die Einsamkeit zu suchen. Verlerne es nicht. Verlerne es ja nicht!

Die Einsamkeit ist der beste Wächter der Seele. Ich möchte sagen – ihr Schutzengel.

Alles entspringt der Einsamkeit: die Kraft und die Reinheit.

Die Einsamkeit ist der »versammelte Geist«, bedeutet: ich bin wieder »heil«. (Beim Morgenkaffee am 31. Juli 1912)

Ich habe in den »Russischen Nachrichten« einen vor Freude geradezu atemlosen Artikel anläßlich des neulichen Torpedobootunglücks bei Helsingfors gelesen ... Aber schließlich geht es dabei ja nicht bloß um dies Torpedoboot: hat nicht unsere ganze Gesellschaft und Presse gejubelt, als wir bei Tsuschima, am Schaho und bei Mukden geschlagen wurden? Hier, was Ksjunin vor drei Jahren gesagt hat: »Als in der linksgerichteten russischen Presse japanfeindliche Artikel erschienen (es fanden gerade irgendwelche Verhandlungen statt), äußerte der japanische Botschafter vor aller Ohren: ›Dieser Ton erstaunt mich sehr: vor drei Jahren (während des Krieges) sprach die russische radikale Presse mit wärmsten Gefühlen über mein Vaterland.‹« Lachend fügte Ksjunin hinzu: »Die radikale Presse war Japan freundlich gesinnt, solange Japan ihrer bedurfte (zur Zersetzung des Geistes eines mit Japan im Kriege liegenden Landes) und sie bezahlte.« Und aus dem Ton, mit dem der japanische Botschafter sprach, war klar, daß er wußte, wovon er redete. Ja, die russische Presse und Gesellschaft hätten Rußland längst in Fetzen gerissen und diese Fetzen noch den Nachbarn überlassen – nicht für Geld, sondern einfach für »ein Gläschen«, »Lobsprüche«, wenn »die Regierung« ihr nicht die Hand an der Gurgel hielte. Deshalb heißt es, sich ohne Schwanken und Zögern hinter unsere »talentlose Regierung« stellen, die *trotz alledem* einzig und allein noch alles erhält und beschützt. Die von allem, was es in Rußland gibt, einzig und allein noch nicht infam und verkommen ist.

Wie ein betrunkenes, nervöses Weib hat sich Dostojewskij an das »Gesindel« Rußlands gehängt und ist sein Prophet geworden.

Der Prophet des »Morgen« und der Sänger des »längst Vergangenen«.

Das »Heute« existierte für Dostojewskij nicht.

Ich begreife nicht, warum man mich in der literarischen Welt so haßt. Ich selbst komme mir wie ein »sehr lieber Mensch« vor.

. . .

Ich trinke gern Tee, und wenn meine Zigarette einen Riß bekommt, tue ich gern ein Pflästerchen drauf. Ich liebe meine Frau und meinen Garten beim Sommerhaus. Ich rege mich niemals auf (außer bei Krankheiten im Hause) und habe es nie eilig.

Solch einen »friedlichen Bürger« möge Gott jedem Lande schenken. Sünden? Aber wer ist schließlich ohne Sünde?

Ich begreife es nicht. All den Zorn, Staub, die Schmutzbrocken und manchmal sogar Pflastersteine ... Ein ganzer Wirbel um ein Fischchen, das bei einem im Wasser versunkenen Holzklotz träumt.

Und das Fischchen ist klar, so wie auch das Wasser und die Luft. Was wollen die Leute nur?

Die ungewöhnliche *Kraft* der Kirche beruht (unter anderem) darauf, daß die Menschen in den besten Augenblicken ihrer Seele und ihres Lebens zu ihr kommen: in Augenblicken des Leides und des Kummers, in schrecklichen Augenblicken und pathetischen. »Jemand ist gestorben«, »ich selber sterbe«. Hier ist der Mensch *ein ganz anderer* als sein ganzes Leben sonst. Und dieser »ganz andere« und »bessere« kommt mit seinem Wehklagen und Seufzen, seinen Tränen und seinem Flehen zur Kirche. Wie sollte dieser Ort, wo jeder seine Last und Bürde ablegen darf, nicht der beste und mächtigste sein? Die Kirche hat sich der Herzen bemächtigt, da, wo sie den größten Schmerz verspüren: und es gibt keinen anderen Ort von solcher Mächtigkeit wie diesen.

(Beim Morgentee, am 23. Juli)

... trotzdem gibt es etwas Dunkles, das selbst Gott bezwingt.

Andernfalls müßten wir einen »nicht gütigen Gott« annehmen. Aber das vermöchte die Menschenseele wohl keinesfalls zu ertragen. An diesem Gedanken würde jede Menschenseele sterben. Nicht der Mensch, wohl aber seine Seele würde sterben, ersticken, verderben.

...

Und schließlich und endlich bleibt nur dies: arme Menschen sind wir.

Die europäische Zivilisation wird am Mitgefühl zugrunde gehen.

...

So wie Griechenland an den Sophisten und Rom an den »Parasiten« (den Schmarotzern am Tische der Optimaten).

...

Der eigentliche Untergang wird sich so vollziehen, daß eine Lähmung gegenüber allem Bösen, jeglicher Gemeinheit und jedem Verbrechen eintritt, so daß die Bösewichter am Ende der Zeiten die Welt in die Luft sprengen werden ...

Also geht die Welt schließlich nicht am Mitgefühl, sondern aus falschem Mitleid zugrunde ... Die Kulturen sterben an der Pervertierung ihrer fundamentalen sittlichen Prinzipien, die wie ein fester Grundstein von Urzeiten her das ganze Gebäude getragen haben. In Griechenland besorgte das die Intelligenz, σοφία, in Rom das »volo«, die Herrschsucht, und bei den Christen die Nächstenliebe. »Die Humanität« (der Gesellschaft und der Literatur) ist eine eisige Liebe ...

Sehen Sie doch hin: auf einem Eiszapfen spielt die Wintersonne, so daß er aussieht wie ein Diamant. Und an solchen Diamanten wird alles zugrunde gehen.

Sie haben keine *Seele*, meine Herren: deshalb entsteht auch keine Literatur. (Beim Abendessen; über die Presse)

. . .

... ganz recht hatte ich mit meiner alten Frage an Ssolowjow: »Wozu brauchen Sie denn die Freiheit?« Wer einen Lebensinhalt hat, der bedarf der Freiheit zu seiner Entwicklung. Aber welche Freiheit braucht der Inhaltlose und wozu? Und die russische *Gesellschaft* ist doch ganz inhaltlos.

Nicht der russische Mensch ist inhaltlos. Es ist die russische Gesellschaft, der die Substanz fehlt.

Tolstoj, wie auch Gogol, war keineswegs eine religiöse Persönlichkeit. Beide hatten Angst vor der Religion – Angst vor dem Dunkel, dem Unbekannten, dem *Fremden*.

Erst durch die »Freundin« ist der Sinn meines Lebens wirklich zum Sinn geworden*. Alles wurde menschlich. Sprache, Schwung und Kraft wurden mir gewährt. Alles füllte sich mit »Irdischem« und dabei auch mit was für Himmlischem!

Das *Wesentlichste* ist die schlichte *Wirklichkeit*.

(Beim Aufräumen meiner Bücher und dem Gedanken, warum ich die »Solitaria« veröffentlicht habe)

* In allen seinen autobiographisch-aphoristischen Werken bezeichnet Rosanow seine (zweite) Frau als »die Freundin« oder auch »Mütterchen«. (Der Hrsg.)

Nicht nach der Wahrheit steht mein Sinn, sondern nach Ruhe. (Nach einem Besuch beim Arzt)

Immer näher rückt mir das Grab. Nur noch ein Gedanke – der Tod.

Wie konnte ich nur vor einem Jahre noch von »literarischer Bedeutsamkeit« schreiben? Wie widerwärtig! Wie stumpfsinnig!

(Nach einem Besuch beim Arzt; »der Prozess in der Gehirnrinde geht weiter«)

. . . .

Nun, was wollen Sie – auch zu Ihnen wird das Alter kommen, und auch Sie werden einsam sein.

Uninteressant und einsam.

Auch Sie werden Ihren Seufzer ausstoßen, und niemand wird ihn hören.

Und mit der Krücke werden Sie an eine fremde Tür klopfen, und die Tür wird Ihnen nicht aufgetan.

(Das Rad des Schicksals; die Generationen)

Wer sich vor dem Staat nicht beugt, ihm nicht in Liebe entgegenkommt wie die Braut dem Bräutigam, dem zerbricht er die Knochen.

Der Staat ist *Macht*. Das ist das Wesentliche an ihm.

Deshalb ist Schwäche der einzige Mangel des Staates. »Ein schwacher Staat« ist eine »contradictio in adjecto«. Deshalb ist ein »schwacher Staat« schon kein Staat mehr, sondern einfach ein *Nichts*.

(An die Wand eines Hauses auf der Nadjeschdin Straße gedrückt)

Begeisterungsausbruch:

Wenn man eine Bombe ins russische Klima wirft, dann wird es *selbstverständlich* zu einer Riviera werden wie am Südufer der Krim!

Der Schutzmann:

Hören Sie auf, Fräulein: das Klima ändert sich nicht, bis die Obrigkeit es befiehlt. (Unsere Revolution)

Der Mensch lebt wie Dreck und stirbt wie Dreck.

Die Literatur fühle ich wie meine Hosen. Genauso nah und mir ganz und gar eigen. Die Hosen schont man, weiß ihren Wert zu schätzen und »steckt immer in ihnen« (ich schreibe ja beständig). Aber wozu sollte man viel Umstände mit ihnen machen???!!!

Das Geheimnis der Autorschaft liegt in den Fingerspitzen, das Geheimnis der Rednergabe in der Zungenspitze.

. . .

Diese beiden Talente, das des Redens und das des Schreibens, finden sich nie in ein und demselben Menschen vereinigt. In beiden Fällen spielt der Verstand nur eine sehr geringe Rolle. Er ist eine Nachschlagebibliothek, ein Kontor, ein Büro usf. Nicht aber Pathos und Begabung, die ausschließlich *physisch* sind.

(Am 21. November, beim Fest der Darstellung Mariae. Mein Lieblingsfest im Gedanken an meine liebe Mariae-Opfer-Kirche in Jeletz)

Erst am Ende deines Lebens siehst du, daß dein ganzes Leben eine Schulstunde gewesen ist, in der du ein unaufmerksamer Schüler warst.

. . .

Und so stehe ich denn vor meiner nichtgelernten Lektion. Der Lehrer ist fortgegangen. »Pack deine Bücher ein und geh nach Hause.« Und wie froh wäre ich, wenn jemand käme, um mich »zu bestrafen«, »mir das Mittagessen zu entziehen«. Aber niemand kommt. Niemand braucht dich mehr. Morgen wird wieder Schule gehalten. Aber für jemand anders. Andere werden lernen. Mit dir wird sich niemand mehr befassen.

... wie du es auch anstellst – den »Kramladen« kriegst du aus deiner Seele nicht heraus: alle möglichen Verärgerungen, kleinen Wutanfälle, Eigenliebe; sie sind nicht einen Groschen wert und dauern höchstens eine Minute. Aber sie sind da, setzen sich fest, und du weißt nicht, wie du ihnen den Zutritt zu deiner Seele verwehren sollst.

Die Bürokratie erfindet nichts, unternimmt nichts, beginnt nichts Neues und »verbietet« alles, weil sie nur mit »den Kleinen von den Meinen« rechnet.

. . .

»Rechnet beim Menschen nicht auf das, was groß ist. Rechnet nur auf das, was klein ist an ihm.« – Dieses System, bei dem alles »auf das Kleine« berechnet ist, nennt man *Bürokratie*.

(Auf einer Einladung zu einem literarischen Abend)

Von vornherein ist beschlossen worden, daß der Mensch kein Genie ist. Außerdem ist er von Natur ein gemeiner Kerl. Das Ergebnis dieser beiden »Überzeugungen« ist der Beamte, wie auch der Beschluß, überall die Bürokratie einzuführen.

Wenn der Staat »fortschreitend zerfällt«, wenn die Kirche nicht mehr »heilig« ist, wenn man dem Menschen »nicht mehr glauben kann«, dann stellt sich hier und dort und überall der Bürokrat ein.

(Auf einer Einladung zu einem literarischen Abend)

Selbstverständlich werde ich *trotz allem im Schoß der Kirche* sterben, selbstverständlich bedarf ich der Kirche *unermeßlich viel mehr als der Literatur* (die brauch' ich überhaupt nicht), und von allen Ständen *ist mir die Geistlichkeit am liebsten.* Aber selbst wenn ich in ihrer Obhut sterbe, sterbe ich doch mit einem gewissen Schmerz um sie in der Seele.

(Frühmorgens beim Aufstehen, am 9. Dezember)

Das, was *ist*, erscheint mir unwahrscheinlich, und was »nicht ist«, wirklich.

. . .

Daher meine Freiheit, meine Qual und meine Überflüssigkeit.

Die Kultur ist nicht auf der Straße, sondern im Herzen. Ihre Wurzeln nämlich.

Mein Gott, meine Ewigkeit: weshalb hast du mir soviel Traurigkeit beschieden?

Ohne körperliches Wohlgefallen gibt es auch keine geistige Freundschaft. Der Körper ist der Beginn des Geistes. Die Wurzel des Geistes. Und der Geist ist das Aroma des Leibes.

Das Heidentum ist die Kindheit der Menschheit, und die Kindheit im Leben von uns allen ist unser natürliches Heidentum.

So daß wir alle das Stadium »der alten Götter« durchschreiten und sie dem Instinkte nach kennen.

Ich habe entsetzlich viel von den *Nissen* an mir, die an den Haarwurzeln kribbeln und wimmeln.

Etwas Unsichtbares und Abstoßendes.

Daher stammt zum Teil wohl auch meine Tiefe (ich sehe die Wurzeln der Dinge, bin human, verurteile nicht und habe Mitgefühl).

Aber wie schwer ist es zu leben, wenn man solch ein Mensch ist.

Besteht der Sinn der Erscheinung Christi nicht in Kreuz und Gethsemane? Das heißt, daß er in seiner eigenen Person ein Bild des menschlichen Leidens gegeben hat, als hätte er sagen, andeuten oder auch verschweigen wollen:

»Meine Kinder – erlösen kann Ich euch nicht (bei allem, was Ich gesagt und getan habe, *Ich kann es nicht!*

Wie furchtbar!): Aber wenn ihr auf Mich schaut und Meiner *hier* gedenkt, so werdet ihr wenigstens in etwas getröstet sein, und es wird euch leichter werden ums Herz, weil auch *Ich leiden mußte.*« Wenn dem so ist, so ist Er gekommen, um uns in dem Leiden zu trösten, welches zu umgehen oder zu besiegen unmöglich ist. – Vor allem in dem entsetzlichen Leiden des Todes, seinem schleichenden Herannahen.

Dann wird alles klar. Dann Hosianna.

Aber *ist* dem so? Ich weiß es nicht.

. . .

Jedenfalls aber wird dann jenes Schweigen verständlich, mit dem Er die Ehe, das Fleisch überging – »der Beschneidung bedürfen wir nicht« ...

Wenn ein Schwerkranker in seinem Zimmer liegt – sagen wir dann zu ihm: »Entblöße dein Glied und laß dich beschneiden«?

Es würde uns nicht im Traume einfallen. Unser natürliches Gefühl sträubt sich dagegen.

Und so ist der ganze »Alte Bund« vergangen und die Zeit des »Neuen Bundes« eingetreten.

Aber ist dem so? Ich weiß es nicht. Es ist mir jetzt zum ersten Male aufgegangen. (Am 7. November 1912)

. . .

Wenn Er der Tröster ist – wie sehr begehre ich dann diesen Trost. Dann ist Er mein Gott.

Aber sollte das wirklich so sein?

Dann dürfen wir uns freuen. Aber ich getraue mich noch nicht. Wie sollte ich das nicht fürchten, wovor ich mich so tödlich entsetze? Darf ich wirklich denken:

›Wir werden einander wiederfinden! Wir werden auferstehen! Und Er ist unser Gott! Und alles wird klar.‹

Zum ersten Male sieht meine verdüsterte Seele die Dinge so an. O wie verdüstert sie war, meine Seele – schon in Kostroma: Ich habe doch weder an die Auferstehung noch an die Seele, noch auch, insbesondere, an Ihn geglaubt.

Furchtbar – merkwürdig.

Das heißt – das Furchtbare liegt in der Vergangenheit, das Merkwürdige kommt erst noch.

Kann man denn wirklich behaupten: wir sterben und alles ist aus?

Heißest Du uns wirklich den Tod nicht fürchten?

O Herr: bist dies wirklich Du? Du kommst in der Nacht, wenn meine Seele in Leid und Entsetzen versunken ist.

Nicht die Universitäten haben den *echten* russischen Menschen herangebildet, sondern die gutherzigen Kinderfrauen, die alle nicht lesen und schreiben konnten.

Zur Zeit durchschreiten wir nicht die zoologische Phase des Daseins, sondern die mineralische ...

Der Liberalismus bietet *Annehmlichkeiten*, ohne die man sich die Schultern wundreiben würde. Zum Beispiel errichtet er viele Bildungsanstalten, *und ich weiß, wohin ich meinen Sohn zu schicken habe*. Und auf einer liberalen Schule wird mein Junge nicht *geprügelt:* im Gegenteil, dort lernt man leicht und frei. Ich selbst werde vielleicht krank: dann rufe ich einen wirklich *gut ausgebildeten Arzt*, der eine Herzkrankheit nicht mit einer Darmverschlingung verwechselt ... »Fortschritt« und »Liberalismus« – das ist so eine Art von praktischem englischem Koffer, in dem alles ordentlich gefaltet und griffbereit daliegt und den auch einer gern mit auf die Reise nimmt, der sonst kein Liberaler ist ...

Ein Liberaler wird besser als irgend jemand sonst eine Ausgabe von »Krieg und Frieden« veranstalten. Aber niemals wird ein Liberaler es fertigbringen, *»Krieg und Frieden« zu schreiben*. Hier liegt die Grenze.

Der Liberale »steht zu Diensten«, niemals aber die Seele. Die Seele weiß nichts von Liberalismus, wohl aber viel von Glaube, Inspiration, Enthusiasmus. Die Seele ist ganz heiliges Rasen, Glut.

Die Seele ist ein Krieger, auch wenn sie in Stiefeln marschiert, die der Liberale genäht hat. Den Liberalismus sollten wir nicht über die Achsel ansehen; man hält ihn ebenso in der Hand wie ein Taschentuch. Natürlich brauchen wir das Taschentuch – würde man es aber als Altardecke benutzen?

Ein Schmerz wühlt in meiner Seele, um mich selbst, um die Welt, um die Vergangenheit – die Zukunft ... »nicht eines Blickes möchte ich sie würdigen«.

Ebenso wie das Judentum und das Alte Testament der Welt das Prinzip der Samenhaltigkeit verkündet haben, hat das Christentum an sich selbst der Welt den inneren Gehalt der Samenlosigkeit verkündigt.

Dort ist alles Same, beginnt alles mit dem Samen und führt zu ihm hin; im Samen ist alles gesegnet.

Hier wendet sich alles, gleichsam des Samens beraubt, von ihm ab. »Hier ist kein Mann noch Weib«, sondern nur »der Mensch«. Und hier ist »kein Jude noch Grieche«, wesenlos geworden sind Stamm und Nation.

»Die Marxisten«, »der Wirtschaftskampf«, »die Lage der Arbeiter«: aber setzt man sich zum Kartenspielen nieder, hat man als vis-à-vis doch lieber einen General. Und wenn »das Geld nicht langt«, bleibt man dem General »bis Mittwoch« schuldig. Und am Mittwoch vergißt man das dann aus Zerstreutheit.

(Gesehenes und Gehörtes)

Mit gespreizten Beinen und frechem Blick auf die Lehrerin wiederholt Wasjka (ein Schüler der dritten Klasse): »äh ... äh ... äh ... ›die da geistig arm sind‹ äh ... äh ... äh ...« (er hat's vergessen, aber in seinen Augen ist nichts von schlechtem Gewissen zu lesen).

Was bedeuten ihm, der nur seine Lehrerin ärgern will, jene, die selig sind, da sie geistig arm sind ...

. . .

Und ich dachte mir:

Geheimnis, tiefstes Geheimnis breitet über dieses Wort ... Mauert es ein in Keller und Gewölbe. Macht es niemandem offenbar, bis er nicht vierzig Jahre alt geworden ist, wenn die Leiden, die Demütigungen, der Mißerfolg des Lebens begonnen haben: dann führt den, »den da hungert und dürstet«, ins Gewölbe und zeigt ihm von fern, was auf goldener Tafel geschrieben steht:

Selig sind, die da geistig arm sind! ...

Mein Gott: das ist wahrhaftig den »geistig Armen« gesagt worden. Niemand hat es bis jetzt begriffen. Allen ist es nichts anderes gewesen als »ein Ärgernis und eine Torheit«; die Kraft dieses Wortes wird einem erst mit vierzig Jahren offenbar, wenn das Leben schon vorbei ist. Was soll auch der Wasjka mit den gespreizten Beinen schon damit anfangen – das heißt doch, »die Perlen vor die Säue werfen«.

Ist mein Leben dumm?
Jedenfalls nicht sehr gescheit.

Möchte ich eine Rolle spielen?
Ich verspüre nicht den leisesten Wunsch danach.

. . .

Ein Mensch ohne Rolle?
Das wäre die allersympathischste Existenz.

Ich bekenne so eine Art von Fetischismus der Kleinigkeiten. Die Kleinigkeiten sind meine »Götter«.

. . .

Alles »Großartige« war mir immer fremd.
Ich habe es nicht geliebt und nicht respektiert.

Ich bin ganz in den Wurzeln, zwischen den Wurzeln. »Der Wipfel des Baumes« ist mir völlig unbegreiflich (diese Situation geht mir nicht ein).

Billige Bücher – das ist die reine Unkultur. Bücher müssen teuer sein. Schließlich ist das doch kein Schnaps.

Das Buch müßte jedem den Rücken zukehren, der beim Blick auf den Preis die Stirne runzelt. »Geh weiter«, müßte es ihm sagen und, auf den »Zeitungsjungen an der Ecke« hindeutend, hinzufügen: »Die kannst du kaufen.«

Das Buch muß stolz sein, selbständig und unabhängig. Aber dazu muß es vor allem einmal teuer sein.

Der Boden »unserer Zeit« ist verdorben und vergiftet. Gierig legt er sich um jede faule Wurzel und bringt massenhaft Früchte aus ihr hervor. Die guten Wurzeln aber erstickt er.

Die entsetzliche Leere des Lebens. O wie fürchterlich sie ist.

Nur jenes Wissen ist wertvoll, welches sich mit scharfer Nadel in die Seele einritzt. Schlaffes Wissen ist wertlos. (Auf einer Postquittung)

Mit weit aufgerissenen Augen und sich die Lippen leckend – das bin ich.

Nicht schön?

Was soll ich machen?

... manchmal scheint es, daß die Zersetzung der Literatur, *ihres innersten Wesens*, in mir vor sich geht. Und vielleicht ist gerade dies mein »emploi« in der Welt. Hier liegt meine (besondere) Moral und Unmoral. Überhaupt meine Mängel und Eigenschaften. Anders wäre es unbegreiflich. Ich habe die kleinsten Geringfügigkeiten, das Vorüberhuschende, die unsichtbaren Schwingungen der Seele, die Spinnwebfäden des Seins in die Literatur eingeführt. Aber sich vorzustellen, daß dies so gekommen sei, weil ich es so gewollt hätte, geht nicht an. Das Wesen dieses Vorganges ist viel tiefer, viel gediegener, aber auch sehr viel furchtbarer (für mich): unendlich viel trauriger und furchtbarer. Natürlich hat es noch kein Beispiel dafür gegeben – und eine Wiederholung dieses Vorganges ist undenkbar im ganzen Weltgebäude –, daß ich in demselben Augenblick, wo die Tränen fließen und die Seele zerbirst, mit dem untrüglichen Ohr des Lauschers vernahm, daß diese Tränen literarisch, musikalisch flossen (»das mußt du aufschreiben«): und nur deshalb habe ich all das doch aufgezeichnet (siehe meine »Solitaria« – das Mädchen auf dem Bahnhof, der Ventilator). Das ist so ungeheuerlich, daß Nero mich beneidet hätte, und nur deshalb »verzeihlich«, weil es mein Fatum ist. Ja, und ist es überhaupt verzeihlich? ... Aber lassen wir die Sünde beiseite. Was sich da in mir abspielt, ist ganz offensichtlich eine Vollendung der Literatur, des Literarischen, des Wesens der Literatur als des Dranges, widerzuspiegeln und auszudrücken. Was gäbe es sonst noch auszudrücken? Spinnweben, Seufzer, *das Letzte, was eben noch faßbar ist.* Oh, phantasieren und schaffen – das kann man auch fernerhin: aber das Wesen der Literatur besteht doch nicht in der Erfindung, sondern in dem Drang, *sein Innerstes auszusprechen.* So gesehen bin ich ein Ende und habe ein Ende gesetzt. Und in mir regt sich das seltsame Gefühl, ich sei der *letzte* Schriftsteller, mit dem die Literatur als solche zu Ende geht, außer dem Schund natürlich, mit dem es aber auch bald ein Ende nehmen wird. Die Menschen werden einfach *leben* und es für lächerlich, überflüssig und widerwärtig halten, wenn einer sich literarisch betätigt. Deshalb habe ich vielleicht auch das Bewußtsein eines »letztlichen Unglücks«, das ganz mit meinem »Ich« verschmolzen ist. Dieses »Ich« ist entsetzlich, abscheulich, ungeheuerlich und mit einer letzten Tragödie geschlagen: denn in ihm ist irgendwie dialektisch das kolossale, Jahrtausende alte »Ich« der Literatur zerbrochen und geschwunden.

Pfui, du Abscheu! Pack dich – verschwinde!

Dieses Gefühl habe ich oft, und wie schwer ist es, mit ihm zu leben.

(Als ich wartete, daß die Reihe zu beichten an mich kam)

Ich hätte die Welt mit purpurnen Dampfwolken erfüllen können ... aber ich will nicht.

Und alles wäre verbrannt ... aber ich will nicht.

Mein letztes Ruheplätzchen soll still und »abseits« liegen.

»Taste seine *Haut* an«, versuchte Satan den Herrn Hiobs wegen ...

Jeder Mensch, alle haben sie diese »Haut«, aber nicht jeder hat die gleiche. Die Schriftsteller zum Beispiel, die so großherzig und jederzeit bereit sind, »für den Menschen (die Menschheit) zu sterben« – versucht einmal, ihre Autoreneitelkeit anzutasten und zu sagen: *»Ihr* *schreibt schlecht*, meine Herren, und es ist *langweilig*, euch zu lesen« – und sie werden euch die Haut abziehen. Die Philanthropen, so scheint es, haben eine große Scheu davor, »über ihr Geld *Rechnung* abzulegen«. Und was eine »geistliche Person« angeht, so steht sie natürlich »ganz in der Gnade«: aber packt sie einmal beim Geldpunkt ...: und die »Person« wird derart unflätig zu schimpfen anfangen, als ob die Russen niemals unter Wladimir getauft worden wären ...

(Nach Erhalt eines Briefes vom Pfarrer Albow)

. . .

Nun, und du, Wassilij Wassiljewitsch, wo ist deine »Haut«?

Im Moment könnte ich das nicht sagen, aber *da* ist sie natürlich auch.

Lieben – das heißt: »Ohne dich kann ich nicht leben«, »Ohne dich ist mir's schwer ums Herz«, »Wo du nicht bist, halt ich's nicht aus.«

Das ist zwar nur eine äußerliche Beschreibung, aber dabei doch die allergenaueste. Die Liebe ist mitnichten Feuer (wie man sie oft definiert); die Liebe ist Luft. Ohne sie kann man nicht atmen. Fühlt man sie um sich, atmet sich's leicht. –

Und das ist alles.

Die ganze »Zivilisation des neunzehnten Jahrhunderts« ist gekennzeichnet durch das langsame, unaufhaltsame und endlich triumphierende Vordringen der billigen Kneipe.

Die Kneipe hat sich der Politik bemächtigt, und da haben wir die europäischen Parlamente« (nicht das englische).

Die Kneipe hat sich in den Buchdruck eingeschlichen. Bis zum neunzehnten Jahrhundert gab es so gut wie keine Zeitungen, es gab nur Literatur. Gegen Ende des neunzehnten Jahrhunderts haben die Zeitungen die beherrschende Position erlangt, und die Literatur ist beinah verschwunden.

Die Kneipe hat sich auch in der Wirtschaft festgesetzt, in Haus und Hof und Eigentum. Und da haben wir die Banken, die Finanzministerien und den Sozialismus.

Die Kneipe hat sich auch im Arbeitsprozeß eingenistet. Da haben wir die Fabriken und die Technik.

Ich habe einmal die Arbeit an einer Erntemaschine gesehen. Und mir gedacht: hier gibt es keinen Gott.

* * *

Natürlich kann es keinen Gott in der »Kneipe« geben. Und das Wesen des neunzehnten Jahrhunderts besteht darin, daß Gott den Menschen verlassen hat.

Charakterschwäche ist die erste Quelle der Unwahrhaftigkeit. Die erste (unüberwindliche) Unwahrheit entspringt der Furcht, jemand anders zu kränken.

Deshalb macht Gott nicht viel Umstände mit dem Menschen. Aber wir machen viele Umstände miteinander und lügen alle. (Bei meiner Münzsammlung)

Warum falle ich bloß immer über Wengerow und Karejew her? Das ist doch schließlich kleinlich.

Gar nicht davon zu reden, daß darin auch gar nichts »Verdienstliches« liegt.

. . .

Seine Arbeiten sind durchaus brauchbar. Und daß er sein ganzes Leben lang über Puschkin gearbeitet hat, ist sogar rührend. Im persönlichen Umgang hat er mir (einmal) sogar einen beinah angenehmen Eindruck gemacht. Aber wenn ich nur seinen Bauch sehe, schreibe ich schon (in Gedanken) einen flammenden Artikel.

Was not tut, wäre, die Politik zu zerstören und die Apolitizität zu begründen. »Gott will die Politik nicht mehr, welche die Erde mit Blut, Betrug und Grausamkeit überschwemmt hat.«

Aber wie soll man das anstellen? Nein – wie wäre es möglich, dies anzustellen?

Man müßte alle politischen Ideen durcheinanderbringen ..., »das Rote gelb und das Weiße grün machen«, »alle Eier zerschlagen und ein Omelett braten«.

Den politischen Brand kann man nur dadurch löschen, daß plötzlich »niemand mehr etwas versteht«, da alles »verwirrt und durcheinandergeraten ist ...«

Ah, es hat euch gefallen, als ich von einem »undogmatischen Christentum« schrieb, das heißt, die *festen*, *harten*, *unnachgiebigen* Knochen und Linien im Christentum ablehnte ... Da habt ihr applaudiert.

Aber warum?

Ich gedachte, durch dieses weiche, zärtliche, nach allen Seiten hin nachgiebige Christentum Möglichkeiten zu zeigen, »die Wahrheit zu retten«. Aber deshalb habt ihr mir nicht Beifall geklatscht – das habe ich gleich gemerkt: sondern weil dadurch *der dogmatischen Kirche* ein schwerer Schlag versetzt werden würde ...

Mich hat geradezu Entsetzen ergriffen angesichts der allgemeinen *kulturzerstörerischen* Tendenzen unserer Zeit ... »Alles muß nivelliert werden ... nur noch eine leere, glatte Fläche ...« Für wen? Und wozu?

Für »uns« natürlich, »die Politiker«. In einem Lande, in dem es keine Kirche, Religion, Poesie und Philosophie mehr gäbe, ginge es den Kusmin-Karawajews und Alexinskijs herrlich ...

»Und dann erschallen andre Reden« ...

Mir aber, nun ja, gerade mir (eine Caprice der Geschichte) wird von diesen Reden im höchsten Grade übel ... Die »universale Langeweile«, auf die ich schon zu Anfang meines Buches über die Revolution hingewiesen habe, droht jetzt von einer anderen Seite – und zwar gerade von diesen »Reden« ...

Mögen sie ersticken ...

Mögen sie im Nerv verdorren ...

In einer Erzählung Maxim Gorkijs sprengt Ssawwa ein wundertätiges Heiligenbild, die Quelle »der abergläubischen, falschen Begeisterung des Volkes« in die Luft ... Schön, schön, »denn das Christentum brauchen wir nicht«. Und ganz Rußland applaudierte.

»Die Politiker« halten die Hand an der Gurgel von Bräuten, Kindern und Witwen (Fälle, auf die ich in der

Presse hingewiesen habe). »Wer nicht Vater und Mutter verläßt um meines Namens willen«, schreit die Politik ... »und eure Kinder und euer Heim ...«

»Schön, schön«, füge ich mich.

Jetzt laßt mich aber Schwefelsäure auf die Angel gießen, in der sich »die Tür der Politik« hierhin und dorthin dreht; mitten ins Herzstück, in ihre Seele will ich meine Säure tropfen ... Was bedeutet das? In die *politische Überzeugung* (dasselbe, was das Dogma im Christentum ist). Ja, was soll das? »Man diskutiert« ... »Parteien«.

Meine Herren, man kann *alle Überzeugungen* haben, zu *allen Parteien* gehören ... Und das ganz aufrichtig! Reinen Herzens!! Bis zur Hysterie!!! Und gleichzeitig doch *keiner* angehören, und auch das »bis zur Hysterie«.

Ich habe angefangen, aber diese Bewegung wird weitergehen: und wir, die Philosophen, die Religiosi, Menschen jedenfalls »einer höheren Etage« als die, in der die Politiker herumtrampeln – werden mit unserem Denken, unserer Poesie, unserem Feuer diese ganze blutschwärende untere Etage zerstören ...

»Wechsel und Wandel« ... »Veränderlichkeit, Veränderlichkeit« klagen

»die säulentragenden Ruinen«

– und bemerken nicht, daß diese »Veränderlichkeit« zum Weltenplan gehört ... Und in der Tat, alle Gestirne bewegen sich »in Ellipsen«, ständig »nach einer Seite hin von der Geraden abweichend«, ständig »abbiegend von ihrer früheren Richtung«. Hierauf eben beruht *das Gleichgewicht* des Weltalls. »Die verzwicktesten Linien« führen hin zu ewiger Ausgewogenheit. Haben wir nicht in der Geschichte beobachtet, daß *der Anfang* aller Dinge gut ist ... Wie herrlich »begannen« die Päpste, als sie ins hunnische Lager zu Attila eilten, um, sich vor dem Barbaren demütigend, die Sturzflut der Heerhaufen vor den uralten, entkräfteten, aber mit einem verehrungswürdigen Vermächtnis begabten Städten Italiens aufzuhalten. Herrlich kochte und wogte die Reformation ... Und die ersten Schritte der Revolution – welch ein Aufblühen ... Und ist nicht der Anfang jeder Liebe schön ... der Liebe, des Gebets und sogar des Krieges. Diese Legionen, die an die Grenzen des Vaterlandes eilen, um es zu schützen – wie rühren sie das Herz ...

Aber stellt euch bloß einen Krieg »ohne Ende« vor – eine Verliebtheit, die sich über neunzig Jahre hinzieht, das Papsttum ohne Reformation, die Reformation ohne die Entgegnung auf sie im Konzil zu Trient ...

Und dann »biegen die Dinge nach der Seite ab« (»die Ellipse« anstatt der »Geraden«), »werden verzwickt«, »zittern« ... Die Dinge *altern!!* Wie furchtbar das ist! Und wie furchtbar das Altern! Aber wie freudebringend ist es doch auch wieder, denn aus dem Alter heraus verjüngt sich alles, Jugend entsproßt dem Alter (die *Beständigkeit* der elliptischen Linien) ... Die junge Reformation entspringt dem gealterten Katholizismus, das junge Christentum dem gealterten Heidentum. Ein junges, neues Leben, »vita nuova« – der zahnlosen Politik ... So denke ich, so erscheint es mir. Und hier hat mein »Zynismus«, meine »Schamlosigkeit« ihren Platz. Schaut doch nur einmal in die Vergangenheit zurück und denkt euch hinein in den Ursprung des Lebens. Große *Renaissancen* nehmen ihren Ausgang von großen Veränderungen.

»In *nova* fert animus.«

Nur der pflanzt einen wahrhaft neuen Garten, welcher den alten, überständigen, welken Garten verrät und preisgibt ... Seht nur auf die erstaunlichsten Ereignisse der Geschichte: Christliche Soldaten »verraten *schamlos* die Kastelle Roms«, werfen gleichgültig Lanze und Schild zu Boden – Luther »fühlt nichts beim *Namen* des Papstes und verweigert ihm *frech* den Gehorsam« ... Der Sänger »verrät« die Politik doch immer ... Der Heide verflucht den Christen, der Katholik den Lutheraner und, tiefer noch und gründlicher, der Politiker den Dichter, den Philosophen, den religiösen Menschen. Man will diese Schamlosen »am Kragen packen«. Aber es hat keinen Zweck. Denn Gott hat »die gerade Linie der Geschichte übers Knie gebrochen«, ihre Enden in den Raum geschleudert und den Himmelskörpern, der Erde, dem Mond und der menschlichen Geschichte geboten, sich in ganz anderer Richtung zu bewegen. »Wir aber sind in Gottes Hand und tun, was Er uns aufgetragen hat« ... mit unserer Wahrheit und unserer Unwahrheit, mit allen unseren Eigenschaften und selbst unsern Fehlern und Gebrechen, ohne welche sich die Ellipse nicht biegen könnte ... und biegen muß sie sich doch!

In all dem ist eine große Wirklichkeit: Der Name des Herrn sei gesegnet in Ewigkeit.

(Über meine Polemik mit Struve nachsinnend)

Im Leid ist der Mensch ein natürlicher Christ und im Glück ein natürlicher Heide.

Diese beiden Kategorien sind, so scheint es, bekannt und von Anfang an da. Sie sind nicht an uns herangetragen, sondern stammen aus uns selbst. Sie sind *wir selbst* in verschiedenen Zustandsformen.

Die linke Hand wird gesund und »bittet um die alten Götter«. Die Rechte erkrankt und sucht Christum.

Wie könnten wir vor den alten Göttern weinen? Sie sind »positive Götter« mit Scherzen und poetischen Lügen. Aber plötzlich »tut der Rücken weh«: und dann geht es nicht mehr um Poesie, sondern da heißt es: »Hilf mir! Verschaff mir Erleichterung!« Jupiter kann man doch nicht mit »Verschaff mir Erleichterung!« kommen. Und als eine große Schwermut und Verzagtheit durch die Menschheit ging – »Verschaff mir Erleichterung!« –, da erschien Christus.

In diesem »Hilf uns!«, »Erlöse uns!«, »Rette uns!« – in der Qual der Menschheit liegt etwas Wichtigeres, Dunkleres, vielleicht auch Schrecklicheres und Unheilvolleres, aber unstreitig auch *Tieferes* als in allen Freuden. Wie groß auch das Rätsel der Geburt ist, ihre ganze Süßigkeit, ihr Entzücken – wenn ich einen an Krebs darniederliegenden Menschen erblickte und auf der anderen Seite eine »glückliche Mutter« beim Stillen ihres Kindes mit allen ihren Hoffnungen – ich würde ans Lager des Kranken eilen. Oder nein, noch anders: ein alter krebskranker Mann, oder noch schlimmer – eine alte krebskranke Frau und auf der anderen Seite ein junges Weib in Geburtswehen. Und plötzlich müßte eine Wahl getroffen werden: wird die Alte gesund, darf jene nicht gebären – gebiert jene, muß die Alte sterben: und das universale menschliche Gefühl wird sich mit lauter Stimme melden: mit dem Gebären hat es Zeit, wesentlich ist, daß die Alte gesund wird!

Das ist der Sieg des Christentums, sein Sieg über den Positivismus. Bei all ihrem Zauber war die Antike doch positivistisch. Aber das Gebresten durchbrach den Positivismus und machte ihn zunichte: »Ich will *ein Wunder*, mein Gott, schenk uns ein *Wunder!*« Und dieser Durchbruch ist Christus.

Er weinte.

Und nur den Tränen öffnet Er sich. Wer niemals weint, wird Christum niemals erblicken. Und wer weint, wird Ihn mit Gewißheit schauen.

Christus – die Tränen der Menschheit, die in einem erschütternden Bericht, einem erschütternden Ereignis verströmen.

Turgenjews Witzeleien über die Religion – wie *kümmerlich* sind sie doch.

Wenn man Gogol liest, hört man auf, der Wirklichkeit zu vertrauen.

Das aus ihm hervorbrechende Licht der Kunst überströmt *alles*. Man verliert den Tast- und Gesichtssinn und glaubt nur noch *ihm*. (Beim Abendtee)

Neben Gogol nimmt sich Stschedrin aus wie ein Pferdeknecht neben Alexander dem Großen.

Und Gogol ist wirklich ein Alexander der Große. Ebenso groß und umfangreich sind seine Eroberungen. Und »neu entdeckten Länder«. Sogar »Indien« ist da.

(Beim Abendtee)

Eigentlich sollte an Stelle der Sozialdemokratie die alte, einfache, in ihrer Alltäglichkeit ganz ordinäre Wahrheit gelten, an der man aber nicht vorübergehen kann:

Lebe im Reichtum so einfach und keusch, so sorgsam und arbeitsam, als ob du arm wärest.

In einem großen Vergessen der Welt zu vergessen – das wäre schön.

(Beim Verlassen des Kreisgerichts – Sonnenfinsternis. Gedanken über die »Solitaria«)

Ein erstaunliches Urteil hörte ich von Florenskij (im Winter, wohl im Dezember 1911): »Sie suchen Christus *außerhalb der Kirche*«, »sie wollen Christus *außerhalb der Kirche* finden«, »aber einen Christus *außerhalb der Kirche* kennen wir nicht, *außerhalb der Kirche* gibt es keinen Christus.« »*Die Kirche war es*, die der Menschheit Christum geschenkt hat.«

Er sagte das ein wenig kürzer, aber noch ausdrucksvoller. Der Sinn war ungefähr der, die Kirche habe Christus für uns geboren, und wenn dem so ist – wer könnte es wagen, über die Kirche herzufallen, und dabei behaupten, Christus zu lieben.

Das war der Sinn seiner Worte, aber bei ihm kam es besser heraus.

Ich war tief betroffen von der Neuheit, die in seinen Worten lag. Heutzutage ist die Rhetorik von einem Christus ohne Kirche überall im Schwange, und hierauf stützt sich das ganze moderne liberale Christentum.

Tatsächlich. An den Kleinigkeiten wird auch das Große erkannt. »Das beste Buch binden wir in den besten Einband.« Wie stark muß die Kirche das Evangelium gefühlt haben, wenn sie es in fünfzehn Pfund schwere, mit Gold und Silber beschlagene Einbände gebunden hat. Das könnte nichtig scheinen: aber es offenbart etwas Wichtiges. Alle »Sektierer« lesen das Evangelium nur einmal in der Woche: und das im Augenblick ihres Proselytismus, ihres explosiven Beginns. »Die Kirche« aber hat in den ganzen achtzehnhundert Jahren ihres Bestehens nie begriffen, wie man, ob nun bei Tage oder bei Nacht, Gottesdienst halten könne, ohne das Evangelium zu verlesen.

Sie hat es mit riesigen Lettern geschrieben und den Einband mit Edelsteinen bestreut.

Tatsächlich: es war die Kirche, die Christus an alle Enden der Welt getragen und »als Gott« verkündet hat – ohne jedes Schwanken und bis zur Vertilgung der Widerstrebenden, Zweifelnden und Zaudernden.

Daher ist der Enthusiasmus der Kirche für Christus so gewaltig, wie ihn alle Sektierer und selbstverständlich alle »liberalen Christen« zusammengenommen nicht aufbringen können. Tatsächlich – die Kirche darf sprechen: »Das Evangelium wäre gleich Vergils Äneis gewesen – ein Buch, das man hochhält, das aber keine Wirkung tut –, und vielleicht wäre es auch einfach verlorengegangen und verschwunden. Turgenjew hat ja in seinem ganzen Leben das Evangelium nicht ein einziges Mal gelesen. *Er* hat es nicht gelesen – auch seine *Generation* hätte es vielleicht nicht gelesen – und dann wäre endlich eine Generation erschienen, die es völlig *vergessen* hätte, und die darauffolgende hätte das Buch selbst ganz einfach *verloren.* Ich habe das Evangelium für die Menschheit gerettet: wie dürft ihr es jetzt wagen, es mir aus der Hand zu reißen und von einem Christus *neben und außerhalb der Kirche* zu reden? Ich habe der Menschheit das Evangelium geschenkt: nun, und ob das Evangelium den Kranken, Armen, Leidenden und Gequälten not tut, ob sie seiner *heute*, ob sie seiner *morgen* bedürfen – darüber zu befinden steht euch nicht zu.«

Erstaunlich. So gewöhnlich und doch so ganz neu. Und natürlich steht die Kirche eben deshalb, weil sie der Menschheit das Evangelium erhalten hat, nicht nur höher als »unsere Zeit«, sondern auch höher als das ganze Goldene Zeitalter der Renaissance, die Vergil und Homer für die Menschheit gerettet hat.

Wir alle drücken in unseren Werken eine subjektive Überzeugung aus. Aber wir tun das gebieterisch und verallgemeinern. Was soll man machen, wenn Darwin seine Abstammung vom Schimpansen »subjektiv gefühlt hat«: jedenfalls hat er so geschrieben.

Im Zoologischen Garten in Frankfurt am Main habe ich zum ersten Male einen Schimpansen gesehen. Wirklich erstaunlich. Er half seinem Wärter beim Tischdecken und Abräumen (es war Frühstückszeit), fegte die Krümel zusammen und faltete das Tischtuch. Ganz wie ein Mensch!

Ich konnte nur wortlos staunen.

Für Darwin ist es schon eine Ehre, von einem so gescheiten Affen abzustammen. Er hätte auch von einer geringeren, *positiveren* Rasse abstammen können.

(Frühmorgens)

Der Fortschritt ist technisch notwendig, für die Seele aber ist er durchaus nicht notwendig.

Wir brauchen ein »vervollkommnetes Gewehr«, maschinell sauber hergestellte Stiefel und Öfen, die nicht rauchen.

Aber davon wächst die Seele nicht. Eher schrumpft sie davon ein.

Es ist das jener »Topf auf dem Herd«, ohne den zu leben beschwerlich ist, dessentwegen wir aber auch oft unsere Seele erniedrigen und sogar völlig ruinieren.

Wer den Menschen nicht in den Augenblicken der Freude liebt, liebt ihn überhaupt nicht.

. . .

Wie wird der Asketismus mit diesem Gedanken fertig?

Wer die Freuden des Menschen nicht liebt, liebt auch den Menschen selber nicht.

»Erhebe dich, Schläfer!« ... Ich hätte einen anderen Namen gewählt: »Erwache, Gewissenloser!«

(Name einer Zeitschrift aus dem Jahre 1905)*

Trotz der Wichtigkeit der Prostitution sind sie doch in einer gewissen, mir noch nicht ganz klaren Beziehung wirklich »verlorene Geschöpfe«, gleichsam erloschene Seelen. Und tatsächlich sind sie »das Nichtsein«; »sie existieren nicht«, es scheint nur, daß sie »sind«.

(Im Eisenbahnwagen auf der Fahrt nach Kijew)

... »Sie verlangen viel Geld für Ihre Bücher.« Doch das tue ich aus Vorsatz; ein Buch ist keine Ramschware, ist nicht etwas Unzüchtiges und auch kein billiges Gesöff, das »einen völlig auf den Hund gekommenen Menschen« anzulocken bestimmt ist. Es ist auch keine Zirkusmaid, die durch ihre Billigkeit verführt.

Dem Buch gebührt Hochachtung: und das erste Zeichen dafür besteht darin, daß man bereit ist, es teuer zu bezahlen.

. . .

Und ferner – warum sollte ich es nicht sagen –: meine Bücher sind Arznei, und Arzneien kosten im allgemeinen mehr als Schnaps. Die Herstellung ist komplizierter, und die dazu verwendeten Stoffe (Seele und Gehirn) sind wertvoller.

(Im Walde bei einem Spaziergang)

* Jahr der ersten – nicht durchgedrungenen – russischen Revolution. (Der Hrsg.)

Die Gelehrten muß man *an den Ohren ziehen*. Die Weisen unter ihnen werden das ohne weiteres billigen, und die anderen braucht man nicht zu beachten, auch wenn sie sich darüber ärgern sollten.

... ja, die Eleusinischen Mysterien werden auch heute gefeiert. Nur wissen die Menschen nicht, daß das, was sie da begehen, Mysterien sind.

Der sympathische Bummler – das ist beinah der vorherrschende Typ unter den Russen.

Die russische Großsprecherei, die sich als Tugend ausgibt, und die russische Faulheit, die sich daranmacht, »in der Welt das Unterste zuoberst zu kehren« ... – das ist die Revolution. (Bei der Arbeit)

Abscheu, Abscheu vor den Menschen ... vor dem Menschen, *wie er nun einmal beschaffen ist* ... mein Gott! und mit welcher unendlichen Liebe zum Menschen habe ich angefangen (im Gymnasium und auf der Universität).

. . .

Woher das? Ist denn das *recht?*

Ewiger Gott, bleibe bei mir.
Weiche niemals von mir.

(Oft) (um nicht zu sündigen)

Welchen Einfluß möchte ich mit meiner Schriftstellerei ausüben?

Die Menschenseele sanft und zärtlich zu stimmen.

Den Menschen zu verinnerlichen.

....
....
....
....
....
....
....
....

Und die »Überzeugungen«?

Auf die spucke ich.

Das Beste an meiner ganzen Schriftstellerei ist, daß sie zehn Menschen ernährt. Das ist etwas Unumstößliches und Festes.

Und die Ideen?

Was sind schon Ideen ...

Ideen hat's viele.

Menschen, die nie und nirgendwohin eilen – das sind die wahren Gottesmenschen.

Auch die, die sich nie irgendwelche Ziele setzen, sind Gottesmenschen.

Wir verbinden nichts Erhebendes mit dem Begriff des Vaterlandes.

Und an kahler Stelle ist dafür die kosmopolitische Schwärmerei ins Kraut geschossen.

Bei den Griechen gab es das. Auch bei den Römern. Und den Juden. Der Franzose hat seine »chère France«, der Engländer sein »Old England«. Und bei den Deutschen heißt es: »unser alter Fritz«.

Nur wer das russische Gymnasium und die russische Universität durchlaufen hat, sagt: »verdammtes Rußland«.

Wie soll man sich da wundern, daß jeder Russe, ist er einmal sechzehn Jahre alt geworden, zur Umsturzpartei stößt.

Stschedrin hat sich darüber lustig gemacht. »Ein Mädchen von sechzehn Jahren plant, die Staatsordnung zum Einsturz zu bringen. Hi, hi, hi! Ho, ho, ho!«

Aber schließlich war ja die Perowskaja, die am ersten März das Heft in der Hand hatte, auch nicht viel älter als sechzehn Jahre ...

Bei uns wird das Wort »Vaterland« zugleich mit dem Wort »Fluch« erfaßt.

Schaut nur die Titel unserer Zeitschriften an: »Die Tarantel«, »Die Wespe«. Ein ganzer Verlag nennt sich »Skorpion«, und dann gab es noch eine Zeitschrift mit irgend so einem mittelasiatischen Insekt als Namen. »Die Dornenhecke«. Und alle »stechen« Rußland. »Wie und wohin könnten wir Rußland wohl unser Gift einspritzen!«

Ist es zu verwundern, daß Rußland in Raserei geraten ist?

Und da haben wir ganz einfach »Die Geschichte des russischen Nihilismus«.

. . .

Der Deutsche sticht zu. Der Jude sticht zu. Es stechen der Armenier und der Litauer. Und mit verrenkten Kiefern geht höhnisch der Ukrainer auf Rußland los.

Und mitten unter ihnen allen tritt »der Russe selbst« dem Mütterchen Rußland ungezwungen mit dem Stiefelabsatz ins Gesicht. (Beim Damespiel mit den Kindern)

Alle Schriftsteller sind Sklaven. Sklaven ihrer Leser.

Und wer es auch sei – immer steckt in ihm etwas vom Wesen eines *Sklaven*.

. . .

Das hat alles dieser Mephistopheles von Gutenberg angerichtet. Fluch seinem Angedenken!

(Acht Uhr morgens; auf der Fahrt in die Stadt)

Das literarische Totengedenken ist das kälteste, das es gibt. Bei den wenigen »literarischen Beerdigungen«, auf denen ich zugegen war (und ich bin nie gern hingegangen), ist mir immer aufgefallen, wie wenig sich die Trauergäste um den Toten im Sarge scherten. Gespräche. »Eigene Angelegenheiten«. Und die Prominenten hatten nur im Kopf, was sie am offenen Grabe sagen würden.

Werden solche »Schönredner« etwa auch meinem Sarge folgen? Brrrrr.

Das gibt's nur ab und an bei ganz schlichten Gemütern: Mitleid, Tränen, alles.

Es scheint mir, die Kirche und die ihr ergebenen Menschen sind in einem furchtbaren Irrtum befangen, wenn sie sich zur Verteidigung der Kirche Methoden und Waffen der Feindesseite, nämlich die Presse, wählen. Die Kirche verharrt lautlos. Sie hat nichts mit Presse oder Druck zu tun. Wozu dient das Wort der Kirche? Ihr Wort erklingt in Liturgie und Gebet. Diese gewaltigen Schätze, die Schätze des kirchlichen Wortes, wurden lange vor dem Buchdruck zusammengetragen und stehen immerdar zu Gebote. »Predigten« brauchen wir so gut wie gar nicht ... Höchstens ein paar Worte, eine kurze Ansprache, aber nie länger als fünf Minuten. Die Kirche hat lautlos zu sein und *tätig*. Ist es denn keine *Tat*, einen Kranken zu küssen und einem Sterbenden die letzte Wegzehrung zu reichen? Das ist sowohl *Wort* wie *Tat*. Der Kuß ersetzt das Wort. Der Kuß ist so viel reicher als das Wort, weil er, wie die Musik, unendlicher und unbestimmter ist als das Wort. Dem Verzagten mit der Hand über die Stirn zu streichen, den Reuigen und Entkräfteten zu umarmen – das ist »das Wort« der Kirche. Wozu bedarf es da noch des Redens?

Das Reden kann man getrost den Literaten überlassen.

Alle kirchlichen Zeitungen und Zeitschriften aber sind nichts als Staub und Verwesung.

Als die Kirche das Geschlechtsleben (im Institut der Ehe) ordnete, war es ganz ersichtlich, daß sie sich mit etwas befaßte, was ihr fremd war.

Sie ordnete das Leben von Menschen, die ihr »fremd« waren.

Und diese »Fremden« sind ihr davongelaufen (das neunzehnte Jahrhundert – und auch viel früher schon; »die Sitten«).

Ein Pferd paßt nicht in den Kuhstall, eine Kuh nicht in die Pferdebox, ein Hund nicht ins Vogelhaus und ein Huhn nicht in die Hundehütte.

Weiter gibt's dazu nichts zu sagen.

(Bei meiner Münzsammlung; unsere Eheordnung; Fehlen der Scheidung) *

Alles Entrinnende, Entweichende zieht uns unwiderstehlich an.

So ist es in der Liebe und in der Literatur. Ist es aber so auch in der Wahrheit? Mein Gott, gilt dies auch für die Religion, wo doch »niemand Gott von Angesicht zu Angesicht gesehen hat?«!!

(Beim Abendessen und der Lektüre von Sherlock Holmes, am 20. August)

Der Mensch ist aufrichtig im Laster und unaufrichtig in der Tugend.

Seht nur: die Missetaten ergießen sich frei dahin wie ein Lied; ein tugendhaftes Leben aber schleppt sich hin wie eine Totenmesse.

* Die Ehescheidung, wie überhaupt die Personenstandsgesetzgebung, war im alten Rußland der Kompetenz der geistlichen Gerichte vorbehalten. Jedoch waren die kanonischen Gesetze lückenhaft und das Verfahren langwierig, die entsprechenden Bestimmungen unklar und veraltet. Der hl. Synod widersetzte sich aber allen Plänen, die Ehescheidung der Zuständigkeit der weltlichen Gerichte zu übertragen. (Der Hrsg.)

Woher kommt das? Woher dieser Graus?

Seht nur, wie gut Dantes »Inferno« ist und wie säuerlich sein »Purgatorio«. Und dasselbe gilt für Miltons »Paradise Lost« und »Paradise Regained«. Woher? Warum?

Anscheinend gibt es nur eine einzige Ausnahme: Pindars Olympische Oden, denen keinerlei Parabeln, Spottgedichte oder Satiren zur Seite stehen.

Und das bedeutet, daß allein die Griechen des vierten und fünften Jahrhunderts vor Christi Geburt es fertiggebracht hatten, rein und glücklich zu sein.

(Allein in meinem Arbeitszimmer)

Das Laster ist malerisch und die Tugend so trübselig.

Woher all dieser Graus?! (Am 20. August 1912)

... und dennoch steckt in aller Aufrichtigkeit noch ein Körnchen Hintersinn. Wenn nicht im Gesagten, so doch im Unausgesprochenen. Wir lassen uns also auch noch in unserm »Plötzlich«, mitten im Aufschrei, ein Schutzfell wachsen. »Kalt« ist das. Unschön.

Wie frostig wir sind. Wie jämmerlich.

(Über meine »Solitaria«, beim Bücheraufräumen, im Herbst 1912)

Vor drei Jahren machte Ternawtzew eine ungewöhnlich tiefe, aufregende Bemerkung. Ich redete so allerlei über die Universitäten und Professoren und vielleicht auch über die Regierung und die Minister. Aber er unterbrach mich:

»Ach, Dummheiten! Wirklich wichtig ist nur der Polizeirevieraufseher!«

Er machte eine Handbewegung, als führe er über die rundum stehenden Häuser (unser Gespräch fand am Abend, in der Nacht statt):

»Überall hier unter diesen Dächern wohnen Menschen. *Was für* Menschen? Wie leben sie? Das weiß niemand, Ihr Minister nicht und Ihre Professoren auch nicht. Die Wissenschaft weiß es nicht und auch die Staatsverwaltung nicht. Und niemand interessiert sich dafür. Dabei ist doch die Frage, *was für* Menschen dort wohnen und *wie* sie leben, geradezu der Knotenpunkt von allem – das Allerwichtigste, das Allerinteressanteste. Und nur der *Revieraufseher* weiß darum, weiß es anonym und ohne Aufhebens davon zu machen; denn es gehört zu seinen Dienstobliegenheiten, *alles zu wissen*, ›für alle Fälle‹, obschon es durchaus nicht zu seinen Dienstobliegenheiten gehört, über alles zu berichten. Er kennt *den Dieb*, er kennt *die Prostituierte*, er kennt den Falschspieler, den Mann, der sich mit zweifelhaften Mitteln durchs Leben bringt, er kennt die untreue Frau und weiß um das Kommen und Gehen der Halbweltdamen. Alles, wovon die Romane nur mutmaßen, was Gorkij in seinem ›Nachtasyl‹ auf die Bühne gebracht und Artzybaschew und andere dargestellt haben – dieses ganze aufregende und romantische, geheimnisvolle und verbrecherische, schreckliche und heilige Leben ist ›laut Dienstpflicht‹, dem Revieraufseher wohlbekannt, aber, ebenfalls aus ›Dienstpflicht‹, niemandem sonst.«

Ob er nun seinen Gedanken nicht zu Ende geführt

hatte – jedenfalls ergänzte ich ihn, indem ich zu mir sprach: »Da müßte man dienen: wo es wahrhaft *interessant* ist, wo es wirklich so etwas wie *Allmacht* gibt!«

Ich seufzte nur in meiner Seele: »In der Tat – *so ist das? Und das ist bis jetzt noch niemandem in den Kopf gekommen?*«

Er hatte das alles noch irgendwie klarer und tiefer ausgedrückt. Fast in diesem Sinne: alle Zweige des öffentlichen Dienstes sind gespenstisch und literarisch; nur einer ist wirklich, und das ist der Polizeidienst.

Ternawtzew selbst ist ein überaus nobler Träumer à la Hamlet. Und plötzlich – so ein Gedanke!

(Am 20. August 1912)

Die Ehe dem Gesetz der Liebe zu unterwerfen ..., darin, so möchte es scheinen, läge doch wohl wahrhaft christliche Gesinnung: Alles soll dem sanften Gesetz der Eintracht, des Friedens und der Stille untertan sein.

Aber gerade im Christentum – und nicht etwa bei Juden oder Mohammedanern – herrscht seit zweitausend Jahren ein anderes Prinzip: *die Liebe dem Gesetz der Ehe zu unterwerfen.*

Und alle Welt erstickt daran.

Wer war Sulamith?

Jede Israelitin am Abend vom Freitag zum Samstag.

...

Das Hohe Lied wäre mit jener Stelle in Hesekiel zu vergleichen (im vierzehnten oder sechzehnten Kapitel), wo Gott durch den Mund des Propheten sagt, wie er die

Jungfrau Israel getroffen habe: »Deine Brüste waren gewachsen und hattest schon lange Haare« und »... und zierte dich mit Kleinoden und legte dir Geschmeide an deine Arme und Kettlein an deinen Hals und gab dir ein Haarband an deine Stirn und Ohrringe an deine Ohren ...«, und so weiter. »... und vorn auf allen Straßen bautest du deine Altäre und machtest deine Schöne zu eitel Greuel; du spreiztest deine Beine gegen alle, so vorübergingen, und triebst große Hurerei. Erstlich triebst du Hurerei mit den Kindern Ägyptens ... Danach triebst du Hurerei mit den Kindern Assur ...«

(Bei der Morgenzeitung)

Was für ein Denkmal wünschen Sie sich?

Nur eins: auf dem ich dem Beschauer eine Nase drehe.

(An einem Werktag)

Tolstoj macht uns staunen. Dostojewskij ergreift uns.

...

Jedes Werk Tolstojs ist ein Exercitium. Was immer er geschrieben hat oder auch nur zu schreiben begann (»Auszüge«, »Anfänge«) – immer ist es konstruiert. Immer sind da Hammer, Wasserwaage, Zollstock und Plan – Überlegung und Entscheidung. Jedes seiner Werke ist seinem Wesen nach von Anfang an bis zum Schluß hin völlig durchkonstruiert.

Und bei all dem fehlt der Pfeil (das Herz).

Dostojewskij ist ein Reiter in der Wüste mit einem Köcher voller Pfeile. Und wo sein Pfeil hintrifft, da fließt Blut.

Dostojewskij liebt man. An Tolstoj gibt es nichts, was man »lieben« könnte. Er will uns immer nur »überzeugen«. Mögen die »Überzeugten« ihm nur ruhig nachfolgen. Bei »Überzeugungen« kommt gar nichts heraus außer einem Ries Papier und den Sammlern solcher Papiere – Bibliotheken und Magazinen –, außerdem noch Journalistengezänk und, wenn es hoch kommt, ein metallenes Standbild.

Dostojewskij aber *lebt* in uns. Seine Musik wird nie verstummen. (Im September)

Mach die Haustür fester zu, damit es nicht zieht.

Und mach sie nur selten auf. Geh nicht hinaus auf die Straße.

Geh nicht die Treppe deines Hauses herunter – dort lauert das Böse.

Ein wenig weiter weg vom Hause lauert das Böse, weil dort bereits die Gleichgültigkeit einsetzt.

Unsere ganze »Bildung« ist nicht russisch, aber auch das Europäische unserer Zeit hat nur diesen Ausdruck gefunden:

Meine Herrn! Ich beantrage, den Verstorbenen durch Erheben von den Sitzen zu ehren.

Alle erheben sich.

Außer dieser eselhaften Art, auf das Entsetzliche, Unmögliche, das unaussprechliche Faktum des Todes, das Himmel und Erde erschüttert, zu reagieren, hat unsere

Zivilisation nichts erfunden, nichts ersonnen und aus ihrer Seele gepreßt.

»Erheben Sie sich, meine Herrn!« – Das ist die ganze Liebe.

»Erheben Sie sich, meine Herrn!« – Das ist die ganze Weisheit.

Darwin, das Parlament und die Napoleonischen Kriege – all den zahllosen Toten und Sterbenden haben sie nichts zu sagen als:

»Wir haben uns von unseren Sitzen erhoben.« – »Wenn ihr sterbt, werden wir uns von unseren Sitzen erheben.«

Im Sinne unserer »Fähigkeiten«, unserer »Liebe«, unserer »Achtung vor dem Menschen« ist das so sehr zum Weinen, daß ...

Nun, und was weiter? Werden wir »die Kirche mit solchen Fähigkeiten reformieren«? ...

Schließlich ist doch in keinem von uns, *in unserer ganzen Zivilisation*, auch nur ein einziges Tröpfchen jener Liebe, jener grenzenlosen Achtung vor dem Menschen, wie sie sich in den Begräbnisriten der Kirche ausspricht, in den Worten, Gesängen und Schriftverlesungen – all das ist hier in einem Dokument für ewige Zeiten besiegelt. Und welches *Dokument* der Liebe hätten wir?!

»Wir haben uns von unseren Sitzen erhoben! Wir sind eine Weile stehengeblieben!!«

Ihr Esel!

Was gäbe es da auch noch weiter zu sagen außer »Esel«.

Der Stil ist die Seele der Dinge.

Liebe – das ist die völlige Hingabe an den anderen.
Das »Ich« ist ausgelöscht, »alles ist dein«.
Die Liebe ist ein Wunder. Ein sittliches Wunder.

Die Scheidung ist der Regulator der Ehe, ihres Leibes, ihrer Seele. Wer die Ehe ruinieren möchte, aber anonym und insgeheim, gleichsam unter einer »Tarnkappe« – der braucht nur an der Scheidung zu rütteln.

Theorie und Gesetz der Scheidung beziehen sich nicht nur auf die Scheidung, beinah eine ganze Theorie der Ehe ist darin enthalten samt der dazu notwendigen Weisheit und Willensstärke. Leider enthält »unsere« Lehre von der Scheidung nichts als Dummheit und Mißbrauch.

Die Revolutionen sind auf Begeisterung, die Königreiche aber auf Nachsicht und Geduld gegründet.

• • •

Die Revolutionen entspringen dem jungen »Ich«. Die Königreiche beruhen auf dem Gehorsam gegenüber dem Schicksal.

Ein Jahr ist vergangen – und wie viele Seiten meiner »Solitaria« sind mir schon fremd geworden: und dabei erinnere ich mich doch deutlich, daß ich nicht einen falschen Ton (gegen meinen Seelenzustand) von mir gegeben habe. Und es ist, »als wäre es davongeflogen ...«

Jetzt ist mir nichts verblieben als gleichsam »die Federn« eines vorübergeflogenen Vogels. Und da liegen sie nun im Feld, zu nichts nütze, und niemand braucht sie.

. . .

Es ist nicht so, daß »wir die Gedanken wechselten wie Handschuhe«, sondern leider ist es so, daß unsere Gedanken sich wie Handschuhe abtragen. Sie werden zu weit und schmiegen sich nicht mehr an die Hand. Schmiegen sich nicht mehr an die Seele.

Und wir werfen sie nicht weg, sondern hören einfach auf, sie zu tragen.

Wir hören auf, die Gedanken vom Vorjahr zu denken.

Alle meine Fehler sind feuchter Natur. Nicht ein einziger feuriger ist dabei.

Weder Ehrgeiz noch Machtgier, noch Neid haben je meine Seele versengt. Wie käme es mir zu, die zu richten, die mit ihren feurigen Fehlern nicht fertig werden (und ich richte sie doch), wenn ich es nicht fertiggebracht habe, mit meinen wässerigen zu Rande zu kommen.

... Ein Buch muß man zu finden wissen; man muß lange danach suchen und es, wenn man es gefunden hat, wie seinen Augapfel hüten.

Bücher darf man nicht »zu lesen geben«. Ein Buch, welches man »zu lesen gegeben hat«, ist eine Dirne. Es hat etwas von seinem Geiste, seiner Unschuld und Reinheit verloren.

»Lesehallen« und »Öffentliche Bibliotheken« (außer den kaiserlichen Zentralbibliotheken) sind »öffentliche Häuser«, die die Städte besudeln wie Bordelle.

Allen großen Männern würde ich am liebsten den Kopf abbeißen. Und höher als Napoleon steht mir unser Stubenmädchen Nadja, die so sanft und lieb ist, besonders wenn sie lächelt, was nur selten vorkommt.

Napoleon ist völlig uninteressant. Nur böse Menschen (die Gasse, der Pöbel) interessieren sich für Napoleon.

(Auf einer Postquittung)

Manchmal scheint mir, ich überwinde die gesamte Literatur. Nicht etwa, weil ich stark wäre. Aber »der Herr ist mit mir«. Das ist nun einmal so. Wirklich, so ist es.

(Beim Packen für die Reise)

Nackt werden wir geboren, und nackt fahren wir in die Grube.

Wozu unsere Kleider?

Wozu Rang, gesellschaftliche Stellung, berufliche Position?

Für die Katz'.

. . .

Der Tag ist klar, und alles tummelt sich auf dem Newskij *. Aber es gibt eine Stunde, da wir alle »nach Hause« gehen. Und dieses »nach Hause« bedeutet: in die Grube.

(Im Oktober)

* Gemeint ist der Newskij-Prospekt, großer Boulevard im Zentrum St. Petersburgs-Leningrads. (Der Hrsg.)

Wie sollte man der Kirche nicht dafür die Hand küssen, daß sie auch dem Ungelehrten die Gabe des Gebets verliehen hat: eine uralte, unwissende Greisin hat das Lämpchen vor dem Heiligenbilde entzündet und dabei gesprochen: »Herr Gott, erbarme Dich meiner« (so hatte sie es in der Kirche gehört, sagte es aber auch »ganz von selbst«) und sich tief zur Erde verneigt.

Sie hat gebetet und ist getröstet worden. Leichter wurde ihr ums Herz, der einsamen Alten.

Wer wäre darauf schon gekommen? Pythagoras wird das nicht »offenbaren« und Newton nicht »errechnen«.

Die Kirche hat es getan. Sie hat es verstanden. Sie wußte.

Die Kirche hat dies alle gelehrt. Hosianna der Kirche – Hosianna ihr, »die da kommt im Namen des Herrn« wie einst Christus.

Wie ein Krebsgeschwür wächst und alles zerfrißt, alles zerstört und an den Kräften des Organismus zehrt, ohne daß es eine Kraft gäbe, ihm Einhalt zu gebieten: so ist der Sozialismus. Dieser auszehrende, hoffnungslose, unverwirklichbare Traum, der aber bei der Jugend, bei den Gymnasiasten und Gymnasiastinnen, alle lebendigen Kräfte mit Beschlag belegt! Alles, was in ihnen an idealer Gesinnung ist, schlägt er in seinen Bann und zerrt die Unglückseligen unter den Galgen, während sie noch davon überzeugt sind, er habe ihnen Glück gebracht.

Und das geht nun schon so in der dritten Generation. Wie viele hat er nicht schon an den Galgen gebracht, und immer noch geben sie sich hin an ihn ... Der Traum vom allgemeinen Glück im allgemeinen Unglück. Ja, das ist es eben, *der Traum* vom Glück, nicht aber die Arbeit für das Glück. Er ist sogar der langsamen Ingenieurarbeit am Glück feindlich …

In den Jahren 1904 und 1905 wollte ich so etwas wie eine »Hymne an die Freiheit« schreiben …* Acht Zeilen habe ich zustande gebracht, weiter aber reichte das dichterische Feuer nicht: ich fühlte, daß ich mich in Rhetorik verrannt hatte … Und jetzt! …

……………………………………………

……………………………………………

… wegrennen möchte ich wie eine angestochene Kuh, mich am Kopf, an den Haaren fassen und heulen, heulen, *um mich selbst* heulen, aber natürlich nicht, weil »die Regierung nichts taugt« (dieses ewige Extemporale aller Esel).

(Im Oktober)

»Das Christentum ist nicht *für* das Geschlecht und nicht *dagegen*, sondern hat den Menschen auf eine ganz *andere Ebene* versetzt« (Florenskij).

Der Hauswirt ist weder für noch gegen die Reparatur des Hauses: er befaßt sich mit bibliographischen Arbeiten.

Mir scheint, dieses Haus wird einstürzen. Und wenn auch »bibliographische Arbeiten« der Haushaltung nicht entgegen sind, so höhlen sie sie doch von innen aus.

Die Frage der Ehe gibt es schließlich in jeder Familie, bei mir, bei Ihnen (oder es wird sie geben). Sie quält

* Siehe Anmerkung auf Seite 172. (Der Hrsg.)

einen jeden von uns beständig, Tag und Nacht. Wie dürfte man da sagen: »Ich habe nichts dagegen, wenn ihr euch damit befaßt; nur daß ich jetzt in die Öffentliche Bibliothek gehe, um Handschriften zu studieren.«

(Am 8. Oktober)

Ist etwa Puschkin schuld daran, daß Pissarew ihn »nicht gelesen hat«? Und ist es die Schuld der Kirche, daß Büchner und Moleschott »sie nicht verstanden haben«? Ist das Christentum etwa schuld an dem, was »wir« in den Tag hinein schwatzen?

Schrecklich ist es, wenn das Frösteln der Seele einsetzt ... Die Seele friert.

Trotzdem werde ich in völligem Unbegreifen sterben. In religiösem Unbegreifen.

Die meiste Schuld daran trägt Florenskij. Durch das, was er alles verschwiegen hat.

Von Gott werde ich mich niemals trennen. Aber alles übrige ...

Gott hat mich mit *der Gabe des Wortes* in die Welt geschickt. Weiter hat er mir nichts mitgegeben. Eben deshalb bin ich so unglücklich.

Meine Seele gleicht einem sich aufspleißenden Faden. Nicht einmal einem aus Flachs, sondern nur aus Baumwolle. Sie strebt nach allen Richtungen auseinander. Nichts kann man mit ihr festhalten.

(Nachts in einer Mietdroschke)

Was ist das – ein »Schriftsteller«?

Verwahrloste Kinder, eine vergessene Frau und Eitelkeit, Eitelkeit …

Eine interessante Figur. (Beim Einschlafen)

Die Kirche hat alle Menschen das Beten gelehrt.

Wie könnte man sich ihr gegenüber anders verhalten, als ihr die Hand zu küssen?

Es ist schön, daß die Orthodoxen ihren Popen die Hand küssen.

Der Pope ist ein Vater. Ein natürlicher Vater. Es gibt doch auch natürliche Väter, die schlechte Menschen sind, ohne daß wir zu ihren Kindern sagten, sie müßten ihre Väter hassen oder verachten. So sprechen hieße die Kinder verderben und ihre Seele und Zukunft gefährden. Deshalb sollte man die Geistlichkeit nicht verurteilen, selbst wenn es hinreichend Gründe gäbe, über sie den Stab zu brechen.

Wenn wir die Geistlichkeit verurteilen, gehen wir selbst zugrunde. Das Volk geht zugrunde ohne die Geistlichkeit. Denn die Geistlichkeit wacht über seine Seele.

Was steht höher – die Liebe oder die Geschichte der Liebe?

Ach, alle Geschichten von Liebe sind nicht ein einziges Stückchen wahrer Liebe hier und jetzt wert.

. . .

Ich schreibe jetzt eine ›Geschichte‹, weil mein Glück vergangen ist.

Der Grund meiner Anhänglichkeit ist moralischer Natur. Obgleich mir ihr Körper, ihre Figur, ihr schwacher, kurzer kleiner Finger (sie hatte wunderbar wohlgeformte Hände), ihr eines Grübchen auf der Wange (nach dem Tode ihres ersten Mannes war das andere verschwunden) sehr gefielen, so war es doch so, daß all dies mich *nicht daran verhinderte*, meine Liebe zu einer sittlichen Bindung auszuweiten.

In der christlichen Welt ist nur sittliche Liebe, sittliche Anhänglichkeit möglich. Der *Leib als Heiligtum* (*das Alte Testament*) ist tatsächlich gestorben, und die rein physische Liebe ist unmöglich geworden. Die physische Liebe ist nur noch für die Gasse und hat Gassenformen angenommen.

Ich habe sie geliebt, wie die Sünde die Gerechtigkeit liebt, das Schiefe das Gerade und das Böse die Wahrheit.

. . .

Deshalb lebt in meiner Liebe eine merkwürdige »Spaltung«. Und diese hat ihr Glut und Tränen verliehen, hat sie zu einem ewigen Dürsten ohne Sättigung und Befriedigung gemacht. Sie hat sie mit Schwermut erfüllt, mit Qual und ganz außergewöhnlichem Glück.

Ein Würmchen hat ein Würmchen hervorgebracht.
Das ist ein bißchen herumgekrochen.
Und gestorben.

. . .

Das ist unser Leben.

(Drei Uhr nachts)

Das Leben ist die Sklavin von Traum und Sehnsucht.

Wahrhaft real sind in der Geschichte nur die Träume. Sie sind voller Leben. Weder mit Säure noch mit Feuer ist ihnen beizukommen. Sie verbreiten sich, vermehren sich, »bemächtigen sich der Luft« und wandern von Kopf zu Kopf. Wie bröckelig nehmen sich vor diesem klettenhaften Wesen steinerne Mauern, eiserne Türme und gutgeschmiedete Waffen aus. Gegen Träume helfen nicht Schild noch Lanze.

. . .

Die Fakten aber verbleichen schnell.

Es zermartert sich die Seele. Zermartert sich in unausdenklicher Qual.

Mein Morgen ist ohne Licht und meine Nacht ohne Schlaf.

Mein ganzes Leben war schwer. Sünde innen. Unglück außen. Mein einziger Trost – die Schriftstellerei. Deshalb habe ich ständig geschrieben.

Ich war von religiösem Hochmut erfaßt. Ich »bewertete« die Kirche wie etwas mir Fremdes und fühlte nicht, daß ich ihrer bedürfte, weil ich »mit Gott« war.

Ich erinnere mich, wie ich in Brjansk öfters herablassend sagte: »Er ist kirchlich«, oder auch: »Ja, er ist kirchlich, aber das bedeutet noch lange nicht, daß er auch ein religiöser Mensch ist ...« »Ich bin nicht kirchlich, aber ich bin ein religiöser Mensch.«

Doch es kam die Zeit, »da man zu seinen Vätern versammelt wird«. Heimgeht »zur Mutter Erde«. Und da erwachte der Sinn für die Kirche.

Die Kirche – das heißt »wir alle«; die Kirche – das bedeutet »ich und alle andern«. Und »wir alle mit Gott«.

Zum Unterschied von jener hochmütigen »Religiosität« ist der kirchliche Sinn demütig, schlicht, volkstümlich und allmenschlich.

Die Philosophen, und noch nicht einmal alle unter ihnen, haben von Gott gesprochen; Plato lehrte »die Unsterblichkeit der Seele«. Und noch manch anderer. Die Kirche »lehrte« nicht und »redete« nicht, sondern *hieß* die Menschen an Gott glauben und sich von der Unsterblichkeit der Seele nähren. Sie allein und immerdar. Unabänderlich. Ohne Schwanken.

Sie trug diesen Namen, diesen Glauben, dieses Banner ohne Schwanken von den urältesten Zeiten bis auf den heutigen Tag. Zum Zweifler sprach sie: »Ich kenne dich nicht.« Ganz unvorstellbar wäre ein simpler Küster, der da spräche: »Vielleicht gibt es gar keine Unsterblichkeit der Seele.« Jeglicher Küster ist fest überzeugt von Dingen, die Plato kaum zu denken gewagt und wohl auch kaum die Kraft, sie anzufassen, besessen hätte.

»Die Summa der Kirchenlehre« ist im Vergleich mit Platos System etwas Unermeßliches. Und alles ist so nahrhaft und einfach. Sie kommt zur Wöchnerin, sie kommt zum Grabe. All das ist notwendig. Plato aber wußte seinen Ideen nichts hinzuzusetzen, was notwendig gewesen wäre.

Was sind schon unsere Universitäten und die »Wissenschaften« in den theologischen Akademien, verglichen mit der Kirche.

Gras im Walde. Nein: Gras in der Welt (im Kosmos).

Die Welt ist die Kirche.

Die Wissenschaften aber, die Universitäten und die Studenten sind nur Gras, Blümchen: »Ein Gras, das da frühe blüht und bald welk wird und des Abends abgehauen wird und verdorrt.« Wem wäre es je eingefallen, dem Sterbenden das Wort zu bringen? Wem ist in den Sinn gekommen, daß man der Wöchnerin die Hand reichen muß?

Spencer wäre nie daraufgekommen.

Und Buckle auch nicht.

Nicht einmal Plato wäre das in den Sinn gekommen. Noch auch dem Pythagoras und den Pythagoräern. Ich weiß nicht, ob der katholische Pfarrer kommt, aber wer sicher nicht kommt, das ist der Pastor. »Zu schmutzig und dumpf« ist es in der Wochenstube.

Der orthodoxe Priester jedoch kommt.

Die Russen haben keinen Sinn dafür, was es heißt, Vorfahren zu haben oder Nachkommen.

»Eine vergeistigte Nation« ... »Lebt kaum im Fleische« ...

Daher unser Nihilismus: »Vor uns hat es nichts *Wichtiges* gegeben.« Und unser Nihilismus ist auch immer radikal: »Wir fangen mit unserem Bau *ganz von vorne an.*«

Träumen ist leichter als Arbeiten: das ist der Ausgangspunkt des Sozialismus (wenigstens des trägen *russischen Sozialismus*).

Wenn die Seele schmerzt, denkt man nicht ans Heidentum. Sagen Sie mir, hat jemals ein von Seelenschmerz Zerrissener etwas vom Heidentum gehalten?

Ich drücke allen die *Hand*. Und alle drücken mir die Hand. Mit meinen *Augen* blicke ich in die Welt, und alle Welt blickt mir ins Auge. Ich *rieche* das Veilchen, die Rose und die Narzisse. Ich *höre* das Waldesrauschen, die Meeresbrandung, Beethovens Musik und das schwermütige russische Lied.

Welch eine *Prostitution* in all dem! »Ich gehöre wahrhaftig *allen*, und alle gehören *mir*.« Außer einem Organ. Wenn ich dieses, außer einem einzigen Menschen, noch jemand anders gebe, hebt alle Welt Steine wider mich auf.

Welch ein Wunder: dies Organ *allein* ist keusch an mir? Es allein »darf es nicht zulassen«, daß *alle* es berühren oder es *alle* berührt: das heißt, es ist »seiner Natur nach« und »an sich« nicht prostituierbar. Denn wenn alle mich steinigen, so steinigen sie mich doch nicht wegen einer Sünde gegen sie ... Wegen welcher denn? *Ihnen* habe ich doch ein Vergnügen bereitet.

Nein – sondern wegen der Sünde wider *die Natur dieses Organs!* Diese geheimnisvolle »Steinigung« (etwas wahrhaft Geheimnisvolles!) als »Strafe für die

Unzucht« ist ein Symbol dafür, daß alle Welt sich als Hüter dieses meines einzigartigen Organs betrachtet, seiner Keuschheit, seiner Unprostituierbarkeit.

Welch ein Wunder!

Denn nicht das Organ wird der Strafe unterzogen. Es wird nicht abgerissen, durchstochen oder verunstaltet. Ihm wird, »wie einer unschuldigen Eva«, nichts getan. Aber sein Träger wird dafür hingerichtet, daß er seine Reinheit und Unschuld nicht bewahrt hat.

Hier haben wir einen Beweis für den »seit Erschaffung der Welt« in das Wesen der Dinge hineingelegten »cultus phalli«.

...

Jetzt wird mir auch die Zeile im Talmud klar, die mich einstmals so betroffen gemacht hatte: nämlich, daß »die Steinigung« ein *Vorrecht* der Juden und Jüdinnen war, welches nicht auf Sünder anderen Stammes ausgedehnt werden durfte, wenn sie in Jerusalem oder Judäa wohnten. »Die Steinigung« war unabtrennbar von »der Beschneidung«.

Die Beschneidung bedeutet die junge Ehe. Die Beschneidung ist der Honigmond der Menschheit. Daher rührt die Begrüßung »des jungen Mondes« (ein jüdischer Feiertag) und »der Mond« der Mohammedaner (die auch beschnitten sind); und alle Beschnittenen fühlen sich eben, weil sie beschnitten sind, wie Neuvermählte. Nun, und »Neuvermählte« sind ja auch in einer Hütte fröhlich (der Optimismus der Juden).

Die Revolutionen brechen nicht aus, wenn es dem Volke schlecht geht. Dann betet es. Sondern wenn es ihm »wieder besser geht« ... Geht es ihm wieder besser, so verwandelt es sich aus einem Menschen in ein Schwein. Und dann »zerschlägt es das Geschirr«, »verdreckt den Stall« und »zündet das Haus an«. Das ist die Revolution.

Die Hungers sterbenden Bauern (irgendwo in Wjatka) baten, einen Bittgottesdienst abzuhalten. Die Studenten aber mit ihren staatlichen Stipendien zetteln ewig Unruhen an.

Am meisten »empört« waren die mit Gold überschütteten Höflinge Pauls I., die sich in der bekannten Weise an seinem Leben vergriffen. Sie waren geradezu entrüstet. Ebenso die reichen Gardeoffiziere, die am 14. Dezember auf den Platz vor der Isaaks-Kathedrale hinausströmten. Direkt Märtyrer für die russische Erde ...*

Welche Albernheit. Und welch entsetzlicher historischer Pessimismus.

...

Wie ist nur dieses verhängnisvolle, schwarze, universale »Unglück muß sein« zu erklären?

Es erklärt sich aus einer wesenhaft eingeborenen, im »Sauerteig« der Welt enthaltenen Niedertracht.

Müssen wir leiden, ist es besser für uns.

Sind wir glücklich, steht es schlechter um uns.

Oh, welch *Verhängnis!*

* Anspielung auf den Dekabristen-Aufstand vom Dezember 1825, ein Vorspiel zur späteren revolutionären Bewegung in Rußland. (Der Hrsg.)

Die Stille heilt die Seele.

. . .

Aber wenn die Stille sich zum »Ende aller Dinge« verhält wie der Schlaf zum Tode – bringt dann der Tod die endgültige Heilung?

Was wissen wir vom Tode?

Oh, daß wir doch etwas davon wüßten!

(Am 20. November, dem Tage von Mariae Opfer; Mütterchen lag zwecks Schweigen, Stille und Erholung in der Klinik Jelena Pawlownas)

Herr! Vergib ihr die Sünde! Vergib ihr die Sünde! Vergib ihr die Sünde!

Denn sie ist die Erbin Deines Reichtums, den Du der Welt hinterlassen hast, auf daß sie nicht verloren werde. Und ohne den die Welt verloren sein wird und die Kirche zugrunde geht.

Laß sie nicht zugrunde gehen. Stütze sie und festige sie.

Das Qualvolle an der Lage der Kirche besteht darin, daß sie keinen Mittelweg kennt zwischen Fanatismus und Renegatentum einerseits und einer Demut anderseits, die in Feigheit, unangebrachte Nachsicht und Schmeichelei übergeht.

Es gibt keine sanfte Mannhaftigkeit und keine mannhafte Sanftmut. – Damit ist fast alles gesagt.

(Am 21. November)

Ich brauche nur noch Trost, und nur noch Christus habe ich nötig.

....

....

....

....

....

(Heidentum und Judentum kommen mir nicht in den Sinn).

(Am 22. November nachts, bei Korrekturen in der Redaktion)

Wer an die Unsterblichkeit glaubt, dem ist der Tod nicht schrecklich.

Aber wie kann er daran glauben?

Christus hat geboten zu glauben.

Aber wie kann ich an Christus glauben?

Meine Angst ist also hauptsächlich mein Unglaube an Christus.

Und meine Qual rührt daher, daß ich Christus fern bin.

Wer wird mich zu Christus hinführen?

Die Kirche hat den Weg gewiesen, aber ich bin ihn nicht gegangen.

(Am 23. November nachts in der Redaktion; Scherereien wegen eines Aufsatzes)

Wie mit einem Pinsel malt er seine Tugenden. Und da das Muster hübsch ist, ist er auch weiterhin tugendhaft.

Aber das ist nicht Güte.

Güte leidet Schmerzen. Güte handelt. Güte schaut sich nicht um. Güte sucht bei ihrem Tun nicht »sich« oder »das Ihre«: in ihrem Tun sieht sie nur das Antlitz dessen, der ihres Tuns bedarf.

Güte gibt keine Almosen, sie verrichtet ein brüderliches Werk. Alle sind wir Brüder: reich und arm, hoch und niedrig. Denn morgen schon kann der Reiche seinen Reichtum verlieren und der Vornehme im Kerker sitzen.

Ohne Glauben an sich selbst kann niemand stark sein. Aber der Glaube an sich selbst wächst sich im Menschen zur Überheblichkeit aus.

Diesen Widerspruch auszugleichen, ist eine der schwersten Aufgaben von Leben und Persönlichkeit.

Zu wenig Sonne – das ist die Erklärung der russischen Geschichte.

Und lange Nächte. Das ist die Erklärung des russischen Psychologisierens (unsere Literatur).

. . .

Scheiterhaufen der Inquisition zünden wir nicht an. Dafür aber ist unsere Gefängnisverwaltung ein ganzes Ministerium.

(In der Klinik von Jelena Pawlowna; beim Weggehen rauche ich)

Die Frau ist ein dämonisches Wesen.

Und man fügt hinzu: »ein *höllisches* Wesen«.

Nein, sie ist ein himmlisches Wesen.

(Auf der Fahrt in die Klinik)

Jeder, der ein Mädchen befruchtet, verrichtet, was not tut. (Rosanows Kanon, am 28. November)

... schon die Berührung verschafft Genuß. Sogar der Gedanke allein. Die Berührung eines Menschen, wer immer er sei – der Gedanke an einen Menschen, wer immer er sei. Wie soll man da »der Sünde« entgehen?

Sie umgibt den Menschen wie ein Meer.

Und warum ist das eine »Sünde«? Welchen Prüfstein gibt es dafür, welche Beweise?

Durch die Unklarheit der Beweise wird das Meer nur noch trüber, der Mensch nur bedrohter.

Ich will hier nicht vom Manne reden, dem im geheimen »alles erlaubt ist«, aber wie wollt ihr ein Mädchen davon überzeugen, daß es ihr »nicht erlaubt ist« und daß sie keine Kinder haben darf, wenn sie nicht den Zeitpunkt der Ehe abwartet, nachdem sie vielleicht schon »gewartet« hat, bis sie 25, 30, 35 Jahre alt geworden ist – und wie lange soll sie denn warten? Etwa bis zur Menopause, wenn sie nicht mehr gebären kann???

Wie lange sie zu warten hat – das müßte im weltlichen und kirchlichen Gesetz festgelegt werden. Denn es ist doch ganz offensichtlich, daß sie noch vor der Menopause »das Gesetz der Erde« erfüllen muß. (Hieraufnämlich beziehen sich doch die Worte der Töchter Lots im ersten Buch Mose – ich glaube, es ist das siebzehnte Kapitel –, die, nach der Zerstörung der Stadt allein geblieben, keine Freier mehr hatten und auch die Hoffnung auf den Ehestand aufgeben mußten.)

Reizt ja nicht den Hund an der Kette ... einmal wird er sich losreißen. Der Mensch aber wirft auch die Hundehütte um und beißt noch dazu seinen Wächter.

(In Jelena Pawlownas Klinik)

Müssen denn wirklich alle, die da auf der Straße gehen, auch sterben?

Welch Entsetzen.

(Beim Überqueren eines Platzes, in großer Angst)

Das Hauptlosungswort der Presse: Verfluchen, hassen und verleumden.

Für einen *Menschen* gibt es nur *ein* würdiges Denkmal – ein Grab in der Erde und ein Kreuz aus Holz.

Ein goldenes Denkmal könnte man allenfalls einem Hunde setzen.

Um in die Seelen einzugehen, muß Christus sich heute nicht nur über die Lebenserfahrungen von »Fischern«, ihre Erlebnisse auf dem Meere, mit ihrem »ja, ja« oder »nein, nein« zu Christus erheben, sondern die ganze dicke Schicht der Impressionen des »modernen Menschen« durchstoßen, diesen ganzen Abfall, und auch das Gute; er muß das Gymnasium, die Universität, den Staatsdienst, die Verantwortung vor den Vorgesetzten überwinden und mit allen möglichen albernen Modetänzen, Liebeleien, Bekannten, Freunden, Büchern, Büchner und Lermontow fertig werden und alle rückbekehren zur Schlichtheit jener Männer, die die Fischerei als Lebensunterhalt betrieben. Ist das möglich? Wie bringt man es fertig, den »Abfallmenschen« in ein »natürliches Phänomen« zu verwandeln? Christus hatte mit »natürlichen Phänomenen« zu tun, das Christentum (die Kirche) aber muß mit Abfallphänomenen, mit gebrochenen Phänomenen, mit verderbten Phänomenen rechnen – mit den Produkten der Zersetzung, Entstellung und Verzerrung. Deshalb kommt die Kirche heutzutage (unter anderm) so schlecht voran, während Christus doch vorwärtskam. Das Christentum hat es viel schwerer als Christus, und der Kirche wird die Arbeit viel saurer gemacht als den Aposteln.

(In der Klinik von Jelena Pawlowna am 30. November 1912)

Die Würmer haben alles zernagt – auch der Marmor, einstmals weiß, ist nun gelb wie ein aus dem Grabe heraufgeholter Knochen. Und Dornen, Schmutz und Unkraut überall.

Was ist das – der Parthenon?

... nein, das ist die Kirche.

... das ist unser alter, versoffener Pfarrer. Und der Zinnteller für die Kollekte.

...

...

...

… einen Flicken draufsetzen? – Sieht nicht gut aus; besser nicht reparieren – sowieso zerfällt alles …

ich hasse, ich liebe …

… alles erhoffe ich …

alles ist hoffnungslos …

…

…

… aber hier, Freunde, nur hier lebt die Unsterblichkeit der Seele.

(Nachts bei der Heimfahrt von der Redaktion in einer Mietdroschke)

Was wäre Christus ohne BARMHERZIGKEIT

Nichts.

Hat die Kirche Barmherzigkeit?

Oh, wenn sie doch …!

(Nachts in der Redaktion … habe mich von einem »Leitartikel« losgerissen)

Tröstung! Tröstung! Tröstung!

Wo ist der Tröster? (Nachts in der Redaktion)

Er ist gestorben! Gestorben! heult das Menschtier.

Die Kirche aber tritt herzu und spricht leise:

Nein, er *ist verschieden*.

Und fährt mit der Hand über das Tiergesicht, und siehe, das Tier ward zum Menschen.

Die ganze Menschheit ist von der Kirche abgefallen.

Und hat sie mit Schimpfworten belegt.
Und verflucht.

...

In der Nacht kam ein Greis an eine verschlossene Tür und klopfte an mit seiner Krücke. Und die Tür ward ihm aufgetan. Dieser »Greis in der Kirche« ist die strahlende Kirche, die Kirche in ihrer Fülle.

»Die Menschheit« aber – damit hat's nichts auf sich.

(Wieder zu Hause, im Bett)

»Liebet eure Feinde. Segnet, die euch fluchen« ...

Kann nicht, hab' Zahnschmerzen.

(An der Theaterauffahrt beim Weggehen)

Die »Schtunda« – das ist die Sehnsucht, nach der »Umerziehung zum Deutschen« nicht etwa ein »heiliges Rußland« zu werden – diese Sehnsucht ist schon längst vorbei –, sondern wenigstens ein gut ausgefegtes, aufgeräumtes Rußland ohne Läuse, ohne Schwindel und ohne unflätiges Fluchen zu Hause und auf der Straße.

Schafft die Ikonen raus ...

Gebt den Besen her.

Rußland »ohne Ikonen«, aber mit »dem Besen« – das ist die »Schtunda«*.

Eine ungeheure, unfaßbare und allgegenwärtige Erscheinung.

* Russische, von deutschen pietistischen Kolonisten beeinflußte protestantisierende Sekte. Das Wort *»schtunda«* leitet sich von »Bibelstunde« her. (Der Hrsg.)

Ja, es gibt so etwas wie politischen Zynismus. Weil die Politik überhaupt weiter nichts als Zynismus ist. Und wenn man hier einen tragischen Sinn hineinlegen will, tut man ihr zuviel Ehre an.

(In einer Mietdroschke auf der Fahrt in die Klinik – über mich selbst)

Ich denke nicht an Reiche und Staaten. Weil meine Seele mehr ist als der Staat.

Sie ist ewig und göttlich. Der Staat aber ... na ja.

(Der Staat ist ein Jahrmarkt.)

(Auf der Fahrt in die Klinik)

Neunzehnhundert Jahre nach Christus findet sich unter zehn von den Predigern seines Wortes (der Geistlichkeit) immerhin *ein* rechtschaffener und unter hundert ein sogar *sehr* rechtschaffener. Nach neunzehnhundert Jahren finden sich unter ihnen immerhin noch ganz erstaunliche Menschen. Während fünfzig Jahre nach Herzen, der eitel, ehrgeizig und mit allen möglichen Mängeln behaftet war, nicht ein einziger mehr anzutreffen ist, der Herzen, d. h. einer recht unvollkommenen Figur, gliche.

Das eine ist die Revolution, das andere die Kirche.

Wie könnte man da leugnen, daß die Kirche ewiger, standfester und folglich auch *innerlich wertvoller* ist als die Revolution. Daß von den einander entgegentretenden Feinden – der Kirche und der Revolution – die Kirche idealer ist und erhabener.

Was wird nach neunzehnhundert Jahren mit Herzen sein? Mit Voltaire und Rousseau, den Ahnherrn der Revolution? Über diese neunzehnhundert Jahre wird selbst ihr feurigster Anhänger in Entsetzen geraten und ausrufen:

Was für eine lange Frist haben Sie da gesetzt!!!

In neunzehnhundert Jahren wird es vielleicht kein Frankreich mehr geben. Und Europa hat sich dann möglicherweise in das verwandelt, was einstmals »Atlantis« war ... Überhaupt kann man bei einer so langen Frist nichts voraussehen ... »Alles ändert sich« – sogar der bloße Name der »Revolution« wird lächerlich. Kaum wird man ihrer noch gedenken, oder höchstens doch nur so, wie man der »Fahrt des Äneas vom Reich der Königin Dido nach Latium« gedenkt.

Der Geistliche aber, der das Evangelienbuch über das Volk erhebt, vollzieht die heilige Handlung mit dem Gefühl einer ganz ungewöhnlichen Wirklichkeit, »als ob das alles noch lebte«. Und der Diakon spricht mit Donnerstimme: »Lasset uns hören.« Der Diakon »spricht« mit solcher Kraft, daß die Fensterscheiben klirren: so wie Voltaire in Ferney, keineswegs aber wie der Voltaire von 1840, als ihn schon längst die Mäuse gefressen hatten. Und der Gedanke kommt einem, daß die ganze Revolution mit allem Drum und Dran nichts ist als Mäusefraß. All das – der ganze Rausch, der Sinn, die Glut reicht, wenn es hoch kommt, für dreihundert Jahre, aber nicht mehr.

...

Warum also erschallt die Stimme des Diakons, während die Voltaires erloschen ist?

Auch als Voltaire noch am Leben war, war das Wort, das aus seinem Munde kam, nicht eben kostbar. Sagen Sie sofort, ohne sich erst lange zu überlegen, was Voltaire dem Menschen für alle Tage seines Lebens und seiner Geschichte an Gutem mitgegeben hat? Sie kommen nicht darauf, nichts fällt Ihnen ein. Christus aber sprach: »Selig sind, die um der Gerechtigkeit willen verfolgt werden.« Da heißt es nicht einfach: »sie handeln gut« oder »du sollst die Gerechtigkeit lieben«, »für die Gerechtigkeit muß man auch dulden«, sondern *so:*

»SELIG SIND, DIE UM DER GERECHTIGKEIT WILLEN VERFOLGT WERDEN, DENN DAS HIMMELREICH IST IHR.«

Wie gemeißelt. Und steht schon neunzehnhundert Jahre. Und wird noch weitere neunzehnhundert Jahre stehen. Das wird auch jener Anhänger Voltaires zugeben müssen, der sagte:

Was für eine lange Frist haben sie da gesetzt! ...

. . .

Das Evangelium kennt keine Frist. Alles andere aber ist befristet. Das ist die Sache.

. . .

Und so donnert der Diakon. Und ich, ein staubiger Schriftsteller, mit Staub und Kleinlichkeit in der Seele und auf der Seele, stehe in einem Eckchen der Kirche, lächle, wische mir die Tränen ab und sage fröhlich und traurig zugleich:

»Donnere nur, Väterchen, was die Lungen herhalten.

Und wenn du müde nach Hause kommst, iß deine Buchweizengrütze und Kohlsuppe ›ohne Gewissensbisse‹. Genieße das alles mit deiner Diakonenfrau, den Kinderchen und Enkeln. Ihr steht an einem festen Platz und erbaut die ewige Gerechtigkeit im Leben.«

(Am 7. Dezember 1912)

Die meisten Gedanken kommen mir in der Straßenbahn. Die Straßenbahn schüttelt's, mich schüttelt's, das Gehirn wird durchgeschüttelt, und aus dem Gehirn schüttelt's die Ideen.

Die Revolutionäre setzen sich durch, weil sie offen sind. »Ich will dich in den Wanst schießen« – und sie schießen auch wirklich.

Bei den anderen allen langt dazu der Mut nicht. Und die Revolutionäre siegen ...

Der Sieg der Revolutionäre ... gründet sich darauf, daß sie unmenschlich sind; das »alte Regime« aber, das »Ungeheuer«, welches sie austilgen wollen, denkt noch daran, daß es »sein Kreuz tragen muß«, und kann sich nicht dazu entschließen, das Menschenantlitz abzulegen ...

(Am 9. Dezember)

Der Erdball hat eine Greisin geehelicht: voilà, die Französische Revolution mit ihren drei Prinzipien.

Ohne Blutsbande und Sippengefühl wäre der Phalluskult unverständlich. Bei Hochhaltung der Blutsverwandtschaft hingegen ist er nicht nur verständlich, sondern auch unausbleiblich als Konzentration dieses Gefühls, sein Quell und Erreger, seine geheime Poesie und endlich seine Religion.

Sicherlich ist der Phalluskult einmal von einem hochbetagten Patriarchen verordnet worden. Einem jungen Menschen würde so etwas nicht im Traume einfallen. Bei jungen Menschen würde er höchstens ein belustigtes Gelächter hervorrufen ...

In den Augen von Brüdern und Söhnen würde er sich lächerlich ausnehmen, nicht aber bei Eltern und Erzeugern; Schwestern wüßten mit ihm nichts anzufangen, wohl aber Schwiegerväter und -mütter. Jedem Großvater, jeder Großmutter ist er ohne weiteres verständlich.

Die Frau ist der Ozean, das Festland – der Mann.

Stürme und Stille, das feuchte Element und Gefahr.

Und Festigkeit und Ursprünglichkeit und Untergang in den Wellen ... (Auf der Fahrt in die Klinik)

Mit gleichsam vernebelten Augen schaue ich auf die Welt. Und sehe nichts.

Und parallel dazu im Inneren ewiges Spiel. Feuer. Flitter. Gemurmel.

Und wie Tautropfen fallen von irgendwoher Tränen.

Das ist meine Seele, die um sich selber weint.

(Am Bett meiner kranken Frau)

Haben Sie schon einmal einen Häuptling der Komantschen in der Wüste gesehen? Ich habe noch keinen gesehen, aber bei Mayne Reid davon gelesen: nackt und bronzebraun jagt er auf wildem Mustang dahin – Federn stecken ihm in den Nasenlöchern, auf dem Kopf trägt er einen Busch aus Pfauenfedern, und die Tätowierung bröckelt von ihm ab wie Stuck …

Aber haben Sie keine Angst, meine verehrten Mitbürger, und auch Sie nicht, meine Herren Gymnasiasten: hier jagt nicht etwa der »Straffe Bogen« dahin, sondern bloß ein Professor des kanonischen Rechts, Saoserskij zum Beispiel, der ihm ähnlich sieht: Die »Bestimmungen« von allen möglichen griechischen Synoden bröckeln von ihm ab wie alter Stuck; doch ist er voll kriegerischen Feuers, und wenn er den Kopf hebt, kann man die Federn sehen, die ihm in den Nasenlöchern stecken, als da sind »die zusätzlichen Bestimmungen (›Novellae‹) des Kaisers Alexius Komnenus« … Hier ist er, voller Verbote und Drohungen, Sturm und Drang, und hat kein Auge für Rosanow, der sich anschickt, ihm zwischen die Beine seines Mustangs die Entscheidung des Apostels zu schleudern:

»Wenn der Mensch *durch Erfüllung des Gesetzes* (und infolgedessen auch aller möglicher *Bestimmungen*) gerechtfertigt wird vor Gott – so hätte Christus *nicht zu sterben brauchen.*«

Aber Er ist gestorben – und *hat uns gerechtfertigt.*

(Anläßlich der Diakonissinnenfrage. Am 24. März 1912)

Die dehnbare Materie umfaßt den undehnbaren Gegenstand, wie unendlich viel mächtiger der auch erscheinen möge. Sie ist stets »größer« ...

Eine Boa, die so dick ist wie ein Arm oder, wenn es hoch kommt, wie ein Bein am Knie, verschlingt ein Ziegenböckchen.

Hierauf beruhen viele merkwürdige Erscheinungen. Sowohl der Appetit von Boas als auch der Ziege.

Ja, es tat ein bißchen weh, eng war's, aber – es ist gegangen ...

Es scheint unmöglich, einen Glacéhandschuh auf die Hand zu ziehen, wenn er im Laden so schmal und »unschuldig« in der Schachtel liegt. Aber er läßt sich überstreifen, und fest umgreift er die Hand.

Es gibt eine metaphysische Sehnsucht der Welt nach dem »festen Griff«.

Und auch Gott hält die Welt mit »festem Griff«.

Es ist keineswegs so, daß alles nur nach Freiheit und Lockerung strebt. Es gibt auch einen ganz entgegengesetzten Appetit, den »engen Pfad« zu betreten, den es mühsam ist zu gehen. (In der Straßenbahn)

Bismarck, der einmal bemerkt hat, »die Germanen stellten das männliche, die Slaven das weibliche Prinzip dar« ... hat nichts anderes gesagt, als daß russischer Gestank, russischer Sumpf, russischer Modder und russischer Kneipendunst Deutschland einmal überschwemmen würden. Und dann werden »die russischen Frauen« und die »russischen Studenten« erscheinen mit ihrer Anarchie, ihren »kollektiven« Betten und Fäusten.

Ausgezeichnet.

Rosanow wird mit Vergnügen seine Gummischuhe auf den Thron der Hohenzollern stellen, den Hermelinmantel beiseite schieben und alles mit seinem Schlafrock zudecken.

Dinge, die Stil haben, sind vollendet.

Und deshalb sind sie auch schon tot. Deshalb sind sie ewig.

Denn sie werden sich nicht mehr ändern, sondern immer so bleiben, wie sie sind.

Danke jedem Augenblick des Seins und verewige ihn.

(Weshalb ich die »Solitaria« geschrieben habe)

Der Sinn liegt nicht in dem, was ewig ist, sondern in den einzelnen Augenblicken.

Die Augenblicke sind ewig, die Ewigkeit selbst ist nur ihr Organisationsprinzip, die Wohnung für den Mieter. Der Augenblick als Mieter ... der Augenblick als »Ich« – die Sonne.

Die Welt lebt in großem Zauber.

Die Welt ist als solche Zauber und Wahrsagung.

Die »Zyklen« der Geschichte wie auch die Epizyklen der Planeten.

Gott hat Lust zur Welt. Und die Welt hat Lust zu Gott.

Das ist der Grund von Religion und Gebet. Die Welt »richtet sich das Haar« im Antlitz Gottes, und Gott spricht (erstes Buch Mose): »Siehe da – wie wunderschön das ist.« Ein jegliches Ding und ein jeglicher Tag.

Ein wenig hat die Welt auch Gott »bezaubert«, so daß er seinen Eingeborenen Sohn für die Welt dahingab.

Welch ein Mysterium.

Ach, noch erkaltet die Welt nicht, erkaltet sie nicht. Das scheint nur so. Ihr Wesen ist Wärme – Liebe ist ihr Wesen.

Und die schwarzbraune Farbe. Und lodernde Wangen. Die Brüste der Welt. Und die Geheimnisse ihres Schoßes.

Und der kleine Rosanow schmiegt sich irgendwo an diese Brüste. Und saugt ewig Milch an ihnen. Ja, ich liebe diese Saugwarze der Welt, so bräunlich und wohlduftend, mit ein paar Härchen darum. Und fest halten sich meine Hände an diesen prallen Brüsten, und von weit weiß der Herr der Welt von mir und erhält mich.

Und spendet mir Milch, und in der Milch Weisheit und Feuer.

Darum liebe ich Gott.

(Am 24. Dezember 1912, bei Mutter in der Klinik)

Die Apokalypse unserer Zeit

Erstes bis neuntes Heft

Vorspruch an den Leser

Vom 15. November an werde ich vierzehntägige oder monatlich erscheinende Hefte unter dem allgemeinen Titel »Die Apokalypse unserer Zeit« drucken lassen. Angesichts der Ereignisse, die keinen pseudoapokalyptischen, sondern wirklich und wahrhaft apokalyptischen Charakter tragen, bedarf diese Bezeichnung keiner Erklärung. Unzweifelhaft ist der Grund für alles, was jetzt vor sich geht, darin zu suchen, daß sich in der gesamten europäischen und damit auch der russischen Menschheit infolge des abgestorbenen Christentums kolossale Hohlräume gebildet haben, in die jetzt alles hineinstürzt: Throne, Klassen, Stände, Arbeit und Reichtümer. Alles ist von Grund auf erschüttert, alle sind erschüttert. Alle gehen zugrunde, alles geht zugrunde. All dies aber bricht ein in den Hohlraum der Seele, die ihres alten Inhalts verlustig gegangen ist ...

Erstes Heft

1. Das zerfallene Reich 2. Wie sterben wir?

1. Das zerfallene Reich

Der Moskauer Metropolit Philaret war der letzte (und nicht auch der einzige?) große Hierarch der russischen Kirche. »In Moskau fand eine Prozession statt. Und alle waren vorübergezogen – die Erzbischöfe und Bischöfe, die Kaufleute, das Volk: mit Ikonen, Kreuzen und Kirchenfahnen. Und alles war zu Ende, oder doch fast ... Und da, in weitem Abstand von der letzten Gruppe Volks, kam er ... Philaret.«

So hat es mir ein alter Mann berichtet. Und mit der Hand den winzigen Wuchs Philarets andeutend, fügte er hinzu:

»Alle habe ich vergessen und alles: aber wenn ich jetzt die Augen aufmache, sehe ich nur ihn.«

So wie auch ich meine ganze Studienzeit an der Moskauer Universität vergessen habe. Aber ich erinnere mich noch an Philarets tiefsinnige Unterschrift unter seinem Porträt in der Aula.

Seine Worte und Aussprüche waren schlagend. Und seine Ratschläge (an den Kaiser, die Behörde) weise. Und seine ganze Persönlichkeit war in Glanz getaucht.

Einzig ...

Aber was kam vorher und was nachher? – Unbedeutendes, Bruchstücke. »Wir haben sie gesehen« (zum Teil). Notabene. Alle irgendwie hervorragenden Menschen waren schon »von versteckter Ketzerei« angefressen. Unmerklich, ohne Worte davon zu machen, aber doch »von Ketzerei« ... während allein Philaret »auf dem rechten Wege« war.

Er ehrte sogar den heiligen Synod. War ein »bewußter Synodaler«. Auch Nikolaj Pawlowitsch ehrte er, obwohl er von diesem »von der Arbeit im Synod beurlaubt wurde und nie wieder dort erschien«.* Hier hatte sich bereits im Kaisertum – und in der Kirche – ein Umschwung, ein Bruch vollzogen oder war dabei, sich zu vollziehen. Wie konnte es geschehen, daß ein so großer und dabei so konservativer Herrscher sich nicht den größten und ebenfalls konservativen Geist des ersten kirchlichen Gestirns in der ganzen schicksalsvollen Geschichte der russischen Kirche zum nächsten Ratgeber erkor?

Über Kleinlichkeiten gingen sie auseinander. Recht behielt Gogol, dieser Dämon.

Und dabei gab es doch Puschkin, Schukowskij, Lermontow, Gogol, Philaret ... Welch ein Strahlenkranz für die Monarchie. Nikolaus aber wollte allein »mit seinem Freunde Friedrich Wilhelm« dem Soundsovielten erstrahlen. Er war ein flachköpfiger Hammel, der sich im Dornengestrüpp festgerannt hatte und bereits zur Schlachtung bestimmt war (die Dynastie).

Und nun ist mit einemmal alles zusammengebrochen, das Reich und die Kirche. Und den Popen ist nur das

* Der Metropolit hatte einen Zusammenstoß mit dem Oberprokuror des heiligen Synods, dem General Protassow. »Die Sporen des Generals verfangen sich in meinem Bischofsmantel«, sagte Philaret hinter dessen Rücken. Das wurde dem Kaiser hinterbracht. (Anm. Rosanows)

eine unbegreiflich, daß die Kirche noch fürchterlicher geschlagen ist als das Reich des Zaren. Der Zar stand über der Geistlichkeit. Er bedurfte keiner großen Gebärden, er log nicht. Aber als er sah, daß das Volk und die Soldateska sich so schimpflich von ihm lossagten und ihn verrieten (wegen der widerwärtigen Rasputin-Affäre), wie auch der Adel, die stets und ständig falsche »Volksvertretung«, und auch die »Herrn Kaufleute«, da schrieb er einfach, er wolle mit so einem niederträchtigen Volk nichts mehr zu tun haben. Und begann (in Zarskoje Sselo), das Eis aufzuhacken. Das war vernünftig, edelmütig und völlig berechtigt.

»Wenn ich auch nur ein kleiner Mensch bin, so habe ich doch auch zweiunddreißig Rippen ...«

Aber die Kirche? ... Früher gab es »zweiunddreißig Bischöfe«, die den Wunsch nach einer »freien, auf die Kanones basierten Kirche« hatten. Jetzt aber haben alle diese 33333...2...2...2...2 Bischöfe, Unterbischöfe und Überbischöfe ... angefangen zu heulen, zu schwätzen und zu schreiben, daß »die Kirche Christi ihrem Wesen nach stets sozialistisch«, insbesondere aber niemals monarchistisch gewesen sei und daß nur Peter der Große »uns dazu gezwungen habe zu lügen«.

Rußland ist in zwei, höchstens drei Tagen verblichen. Sogar die »Nowoje Wremja« konnte nicht so schnell geschlossen werden wie die Firma Rußland. Erstaunlich, wie sie mit einemmal so ganz und gar in lauter kleine Teilchen und Brocken auseinanderfiel. Und wirklich, eine solche Erschütterung hat es bis jetzt noch niemals gegeben, die Völkerwanderung nicht ausgenommen. Dort haben wir es mit einer Epoche zu tun, zwei oder drei Jahrhunderten. Hier aber, so scheint es, mit drei, sogar nur zwei Tagen. Und nichts ist übriggeblieben vom Reich, der Kirche, dem Heer und der Arbeiterklasse. Was ist denn übriggeblieben? Merkwürdig zu sagen – buchstäblich nichts ...

Aber was ist denn nun eigentlich wirklich vorgegangen? Wir alle haben unsere Possen getrieben, unter der Sonne und auf der Erde, ohne zu bedenken, daß die Sonne sieht und die Erde hört. Niemandem war es wirklich ernst. Am ernstesten waren noch die Zaren, da selbst Paul, gemessen an seinen Fähigkeiten, für das Wohl des Reiches »arbeitete« und ein Ritter war. Und wie das nicht selten geschieht, als unschuldiges Opfer gefallen ist. Die ewige Geschichte, die zurückgeht bis auf das alte Israel und seine Mysterien. Aber lassen wir Israel beiseite, heute geht es um Rußland. Auch in der Literatur haben wir ja nur gespielt. »Er hat so gut geschrieben.« Und nur das allein, nämlich, daß jemand »gut schrieb«, war wichtig, was er aber schrieb, bekümmerte niemanden. Ihrem *Inhalt* nach ist die russische Literatur eine solche Gemeinheit – eine solche Gemeinheit an Schamlosigkeit und Frechheit – wie keine andere Literatur der Welt. Was hat sie ausgerichtet in einem großen Reiche mit großer Kraft, einem arbeitsamen, geweckten, fügsamen Volke? Weder hat sie selbst etwas Nützliches gelehrt noch andere dazu angeregt, dieses Volk zu lehren, wie man zum mindesten Nägel schmiedet, Sicheln verfertigt und Sensen für die Ernte herstellt (»Sensen führen wir aus Österreich ein« – Geographie ...). Von Peter dem Großen an wuchs das Volk völlig auf sich selbst gestellt heran, die Literatur aber befaßte sich nur damit, »wie sie sich liebhatten« und »wovon sie sich unterhielten«. Und alle »unterhielten sich« und »unterhielten sich«, »hatten sich lieb« usw. »ad infinitum«.

Niemand hat sich je mit der Tatsache befaßt (und weder in Zeitschriften noch in Zeitungen habe ich auch nur ein einziges Mal einen derartigen Artikel gelesen), daß es in ganz Rußland keine einzige von einem Russen gegründete und betriebene Apotheke gab – daß wir nicht imstande waren, Jod aus dem Seetang zu gewinnen, und die Senfpflaster sind bei uns »französisch«, denn die russischen »Allmenschen« verstehen es nicht einmal, verdünnten Senf so aufs Papier zu schmieren, daß seine Stärke und sein Duft fixiert bleiben. Aber was »können« wir denn? Ja, wir verstehen es, »zu lieben«, wie Wronskij Anna Karenina liebte oder Litwinow Irina, Leschnjew Lisa und Oblomow Olga.* Mein Gott, aber lieben muß man in der Familie; und in der Familie haben wir uns, scheint's, nicht besonders geliebt, und hier hat sich dann auch noch unser verteufeltes Ehescheidungsgesetz hineingemischt (»liebe aus Pflicht, aber nicht aus Liebe!«). Und siehe da, die Kirche ist als erste zerfallen, und ihr geschieht, weiß Gott, recht – sie erhält, was ihr gebührt ...

* Figuren aus Romanen Tolstojs, Turgenjews und Gontscharows. (Der Hrsg.)

Ja, so ist das: der Tod ist gekommen, die Zeit des Sterbens ist nahe herangerückt.

Tod und Grab für ein Sechstel der Erde. »Die einfache ethnographische Fortexistenz des früheren russischen Reiches und Imperiums«, worüber man bereits ungescheut spricht, Vorträge hält, nachdenkt und womit man sich im wesentlichen abgefunden hat. Irgendwelche »Elbslaven«, zu deren Status das *frühere* Rußland herabsinkt.

»Das *frühere* Rußland« ... wie kann einem das Wort nur über die Lippen kommen? Und doch nimmt man es heute schon in den Mund.

Was traurig stimmt, ist nicht der Tod an sich. »Der Mensch stirbt nicht, wenn er alt genug dazu geworden, sondern wenn er reif zum Tode ist.« Das heißt, wenn seine Lebenssäfte sich in einem Zustand befinden, angesichts dessen der Tod notwendig und unausweichlich wird.

Wenn »ohne Gottes Willen« kein Mensch stirbt, wie könnten wir es dann zulassen oder auch nur denken, daß der Tod von Völkern und Reichen »ohne Gottes Willen« eintritt. Und hierin liegt die ganze Frage beschlossen: Gott hat das fernere Bestehen Rußlands nicht mehr gewollt. Er hat es vom Antlitz der Sonne vertrieben. »Fort mit euch, ihr Nichtsnutzigen!«

Und warum sind wir nichtsnutzig?

Schon lange haben wir in »unserer goldenen Literatur« von Dingen geschrieben, wie dem »Tagebuch eines *überflüssigen* Menschen«, den »Aufzeichnungen aus einem *nutzlosen* Leben« oder auch »eines *müßigen* Menschen«. Ihr habt euch alle möglichen *Untergrund- und Kellerlochexistenzen* ausgedacht ... Wir haben uns gleichsam vor dem Sonnenlicht versteckt, als ob wir uns unser selbst schämten.

Ein Mensch, der sich seiner selbst schämt – schämt sich da nicht die Sonne für ihn? Denn Mensch und Sonne stehen in innigem Zusammenhang.

Das bedeutet aber, daß die Sonnenwelt unser nicht bedarf und wir in Nacht entweichen. Nacht. Nichtsein. Grab.

Wir gehen dahin wie Prahlhälse, wie Komödianten.

»Weder Kreuz noch Gebet.« Und wenn jemand ohne Kreuz und Gebet dahingeht, so ist das bestimmt der Russe. Seltsam. Das ganze Leben haben wir uns bekreuzigt und gebetet: und nun kommt auf einmal der Tod, und da haben wir das Kreuz von uns geworfen. »Niemals hat der Russe schlicht wie ein orthodoxer Christ gelebt.« Der Übergang zum Sozialismus und damit auch zum Atheismus reinster Prägung ist bei Bauern und Soldaten so leicht vonstatten gegangen, als ob sie »in die Badestube gegangen wären und sich mit frischem Wasser übergossen hätten«. Genauso ist es, das ist Wirklichkeit und kein wüster Albtraum.

Woran sterben wir also eigentlich? Wirklich – wie ließe sich das in einem Wort ausdrücken, in einem kurzen Satz zusammenfassen? Wir sterben aus einem einzigen, fundamentalen Grunde: aus Mangel an Selbstachtung. Wenn man es richtig betrachtet, bringen wir uns selber um. Nicht die Sonne vertreibt uns vom Antlitz der Erde, wir selber vertreiben uns. »Fort mit dir, du Satan.«

Nihilismus ... Wirklich, Nihilismus – dieses Wort, in dessen Namen sich der russische Mensch schon vor langer Zeit getauft, oder richtiger, enttauft hat.

Wer bist du? Du Wanderer unter der Sonne?

Ich bin Nihilist.

Ich habe nur so getan, als betete ich.

Ich habe nur so getan, *als lebte ich in einem großen Reiche*.

In Wirklichkeit geht mich nichts an außer mir selbst.

Ich bin Arbeiter in einer Röhrenfabrik – alles übrige ist mir gleich.

Ich möchte weniger arbeiten.

Ich möchte mehr Freizeit haben.

Ich möchte nicht ins Feld.

Und der Soldat wirft sein Gewehr weg, der Arbeiter läßt seine Werkbank im Stich.

Die Erde muß selber ihre Früchte hervortreiben.

Und er kehrt der Erde den Rücken.

Es ist doch klar, die Erde ist Gottes. Sie gehört allen gleich.

Ja, aber du bist kein Gottesmensch. Und die Erde, auf die du hoffst, wird dir nichts spenden. Und weil sie dir nichts spenden wird, wirst du sie mit Blut röten.

Die Erde ist Kains, und die Erde ist Abels. Deine Erde aber, russischer Mensch, ist Kains Erde. Du hast deine Erde verflucht, und die Erde hat dich verflucht. Das ist der Nihilismus, das ist seine Formel.

Und die Sonne bescheint den heillosen Menschen nicht. Des heillosen Menschen bedarf sie nicht.

Bemerkenswert ist, daß wir berauscht in die Grube fahren. Den Krieg begannen wir wie von uns selbst berauscht: erinnert ihr euch noch an jenen August, an die Einigung von Zar und Volk, bei der doch alles Verstellung war? An die Siege, unter denen der wesentlichste der des Kosaken Krjutschkow war, der gewöhnlich sieben Deutschen auf einmal den Kopf abschlug? Und die Durchhalteparolen und Siegeskonzerte ...? Aber warum hätten wir siegen sollen? Der Grund zum Siegen wird nicht im Kriege gelegt, sondern im Frieden. Im Frieden aber haben wir nichts getan, und wenn wir irgend etwas gut gewußt haben, so, daß wir so gut wie nichts taten. Aber nur weiter – es kommt noch besser. Wenn wir uns begeistert an etwas berauscht haben, so war es die Revolution. »Die totale Erfüllung aller Wünsche« ... »Nur wenn die Revolution kommt, wird der Dürstende getränkt und der Hungrige gespeist werden«. Und kaum hat der Revolutionär das erste Paar Stiefel vertragen, sinkt er auch schon als Leichnam ins Grab. Und das sollte kein Komödiant sein? Kein eitler Prahlhans? Und wo sind unsere Gräber? Unsere Kreuze? »Kein einziger Pope würde über solch einem Toten die Leichenmesse singen.«

Das war ein Hexenmeister, ein Wiedergänger und kein Lebender. Eine lebendige Seele war nicht in ihm.

Ein Nihilist ... Für Nihilisten wird kein Totengottesdienst gehalten. Man begnügt sich, zu sagen: »Na schön, zum Teufel mit ihm.«

Verflucht war sein Leben, verflucht sein Tod.

Ein Sechstel der Erde. Eine besoffene Revolution, wie es auch ein besoffener Krieg war. »Wir werden siegen.« Oh, ganz unbedingt. Ist das nicht ein entsetzenerregendes Faktum, daß ein Sechstel der Erde »Disteln und Dornen« aus sich hervorgetrieben hat, bis die Sonne sprach: »Ich brauche dich nicht mehr.« »Ich bin es überdrüssig, eine wüste Erde zu bescheinen.«

Nihilismus: »Was wächst aus dir hervor?«

Nichts. Und über dieses Nichts gibt es keine Worte zu verlieren.

Wir haben keine Selbstachtung gehabt. Das Wesen Rußlands besteht darin, daß es sich selbst nicht achtet.

Das ist begreiflich. Achtung kann man haben vor Arbeit und Schweiß, wir aber haben nicht geschwitzt und nicht gearbeitet. Und eben, weil wir nicht geschwitzt und gearbeitet haben, hat die Erde, hat der Planet uns von sich gestoßen.

Geschieht uns recht?

Nur allzusehr.

So hat man tausend Jahre existiert, Fürstentümer, Zarenreich und Imperium durchlebt, ist mit allen in Verbindung getreten, hat sich einen Federhut aufgesetzt oder eine Betermiene angenommen – hat geflucht und geschimpft, oder besser sich selbst als Nihilisten beschimpft (weil unter normalen Umständen dieses Wort doch ein Schimpfwort ist) und ist gestorben.

Rußland gleicht einem falschen General, über dem ein falscher Pope die Totenmesse liest. »In Wirklichkeit war er ein weggelaufener Schauspieler von einer Provinzbühne.«

Das Auffälligste und die ganze Sache, ihr ganzes, ihr innerstes Wesen Aufzeigende besteht darin, daß »eigentlich gar nichts geschehen ist«. »Aber alles ist auseinandergefallen.« Was war denn nötig, um die Monarchie zu Fall zu bringen? Sie ist buchstäblich an einem Tage gestürzt. Es war an einem Mittwoch, nicht einmal an einem mohammedanischen Freitag. Buchstäblich, so war es: Gott spuckte und blies die Kerze aus. Die Lebensmittel wurden knapp, und vor den Läden bildeten sich Schlangen. Und dann gab es auch so etwas wie eine Opposition. Und der Zar hatte seine Launen. Aber wann hätte es je in Rußland etwas in ausreichender Menge gegeben ohne die Arbeit des Juden und des Deutschen? Und wann gab es bei uns keine Opposition? Und wann hätte der Zar nicht seine Launen gehabt? O ihr traurigen Freitage, oder Montage, Dienstage ...

Kann man denn so jämmerlich, stinkend und hundsgemein sterben ... – »Wenn du doch wenigstens eine Geste gemacht hättest! Warst doch stets bereit, den Hamlet zu spielen.« »Erinnerst du dich noch an deine Phrasen? ...« Ja, wenn es eine langweilige Geschichte gibt, so ist das »der Fall Rußlands«. Die Kerze hat's ausgeblasen. Und es war auch nicht Gott, der sie ausgeblasen hat, sondern es kam nur ein besoffenes Bauernweib gelaufen, stolperte und fiel der Länge nach zu Boden. Dumm, widerwärtig, gemein ... »Spiel uns keine Tragödien vor – führ lieber ein Vaudeville auf.«

Zweites Heft

Die letzten Zeiten

Haben wir nicht genug von unserer stinkigen Revolution und dem durch und durch verrotteten Zarentum geschrieben, die in Wahrheit einander würdig sind? Und wäre es nicht besser, sich zu harmonischen Zeiten, zu Zeiten von Verantwortung und furchtbarer Größe zurückzuwenden? ...

Da ist die Apokalypse ... Ein geheimnisvolles Buch, an dem man sich die Zunge verbrennt, wenn man es liest, und das Herz aussetzt ... der ganze menschliche Organismus abstirbt, abstirbt und wieder aufersteht ... In den ersten Zeilen schon hebt sie an mit einem Gericht über die christlichen Kirchen in Kleinasien, in Laodizea, in Smyrna, in Thyatira, in Pergamus und anderen Orten, die heute in Trümmern liegen, in Wirklichkeit aber für jene »letzten Zeiten«, die der Schreiber dieses seltsamen Buches vor Augen hatte, von großer Bedeutung sind. Er hatte aber den von Christus gepflanzten Baum genau betrachtet und mit für sich selbst und für seine Zeit unerklärlicher Tiefe erfaßt, daß dieser Baum *nicht* der Baum des Lebens war; und so sagte er sein Schicksal bereits zu einer Zeit voraus, da die Kirchen gerade entstanden waren.

Es kann kein Zweifel daran bestehen, daß die Apokalypse kein christliches, sondern ein widerchristliches Buch ist. Daß »Christus« in ihr vorkommt – wenn auch nicht so oft – »mit einem Schwert, das aus seinem Munde ging« und »mit Füßen gleich wie Messing, das im Ofen glüht«, hat nichts gemein mit dem Christus, von dem die Evangelien berichten. Das Bild des Himmels der Apokalypse hat nichts gemein mit irgendwelchen christlichen Vorstellungen. Hier ist überhaupt »alles neu« ... Der Seher selbst reißt, mit seinem eigenen Willen und dem ihm zu Hilfe kommenden Willen Gottes, die Sterne vom Firmament, vernichtet die Erde, übersät alles mit Ruinen, zerstört alles – zerstört das Christentum, das seltsamerweise »weint und wehklagt« und in Kraftlosigkeit verkümmert, ohne daß ihm jemand zu Hilfe eilte. Und schafft etwas Neues, etwas wie einen *Trost*, wie »fortgewischte Tränen« und »Einkleidung in *weiße* Gewänder«. Er schafft Freude auf der Erde – auf der Erde, das ist wichtig –, eine Freude, die alles übertrifft, was die Menschheit jemals in der Geschichte an Freude erlebt und erfahren hat. Wenn wir aber die ganze Stimmung der Apokalypse auf uns wirken lassen und uns fragen: *Worum* geht es denn hier eigentlich? Worin besteht das *Geheimnis* des Gerichts über die Kirchen? Woher dieser *Zorn*, diese *Wut*, dieses Gebrüll der Apokalypse?« (denn dies ist ein brüllendes und stöhnendes Buch), werden wir sofort wieder auf unsere Zeit verwiesen: auf die *Ohnmacht* des Christentums, das menschliche Leben zu gestalten, ein »irdisches Leben« zu gewähren – ein irdisches, schweres und leidvolles. Was sich in unserer Zeit, gerade eben jetzt und hier darin ausdrückt, daß wir zynisch und grob bemerken: »nicht Christus bringt das Brot, sondern die Eisenbahn«. Plötzlich haben wir alle das Christentum vergessen – die Bauern, die Soldaten, weil es nicht *hilft*, weil es weder Krieg noch Hungersnot abgewendet hat. Und immer nur singt und singt. Wie eine Sängerin. »Wir haben euch lange genug zugehört. Jetzt ist aber Schluß damit.«

Das Furchtbarste jedoch, woran man noch kaum zu denken wagt, besteht darin, daß nicht die Menschenbrust das Christentum, sondern daß das Christentum die Menschenbrust in Fäulnis versetzt hat. Darum brüllt die Apokalypse. Ohne dies gäbe es keine »neue Erde« und keinen »neuen Himmel«. Ohne dies gäbe es überhaupt keine Apokalypse.

Die Apokalypse verlangt, verkündet und gebietet eine neue Religion. Das ist ihr Wesen. Aber worum geht es hier? Was ist geschehen?

Das entsetzenerregend Apokalyptische. Seltsam ist, daß die Menschen, Völker, die Menschheit *eine apokalyptische Krise durchleben*. Daß das Christentum selbst jedoch keine Krise durchmacht. Das ist so evident, kann so unumstößlich aus der Apokalypse, »den Zeilen dieses Buches selbst«, herausgelesen werden, daß man sich nur wundern kann, wieso kein einziger von den Lesern und zahllosen Deutern dieses Buches das nicht bemerkt hat. Die Völker »singen ein neues Lied«, getrösten sich, ziehen weiße Gewänder an und machen sich auf »zum Born des Lebens«, zu den »Quellen der Gewässer«. Wohin weder die Päpste noch die Priester von einst sie jemals geführt haben.

Die Buhlerinnen wehklagen. Die Hohepriester weinen. Die Könige stöhnen. Die Völker winden sich in Qualen: aber *ein Rest des Volkes* wird gerettet; ihm wird die größte Tröstung zuteil, in der jedoch kein Tropfen Christentum oder Kirchlichkeit mehr enthalten ist.

Aber worum handelt es sich denn hier eigentlich? Warum spricht der Seher mit solch unwiderleglicher Klarheit, daß *die Menschheit* »ihr Christentum« *überleben* und *noch lange nach dem Untergang des Christentums weiterleben wird*: nach der Darstellung, die keinen eigentlichen Abschluß hat, zu urteilen – noch unendlich lange, »ewig«.

Ziehen wir eine Parallele:

Das Evangelium malt.

Die Apokalypse gebietet den Massen und baut mit Riesenblöcken.

In Bildern, die an Kraft die des Evangeliums übertreffen und ihnen an Schönheit nicht nachstehen – die alles durchbohren, rufen und zum Himmel und zur Erde schreien, spricht sie davon, daß die Kirchlein, die noch kaum über den Stadtrand kleinasiatischer Städtchen hinausgedrungen waren – die ersten christlichen Gemeinden, sich über den ganzen Erdkreis, die ganze Welt und alle Länder ausbreiten würden. Und in dem Augenblick, da der volle und, wie es scheint, endgültige Triumph des Christentums eintritt, da »das Evangelium jeglichem Geschöpf gepredigt wird« – wird es plötzlich untergehen mit allen Ländern und Reichen, »mit den Königen, die es gefördert haben« – und »seine Hohepriester werden weinen«. Und weiter heißt es, daß inmitten des völligen Zusammenbruchs, wenn »die Sterne zu Boden fallen« und »der Himmel sich zusammenfaltet wie eine Schriftrolle«, etwas »ganz Neues« anheben wird. »Himmel und Erde werden vergehen«, und etwas »ganz Neues« wird entstehen, das in keinem Stück dem gleicht, was früher war. Dies auf zweitausend Jahre vorauszusehen und bis in Einzelheiten hinein, die jetzt buchstäblich eintreffen, vorherzusagen und dabei die ganze christliche Geschichte zu überfliegen, als ob »ein Horn« durch die dicke Schicht der Zeiten und die Unermeßlichkeit der Ereignisse hindurchstieße – das ist so seltsam und unwahrscheinlich, daß wahrlich kein anderes von den großen prophetischen Büchern der Menschheit sich mit ihr messen kann. Die Apokalypse ist ein Ereignis. Sie bleibt nicht im Wort. Sie gleicht dem, was der Erdkreis jetzt vulkanisch auswirft, nachdem ein anderer Lehrer sein weises und strenges Wort gesprochen und zum erstenmal »diese Welt gerichtet hatte«.

So ist denn ein zweifaches Gericht ergangen: in Jerusalem über Jerusalem – hauptsächlich über Jerusalem; und von der Insel Patmos über den Erdkreis, den jener Lehrer zu unterweisen unternommen hatte.

Gibt es hier etwa keinen Unterschied in der Fügung der Worte? Mag es auch seltsam erscheinen, angesichts solcher Ereignisse und Worte solchermaßen zu fragen: Liegt nicht im Stil der Darstellung etwas für die Seele enorm Aufschlußreiches?

Das Evangelium ist eine uns erzählte menschliche Geschichte, die Geschichte von Gott und Mensch, »der gottmenschliche Prozeß« und »der Bund«. Die Apokalypse verwirft gleichsam diesen »Bund zwischen

Gott und Mensch« als etwas Untaugliches, wie eine abgetragene Sache.

Aber das Fundament? Das Fundament? Und warum? Warum?

In derart hyperbolischen Bildern, daß selbst das Buch Hiob neben ihm kraftlos und ohnmächtig erscheint und auch die Schöpfungsgeschichte der Genesis sich trübe und schwächlich, bleich und blutlos daneben ausnimmt, offenbart sie in der Struktur ihrer Gewalt ihr eigentliches Wesen. Sie schreit gleichsam auf »am Ende der Zeiten«, für »das Ende der Zeiten«, für »den letzten Tag der Menschheit«.

Ohnmacht.

Das Ende der Welt und der Menschheit wird sich so vollziehen, weil das Evangelium ein Buch der Unkraft ist.

Weil es
die Kraft
und die Unkraft gibt.

Und weil Christus gelitten hat und gestorben ist für die Unkraft ..., auch wenn er in der Fülle der absoluten Wahrheit gewesen wäre.

Das in den Evangelien gezeichnete Bild Christi, genau so, wie dort mit allen Einzelheiten, mit Wundern, Erscheinungen usw. berichtet wird, offenbart aber nichts als *Ohnmacht* und *Entkräftung* ...

Es ist, als ob die Apokalypse die Frage erhöbe: ja, Christus konnte »die Schönheit der Lilien auf dem Felde« beschreiben und »Maria, die Schwester des Lazarus«, dazu berufen, seinen Worten zu lauschen;

aber Christus hat keinen Baum gepflanzt und das Gras nicht wachsen lassen; er war ganz ohne »das Saatkorn der Welt«, er besaß keinen *Kern*, keinen *Rogen:* er war nicht gräsern, hatte kein Leben in sich; kein eigentliches Sein war ihm zu eigen, fast war er ein Gespenst, ein Schatten, der durch ein Wunder über die Erde hinzog. Seine Schattenhaftigkeit, sein Schattenwesen, seine Lehre und Seinsabgeschiedenheit machen sein Wesen aus. Als wäre er nur ein Name, »eine Erzählung«. Und »die letzten Zeiten« werden sich deshalb so furchtbar erweisen, so unwahrscheinlich grauenhaft, so himmelschreiend »hungrig« sein und die Menschen sich »in Skorpione verwandeln, die sich selbst und einander stechen«, weil eben eigentlich »nichts war« und die Menschen selbst – gleichsam mit abgemagerten, hängenden Leibern, an denen man alle Rippen zählen kann – sich auf geheimnisvolle Weise in »Schatten von Menschen«, in »Menschengespenster«, ja, bis zu einem gewissen Grade in Menschen »nur dem Namen nach« verwandelt haben.

O, o, o!

Schaut nur recht her ...

Erkennen wir uns hier nicht *selbst?*

Wie sollte da die Apokalypse nicht aufbrüllen und den Thron des Himmels mit Tieren besetzen, fast mit Wänsten und Bäuchen der mächtigsten Tiere, die auch brüllen, schreien und heulen: des Löwen, des Stieres, des Adlers, der Jungfrau. Alles ist hier Schwung und Kraft. Warum keine Kolibris und keine »Lilien des Feldes«? Ein kleiner Vogel ist so gut wie ein großer, und die Lilien sind nicht schlechter als ein Affenbrotbaum. Und plötzlich röhrt die Apokalypse los:

Mehr Fleisch ...

Mehr Geschrei ...

Mehr Gebrüll ...

Die Welt ist abgemagert, ist krank ... Ein geheimnisvoller Schatten hat die Welt mit Siechtum geschlagen ...

Die Welt versinkt in Schweigen ...

Die Welt ist leblos ...

Schneller, schneller, solange es noch nicht zu spät ist ... solange die letzten Minuten noch dauern. »Alles wendet sich zurück«, »ein neuer Himmel«, »neue Sterne« ... »Die Wasser des Lebens in ihrer Fülle«, »der Baum des Lebens« ...

Die Sonne ist früher entbrannt als das Christentum. Und sie wird nicht erlöschen, auch wenn es mit dem Christentum zu Ende geht. Hier liegt die Grenze des Christentums, gegen die weder Hochamt noch Totenmesse helfen. Und was die Messen angeht: viele, viele hat man gelesen. Aber dem Menschen wurde nicht leichter davon.

Das Christentum ist nicht kosmologisch, »es wächst kein Gras auf ihm«. Und das Christentum tut nichts dazu, daß das Vieh sich vermehrt und gedeiht. Ohne Vieh und Gras kann aber der Mensch nicht leben. »Bei aller Schönheit des Christentums« kann also der Mensch »mit ihm allein« doch nicht leben. Hübsch ist ein Klösterlein, »in dem das ganze Christentum gelebt wird«; trotzdem lebt auch dieses »vom Nachbardörfchen«, und

»ohne das Dörfchen« müßten alle Mönche Hungers sterben. Das muß man beachten und die Aufmerksamkeit auf jenen völlig »apokalyptischen Gedanken« lenken, daß das Christentum *allein* und *an sich* nichts taugt, »nichts ist«, verfault, hungert und dürstet. Daß es sich vom *Nichtchristentum* nährt, von nichtchristlichen Kräutern, von nichtchristlichen Pflanzen. Und daß daher das Christentum allein, in seiner reinsten und inspiriertesten Form »nach dem Nichtchristentum« ruft, verlangt und dürstet.

Das ist unglaublich, aber es ist so. Gut war die Predigt des Heilands vor den Fünftausend, aber als der Tag fast dahin war, hungerte und dürstete das Volk: »Meister, gib uns Brot!«

Christus gab ihnen Brot. Es ist das eines seiner größten Wunder, und wir zweifeln nicht daran. Oh, nicht im geringsten, nicht ein Jota. Aber wir fragen: was ist dann mit der Sonne, die ungezählten Mengen Volkes Brot gibt – beinahe wie ein Dienst, aus »Pflicht«, beinahe wie »eine Pension«. Gibt und geben *kann*. Gibt und also auch geben *will*.

Besitzt die Sonne Willen? Kann sie *wollen?*

Aber wie steht es dann mit dem Sonnengott Baal, dem Sonnenbaal der Phönizier?

Werden wir Ihn dann »anbeten«? Ihn und Seine große *Macht?*

Unzweifelhaft. Ihn und Sein großes, *edelmütiges, menschenliebendes* Wollen? ... ??? Unwahrscheinlich. Aber daß »die Sonne mehr vermag als Christus«, wird nicht einmal der Papst bezweifeln. Und ob die Sonne das Glück der Menschheit stärker will als Christus – daran zweifelt noch Wladimir Ssolowjow, der den ganzen »gottmenschlichen Prozeß« erforscht und »die alttestamentliche Theurgie und Theokratie« entworfen hat – aber wirksam entgegnen könnte auch er nicht auf diese Frage. Wir aber halten uns direkt an Phönizien:

»Du bist im Garten Gottes gewandelt … unter flackernden Feuern hast du hervorgeleuchtet« … »Du bist mein Erstgeborener, mein Erstgeborener von Erschaffung der Welt an«, spricht Hesekiel oder Jesaja – einer von den alttestamentlichen Propheten, und so spricht er zu einer Stadt, in der man Baal anbetete, nicht aber Jehova.

Nun, wer ersieht nicht aus meinen trüben Worten, daß »der gottmenschliche Prozeß der Fleischwerdung Christi« ins Wanken geraten ist. Er gerät ins Wanken in Sturm und Gewittern … in den »Hungersnöten der Menschheit«, die angebrochen sind, jetzt gerade anbrechen … Im Wehklagen des Volkes. »Wir haben zu Christus geschrieen, und ER hat uns nicht geholfen.« »Er ist ohnmächtig.« »Laßt uns zur Sonne beten.« »Sie vermag mehr. Sie speist nicht Fünftausend bloß, sondern unendliche Mengen Volks. Wir haben nur nicht zu ihr aufgesehen. Es ist uns nicht bewußt geworden.«

»Christus – gib uns Fleisch!«

»Fleisch auf die Rippen und für den Bauch – uns und unsern Kindern!«

Christus schweigt. Nicht wahr? Ist er nicht bloß ein Schatten? Ein geheimnisvoller Schatten, der Hunger und Abzehrung über die Erde heraufgeführt hat?

Drittes Heft

1. Es ist etwas geschehen 2. Warum läuten die Glocken? 3. Der Großvater 4. »Moskau glaubt nicht an Tränen« 5. Über ein kleines Volk 6. Von Tag zu Tag 7. Die Sonne

1. Es ist etwas geschehen

Es gibt in der Welt ein Mißverständnis, das möglicherweise dem Herrgott selbst niemals klargeworden ist. Bei der Erschaffung der Welt ist etwas für Gott Unerwartetes geschehen. Und daher stammt denn auch das Irrationale, die Mystik (die schlechte Mystik) und jegliche Unklarheit. Die Welt ist harmonisch – und so war es von Anfang an bestimmt. Weisheit ist in der Welt, Güte und Schönheit – und all dies ist Gottes. Aber »die Raubtiere nähren sich von den Pflanzenfressern« – und das ist schon nicht mehr Gottes. Die Eule frißt das Hasenjunge – das hat nichts mit Gott zu tun. Mit dem Gott der Harmonie und des Guten.

Etwas ist geschehen, was niemand vom Beginn der Welt an je begriffen hat und was auch Gott selbst nicht weiß und nicht *versteht*. Kämpfen oder siegen – auch angesichts dieser Tatsache ist Gott ohnmächtig. Oder auch dies: »Ich möchte einen schönen und klugen Knaben zeugen«, aber was geboren wird, »ist ein geistig nicht ganz normales Kind mit sechs Fingern an jeder Hand und unvorhergesehenen Gebrechen«. So geht es zu auf unserer Erde. Es ist, als habe sie sich während ihrer Schwangerschaft versehen und »nicht nach Gottes Plan und Willen« geboren, sondern »etwas anders«. Und nun hat sich »das Göttliche« mit diesem »etwas anders« vermischt ...

Und diesem Stand der Dinge muß sich auch Gott fügen. Wie ein betrübter Vater, der sein etwas mißratenes Kind anschaut, ihm aufhelfen will und doch nicht aufhelfen kann. Und da liebt er es denn »mit allen seinen Mängeln« ...

2. *Warum läuten die Glocken?*

Bim bam, bim bam. Aber schon klingt das Läuten hohl.

....

....

Es klingt hohl, weil zum Läuten der Glocke kein Brautpaar getraut wird. Jener *Andere* hat nicht geholfen. Und *dieser*, der trotz alledem ein wenig, nur mit Kleinigkeiten, aber doch geholfen hat, der sich wenigstens bemüht hat zu helfen, wenn auch töricht und in Erdenmanier – ist verschickt worden in unendliche Ferne.

Und die Braut seufzte nicht nach ihrem Bräutigam. Und ich sah, daß sie bucklig war.

....

....

Ach, wer nicht bucklig ist, ist dieser Jude, der mir im März geschrieben hat:

»... schreiben Sie mir von den ›Märztagen‹ *, so wahr und leidenschaftlich, wie nur Sie schreiben können.

* Gemeint ist die russische Februarrevolution von 1917. (Der Hrsg.)

Hier ist Winter – ein sehr harter Winter – und der Frühling ist noch nicht in Sicht. All das Lärmen und Getöse ist meiner Seele zuwider. Bereits sind vier Soldaten im Sanatorium gestorben. Stärker als alles andere auf diesem Planeten ist der Tod. Gibt es eine Seele? Gibt es ein Jenseits? Das ist wichtiger als alle Revolutionen. Es ist mir leid um den Kaiser Nikolaus. Ich fühle, daß er ein weicher und ganz willensschwacher Mensch gewesen sein muß. *Alles, alles* vergeht, aber was wird ›dort‹ sein? Sie sind einundsechzig Jahre alt, haben viel gedacht und erlitten – sagen Sie's mir, lieber, inniger Freund. Leiser Schatzmann. Sanatorium ›Wachtel‹, Gouvernement und Kreis Charkow, Allrussischer Landschaftsverband – Tuberkuloseklinik No. 11.«... (Persönlich sind wir nicht miteinander bekannt.)

3. Der Großvater

Wenn man keine Lust mehr hat zu lieben, neue Kleider einen nicht mehr freuen und man sich von wäßriger Grütze mit etwas Fett darin ernährt – dann nennt man sich stolz einen »Christen«.

Weiß von Bart, sitzt dort der kahle
Großpapa, schon nah dem Tod,
Vor ihm eine dürft'ge Schale,
Wasser und ein Stückchen Brot.

Wer bist du, Großväterchen?
Ein Christenmensch ... ein Bauer ...*

* Unübersetzbares Wortspiel. Das russische Wort für »Bauer« – »krestjanin« – leitet sich wahrscheinlich von dem Wort für »Christ« – »christianin« – her. (Der Hrsg.)

Oder, wie Dostojewskij es so sophistisch und richtig paraphrasiert hat: »Ein Christ.«

Mein Gott, wozu haben die Dogmatiker, Historiker und Apologeten so viel Unsinn zusammengetragen, wenn sich die ganze Sache doch in dem einen einzigen großen: »*Nicht für uns*«, ausdrücken läßt.

4. »*Moskau glaubt nicht an Tränen*«

– und das ist sehr dumm von ihm. Deshalb ist es so arm. Denn man muß *glauben* – nicht den Tränen, sondern überhaupt, immer, solange man nicht betrogen wird. In unvordenklich grauem Altertum, zu Beginn der Geschichte, gewöhnten sich die Phönizier allmählich an Treu und Glauben und erfanden ein ganz einfaches Papier, ein besonderes Zeichen, welches sie herstellten oder schrieben usw. Es enthielt eine Abmachung: wer damit bezahlte, erhielt »Vertrauen«. Und das Ganze wurde dann *Kredit* genannt. Die »vertrauensseligen« Menschen, die das eingeführt hatten, bewiesen wirklich Vertrauen und wurden deshalb nicht nur im Gerede der Menschen oder in freundschaftlichem Gespräch, sondern auf ganz geschäftliche Weise und zur Erleichterung des Lebens die reichsten Kaufleute der Welt. Ganz anders als die Russen. Die sogar zu diesen späten Zeiten immer noch bettelarm sind, sich auf Lug und Trug verlegen und eben dadurch sich immer mehr ruinieren.

»Wer seine Schuld bezahlt, vermehrt sein Gut«

– auch die Russen leben danach und werden danach leben müssen, so wie es einst die Phönizier eingeführt hatten (den Wechsel) ... Aber überall, wo sie nur können, trachten sie danach, einer auf Kosten des anderen zu leben, zu betrügen und zu schmarotzen. Und je mehr sie vom Glück träumen, desto tiefer geraten sie ins Unglück.

5. Über ein kleines Volk

Allen Menschen hat es die wundervollsten Lieder geschenkt. Und den Legenden über sein Leben kommt nichts gleich. Und sein Name war geheiligt, ebenso wie sein Schicksal geheiligt war für alle Völker.

Und dann ist etwas geschehen ... Aber was ist es, das da geschah? ...

....

Etwas schlechthin Unbegreifliches ...

....

Kein Volk kann es verstehen. Und nicht einer unter den Menschen ...

....

Kein Weiser, kein Gelehrter, kein Geschichtskundiger.

Es wurde zum verfluchten unter den Völkern, dessen Name einem Schimpf gleichkommt. Dessen Name, dessen Volksname bei allen Stämmen und Geschlechtern der Menschen zu einem Schimpfwort wurde.

Oh, was ist hier geschehen? ... ? ...

....

....

Aber noch mehr: lesen wir etwa die »Annalen« des Tacitus, wenn uns schwer ums Herz ist? Oder was

Herodot über die Skythen und Babylon geschrieben hat? Schlagen wir die Geschichte des Peloponnesischen Krieges von Thukydides auf? Nein – nein: wenn uns wirklich *schwer ums Herz ist*, dann wird uns das alles ganz fremd und geht uns gar nichts mehr an ... All das würden wir vielleicht studieren, aber nur, um einen Vortrag darüber zu halten oder ein gelehrtes Werk abzufassen, gleichsam »um die Zeit totzuschlagen«.

Aber die junge Witwe, die Weizenähren las auf dem Felde des reichen Grundherrn – *wie* sie das tat und *die Worte*, die sie zu ihrer Schwiegermutter sprach: das gewährt dem Herzen Trost. Und noch vieles andere ...

Dieses Volk hat allen Herzen reichsten Trost gespendet.

Und trotzdem ist es verflucht. Was ist denn hier nur Besonderes geschehen? ? ? ... ?

Wir gebrauchen das Wort »*Trost*« – und immer im Zusammenhang mit jenem Volk. Wenn wir die Merowinger Chronik des Gregor von Tours lesen oder die feingeschliffenen Essays von Augustin Thierry, die nach dieser Chronik gearbeitet sind, so lesen wir in beiden Fällen etwas Hübsches, Anmutiges und Entzückendes. Genuß bereitet diese Lektüre jedoch nur dem Geschmack – das Herz bleibt, wenn nicht kalt, so doch ungerührt. Aber dann lesen wir eine Geschichte von Krieg und Unheil: ein König bleibt Sieger, der andere ist der Besiegte. Der Besiegte fürchtet für sein Leben, fürchtet sich ganz so wie jeder andere Mensch und verbirgt sich in einer geheimen Kammer seines

Palastes. Der Sieger fragt nach seinem Feinde, und man berichtet ihm von all der Erniedrigung und Angst, die jener aussteht. Und da antwortet der Sieger nicht in jenem stolzen, selbstbewußten Ton, der sich im Siegesrausch wie von selbst einstellt und in dem im Siegesrausch *alle* Könige und Feldherrn gesprochen haben, sondern in einem ganz anderen, neuen und unerwarteten: »Warum flieht er vor mir? Er ist *mein Bruder.*«

Wer in der assyrischen Geschichte davon gelesen hat, wie ein Gefangener mit auf dem Rücken zusammengebundenen Armen vor dem siegreichen König auf den Knien liegt und der König der Assyrer ihm mit aufgehobener Lanze die Augen aussticht und dann Notiz davon nimmt, daß zur selben Zeit ein anderer König seinen »Feind« in »Bruder« umbenannte – der wird den *ganzen Unterschied* in der seelischen Struktur des einen und des anderen ermessen können. Und er wird begreifen, warum ich so hartnäckig darauf bestehe, jenes besondere Gefühl mit »Trost« zu bezeichnen, welches sich aus den Seiten der Geschichte dieses einzigartigen Volkes in die Seele des Lesers ergießt.

Und doch – es ist verflucht.

Aber was hat sich zugetragen? Warum hassen wir dieses kleine Volk mit dem Haß, mit dem die Assyrer ihre Feinde haßten? Und gedenken wir nicht im Hinblick auf unsere Kultur bekümmert der Zeilen von Alexej Tolstoj*:

* Es handelt sich um Lord Byrons Gedicht »Sanherib«, das von Graf Alexej Tolstoj formvollendet (1859) ins Russische übertragen wurde. (Der Hrsg.)

Sanherib

Wie zur Hürde der Wolf brach der Syrer herein,
In Purpur erglänzt' er und goldenem Schein,
Und es blitzen die Speere wie von Sternen das Licht,
Das nächtlich im Meer Galiläas sich bricht.

Wie im Walde das Laub, wenn es sommerlich grün,
So zeigt sich die Heermacht am Abende kühn,
Wie im Walde das Laub, wenn der Herbst es erfaßt,
So liegt das Heer morgens zerstreut und erblaßt.

Denn der Engel des Tods flog mit Sturmesgewalt
Und blies auf die Feinde verderblich und kalt,
Und das Auge der Schläfer starrt tödlich und leer,
Ihr Herz schlug noch einmal, dann hob sich's nicht mehr.

Da lag mit geöffneten Nüstern das Roß,
Durch die sich kein schnaubender Stolz mehr ergoß,
Und der Schaum seines Röchelns lag weiß auf dem Grund,
So kalt wie die Brandung an felsigem Schlund.

Da lag auch von Reitern manch kläglicher Schelm,
Den Tau auf der Stirne, den Rost auf dem Helm;
Die Zelte stehn schweigend, die Lanzen in Reihn,
Und stumm die Trompeten, die Banner allein.

Laut klagen die Witwen von Assur in Qual,
Und die Bilder zerfallen im Tempel des Baal;
Und die Macht des Gewalt'gen, vom Schwert nicht versehrt,
Ward wie Schnee vor dem Blick des Allmächt'gen verzehrt.

Und dieses Volk, welches für die ganze Welt der Tröster aller Betrübten, Mühseligen und Beladenen gewesen ist, steht jetzt in Finsternis; nicht nur muß es jeglichen Trostes entbehren, es wird auch mit Füßen getreten und ans Kreuz geschlagen ... Was hat sich da nur zugetragen? Vor aller Augen auf diesem Planeten und im Geschick der Menschheit zugetragen?

6. Von Tag zu Tag

Semmeln, Semmeln ...
Weizenbrot ...
Nur ein kleinwinziges Stückchen Fleisch ...

Dieser entsetzliche Frost in der Nacht. Schreckliche Gedanken kommen. Im Element der »Kälte« lebt etwas dem Menschen als »Warmblüter« Feindliches. Der Mensch *fürchtet* die Kälte, nicht mit der Haut oder den Muskeln, sondern gleichsam *seelisch* fürchtet er sie. Seine Seele wird roh und verhärtet wie eine »Gänsehaut, wenn es kalt ist«. Das nenne ich mir eine schöne »Freiheit der menschlichen Persönlichkeit«. Nein, »die Seele ist frei« nur dann, wenn »das Zimmer gut geheizt ist«. Ohne das ist sie nicht frei, sondern verschreckt, voll Angst und vergröbert.

Was die Phantasie jetzt hauptsächlich beschäftigt, ist das Essen. Und ich habe festgestellt, daß, zu unserer Schande sei es gesagt, hierbei kein Unterschied besteht zwischen Herr und Knecht. Weder der Arme noch der Verbitterte schämt sich dieses Gefühls. Als ich neulich nach Moskau fuhr, ging ich auf den Jaroslawschen

Bahnhof nur mit dem groben Verlangen zu sehen, was und wie man ißt. Meine Tochter, die mich begleitete, saß traurig da und drückte ihr Näschen in den Muff. Ein Soldat wickelte aus einem Lappen einen riesigen Stab, einen Zopf Weizenbrot, brach es breit auseinander und begann zu essen, ohne auch nur daran geschnuppert zu haben. Dabei ist der Duft des Brotes, ebenso wie der Duft von Fleisch in der Kohlsuppe, etwas, was an Reiz den eigentlichen Vorgang der Sättigung unermeßlich übertrifft. Oh, ich verstehe, warum am Opferaltar im Tempel Salomos Nasenöffnungen angebracht waren, und daß gesagt ist – *von Gott gesagt* –, daß er »den Duft vom Fett der Opfertiere einatmet«.

7. Die Sonne

Sorgt sich die Sonne um die Erde?

Aus nichts läßt sich das ersehen: »Die Sonne zieht die Erde direkt proportional zur Masse und umgekehrt proportional zu den Quadraten der Entfernung an.«

Diese erste Antwort des Kopernikus auf die Frage nach dem Verhältnis zwischen Sonne und Erde war dumm.

Einfach dumm.

Er hat die Sache »berechnet«. Aber die Anwendung von »Berechnungen« auf moralische Phänomene finde ich, schlicht gesagt, dumm.

Eine dumme Antwort hat er gegeben, eine, mit der man nichts anfangen kann.

Von dem Zeitpunkt an, da Kopernikus auf die moralische Frage nach dem Verhältnis zwischen der Sonne und unserem Planeten diese dumme Antwort gab, hat die Vulgarisierung der Erde und die Verödung des Himmels eingesetzt.

»Natürlich spürt die Erde nichts von irgendwelcher Sorge, welche die Sonne um sie trüge – sie wird nur im Verhältnis der Kuben der Entfernung von der Sonne angezogen.«

Pfui.

Viertes Heft

1. Wahr und Falsch 2. Von den Mysterien Christi
3. Der Sohn 4. Die Sonne

1. Wahr und Falsch

»Ohne die *Sünde* kann der Mensch nicht leben. Aber ohne das *Heilige* kann er nur allzu gut leben.« Hierin eben besteht das Hauptmoment der Akosmizität des Christentums. Und das ist es nicht allein: Ob ich nun das Evangelium von Anfang bis Ende oder von Ende bis Anfang lese, begreife ich doch ganz und gar nichts davon, *wie* die Welt eingerichtet ist und *warum* sie so ist.

Christus hat uns also über das Weltgebäude nicht belehrt; aber was die Hauptsache ist: darüber hinaus hat er »die Werke des Fleisches« für sündig, »die Werke des Geistes« aber für gerecht erklärt. Ich aber meine, daß »die Werke des Fleisches« die Hauptsache sind, »die Werke des Geistes« hingegen nur ein Geschwätz.

»Die Werke des Fleisches« bedeuten Kosmogonie, »die Werke des Geistes« aber sind so gut wie eine müßige Erfindung.

Und Christus, der sich »den Werken des Geistes« widmete, widmete sich etwas, was in der Welt nebensächlich, zweitrangig, bruchstückhaft und vereinzelt ist. Er erkor sich nur »die Umstände der Handlungsweise«, nicht aber die Handlungsweise selbst. Das heißt, er erkor nicht *das Prädikat* jenes Satzes, aus dem Weltgeschichte wie menschliches Leben bestehen, sondern nur die *schattenhaften, schraffierten Umstandswörter*.

Essen, Trinken und Begattung – das ist das »Prädikat«. Und hiervon sagte Jesus, es sei »sündig«, und daß »die Werke des Fleisches euch verführen«. Aber wenn sie »nicht verführten«, so wären Mensch und Menschheit ausgestorben. Aber da sie »Gott sei Dank verführen«, so lebt die Menschheit, ebenfalls »Gott sei Dank«, weiter.

Erlauben Sie: was wäre das für ein »Gott sei Dank«, wenn Mensch und Menschheit ausstürben?

Wie konnte er nur sagen: »Ich bin der Weg und das Leben«? Keine Rede davon. Nicht einmal annäherungsweise. »Umstandswörter.«

Im Gegenteil: warum es »Sterne und Schönheit« gibt – das ist schon aus der Versetzung des Menschen in das Paradies begreiflich. Schon *er* ist wunderschön, der Morgenstern. Ich will damit sagen, daß Gott dem Menschen den »Morgenstern« im Paradiese geschenkt hat. In der geheimnisvollen Erschaffung des Gartens Eden gab er dem ganzen Plan der Schöpfung als von etwas Erstaunlichem, Prachtvollem, Einzigartigem und Unwiederholbarem Ausdruck. Und alles drängt nach diesem »Besser«, »Noch besser«, »Immer noch besser«. Es gibt Maße und Meßbarkeit: Gott aber hat gleichsam gesprochen: »Ich bin unermeßlich, und alles von mir Geschaffene strebt nach Unermeßlichkeit, Unendlichkeit, Endlosigkeit.« Ah, das begreife ich. »Und da findet man Bedellion und den Edelstein Onyx« (heißt es vom Paradiese). Lesen wir aber das Evangelium – was verstehen wir da von Unermeßlichkeit? Und es handelt sich nicht nur um Unermeßlichkeit: hier verstehen wir so gut wie nichts von der Welt.

Und es erschien ein großes Zeichen im Himmel: ein Weib, mit der Sonne bekleidet, und der Mond unter ihren Füßen und auf ihrem Haupt eine Krone von zwölf Sternen.

Und sie war schwanger und schrie in Kindesnöten und hatte große Qual zur Geburt.

(Offenbarung 12)

Hier begreifen wir, daß die Geburt, und zwar die Menschengeburt, im Mittelpunkt der Kosmogonie steht.

Die Bibel ist Unendlichkeit.

Jesus aber sprach zu ihnen: Es sind etliche verschnitten, die sind aus Mutterleibe also geboren und sind etliche verschnitten, die von Menschen verschnitten sind; und sind etliche verschnitten, die sich selbst verschnitten haben um des Himmelreichs willen. Wer es fassen kann, der fasse es!

(Matth. 19)

Hier begreifen wir ganz und gar nichts, außer, daß dies keine Notwendigkeit hat.

Das Evangelium ist eine Sackgasse.

Jetzt haben wir »Sünde« und »Heiligkeit«, »das Kosmische« und »die Kosmizität«: Mir will scheinen, daß, wenn sich schon irgendwo »das Heilige«, »die Heiligkeit« verkörpern, dann im »Prädikat« der Welt, nicht aber »in den Umständen der Handlungsweise«. Welch ein Ästhetizismus! Erstaunlich ist die Herrlichkeit des Evangeliums: wenn Christus von den »Werken des Geistes« im Gegensatz zu den »Werken des Fleisches« spricht, zeigt er allein hierdurch, daß »ich und der Vater nicht eins sind«. Ist Er der Vater, so laßt Ihn auch Vater sein: schaut nur ins Alte Testament – was wäre in ihm nicht enthalten! Der Vater kümmert sich hier um die Krankheit des allerkleinsten Kindleins, sogar um seine Launen und seinen Eigensinn: im Alten Testament finden wir »von allem etwas«. Alle Leidenschaften brodeln, alles, was nur vorkommen kann, auch das Absonderlichste, hat hier seinen Platz. »Der Vater« nimmt sein Kind auf den Arm und wäscht und säubert es von Staub und Nässe, von schmutzigem und feuchtem Kot. Schaut nur, was da geschrieben steht von der Heilung von Krankheiten, Grind und Krätze. In der Wüste schreitet er bei Tage als Schatten (als Wolke, Hitze) über ihnen dahin, und bei Nacht erhellt er als Feuersäule ihren Weg. Silberne und goldene Geräte nahmen sie von den Ägyptern zur Beute. – Auch dies wird nicht verschwiegen; denn es ist so natürlich, so einfach: sie hatten ja bei ihnen in der Knechtschaft gefront, ohne Lohn. Durch diese geheimnisvolle und tiefe Fürsorge für den Menschen, die ihn gleichsam einhüllt und in Windeln wickelt, unterscheidet sich »das Testament des Vaters« von dem des Sohnes.

Der Sohn ist eben »*nicht* eins« mit dem Vater. Die Wege der Physiologie sind kosmische Wege – und die »Gebärende« hat ihren Platz vor »Sonne, Mond und Sternen«. Und hier findet sich auch eine *Erklärung*, von der im Evangelium keine Spur vorhanden ist. Hier, in dem Gesicht der Apokalypse, wird gezeigt, daß der Mond, die Sterne und die Sonne zur Erleichterung »der Geburt« bestellt sind. *Das Leben steht über allem anderen* – das Menschenleben! Vom Fundament bis zur Spitze ist der Aufbau der Pyramide klar. Das Evangelium endet in der Sackgasse der Selbstentmannung. »Wir brauchen es nicht – das Leben.« Wir brauchen keine Geburt. Wozu dann aber Sonne, Mond und Sterne? Das Evangelium antwortet darauf mit seltsamem Ästhetizismus: »zur Zierde«. Aber bei der Erzeugung des Lebens hat es keinen Platz. Ebenso wie »Sonne, Mond und Sterne« wesentlich ohne Sinn und Zweck erschienen, ist auch die Geburt nicht vonnöten für das Evangelium, und die Welt verliert jeglichen Sinn. In der Bibel ist »alles verständlich«, »nichts ist verständlich« im Evangelium.

Und nun der Stuhl in der Offenbarung, um den die Tiere sitzen! Was für eine Vorstellung vom Himmel! Ist aber das Kalben der Kuh etwas Niedrigeres als das Gebären einer Frau? Das sind die Wege Gottes. In »der Rechtfertigung von allem« in der Apokalypse birgt sich die göttliche, die väterliche Rechtfertigung des Menschen – des Menschen-Kindes mit all seinem Schorf, seiner Krätze, mit Durchfall und Verstopfung. Wie wunderbar! Wie schön! Herrlich sind und großartig Deine Wege, o Herr, herrlich im Siechtum und herrlich in der Heilung. Die Apokalypse spricht gleichsam die Wahrheit des Universums aus, die Wahrheit *des Ganzen – der engen* »evangelischen Wahrheit« zum Trotz, die seltsamerweise nicht auf Reichtum, Freude und Fülle der Welt hinausläuft, sondern hinführt zum Messerwetzen, Schweigen und Nichtsein der Selbstentmannung. Wahrlich – »die Grundfesten der Erde haben gebebt«. Auf geheimnisvolle Weise ist Christus erschienen, um die Grundlagen der »angeblich von seinem Vater« geschaffenen Welt zu erschüttern. Und wenn Kopernikus auf die Frage nach dem Verhältnis von Sonne und Erde zu antworten unternahm, daß sie aufeinander »proportional der zweiten Potenz der Entfernung« wirkten, so ist das eine völlig christliche Antwort. »Umstände der Handlungsweise.« Aber wozu diese Potenzen dienen, bleibt unbekannt – und uninteressant.

Auf geheimnisvolle Weise begann das Christentum, sich mit »dummem Zeug« zu begnügen. Auf die Frage nach Erde und Mond antwortete es mit »den Potenzen der Entfernungen«, und auf die Frage nach Raupe, Puppe und Schmetterling antwortete es noch dümmer: nämlich, daß »das eben so ist«. »Die christliche Wissenschaft« fing an, auf Positivismus, Gefasel und Sinnlosigkeit hinauszulaufen. »Ich habe gesehen und gehört, aber nichts begriffen.« »Ich sehe, aber verstehe nichts«, und sogar: »ich denke nichts«. Raupe, Puppe und Schmetterling haben schon ihre Erklärung, aber keine physiologische, sondern eine kosmogonische. Physiologisch sind sie unerklärlich – *unerfaßlich*. Kosmogonisch gesehen, geben sie jedoch keinerlei Rätsel auf: denn alles Lebendige, alles, was lebt und Anteil hat an Leben, Tod und Auferstehung, hat seine Klarheit.

In den Entwicklungsphasen des Insekts sind uns die Phasen des *Lebens* der Welt gegeben. Die Raupe: »Wir kriechen und fressen, sind trübe und schwer beweglich.« »Die Puppe« bedeutet Grab und Tod, Grab und neues Wachstum, Grab und Verheißung.« – Der Schmetterling ist die in den Weltäther eingetauchte Seele, die auf ihrem Fluge von nichts weiß als von Sonne und Nektar und von nichts anderem sich nährt als den riesigen Blütenkelchen. Christus sagte: »Im künftigen Leben werden sie weder freien noch Hochzeit machen.« »Der Schmetterling« aber ist »das künftige Leben« der Raupe; und in diesem Leben wird nicht nur »Hochzeit gehalten«, sondern der Schmetterling, der jetzt trotz der einigermaßen plumpen Erscheinungsform der Raupe und der Todesähnlichkeit der Puppe ganz vergeistigt ist, hat auch – – entgegen dem Evangelium – auf seltsame Weise Berührung *einzig mit den Geschlechtsorganen* »ihm fremder Wesen« – nämlich der unbegreiflichen rätselhaften Pflanzen – dem Baum des Lebens. Und dabei nimmt er keinerlei Nahrung zu sich (es ist erstaunlich!! – nicht nur ist sein Rüsselchen zur Nahrungsaufnahme nicht eingerichtet – er hat auch – einige Arten wenigstens – keinerlei Därme). Vor jedem Schmetterling erhebt sich also etwas Unermeßliches, Ungeheures: ein Wald, ein Garten. Was bedeutet das? Auf geheimnisvolle Weise kündet uns das Leben des Schmetterlings, daß auch unsere Seele nach der Verpuppung des Grabes mit dem Nektar zweier oder beider Gottheiten gespeist werden wird. Denn es steht geschrieben, daß die Welt von den *Elohim* (eine Dualform des Namens Gottes, die in der biblischen Schöpfungsgeschichte gebraucht wird) und nicht von *Eloach* (Einzahl) geschaffen wurde: daß es also *zwei* Gottheiten und nicht nur *eine* gibt, *»denen zum Bilde Gott den Menschen als Mann und Weib erschuf«*.

Der Schmetterling ist die Seele der Raupe. Nichts als die Seele, ohne alles Beiwerk. Dies aber zeigt, daß die Seele nicht immateriell ist. Sie ist greifbar, sichtbar – *sie ist da*, nur irgendwie anders, als wir es sonst in der irdischen Existenz gewohnt sind. Aber was bedeutet das, und wie geht das zu? Ach, unsere Träume und Traumgesichte sind manchmal realer, als was wir bei wachen Sinnen aufnehmen und erleben. Raupe und Schmetterling zeigen, daß wir auf Erden nichts weiter tun als »fressen«; daß »dort« aber alles Beschwingung sein wird, Bewegung, wohlriechendes Harz, Weihrauch und Myrrhen. Das *jenseitige* Leben wird ganz erfüllt sein von Licht und Duft. Aber so, daß es fühlbar, daß das Aroma gleichsam physischer Natur ist; daß das Jenseits einen Duft aushaucht.

Nicht ohne Lächeln könnte man auf den Einwurf »von den Anfechtungen *dieser Welt*« entgegnen, daß »das ewige Leben« gerade an ihnen seinen Anteil hat, daß es sich aus der Seele, der Entelechie der Dinge ergießt und daß die Teile unseres Antlitzes, mit denen wir schmekken und riechen und die ganz allgemein als schön und »himmlisch« angesehen werden, eben durch die Linien von Lippen, Nase und Mund so schön erscheinen.

»Was für eine Mißgestalt, die weder Nase noch Lippen hat«, und als mißgestaltet empfinden wir bereits eine Verletzung oder sogar nur eine unschöne Linie im Gesicht. Das Apokalyptische an uns ist das Lächeln – mehr als alles andere.

Freude, schöner *Götterfunken*, Tochter *aus Elysium*.

Das ist keine Allegorie, das ist die reale, oder genauer gesagt, numenale Wahrheit. Es ist gut, wenn man angefochten wird«, »es ist gut, wenn man sich anfechten läßt«. Und gut ist, durch wen »die Anfechtung Eingang findet in die Welt«: er biegt den Rand des Himmels herunter auf die flache, allzu flache Erde. Es ist doch rätselhaft, daß im Evangelium nicht ein einziges Mal von einem Geruch die Rede ist, daß nichts Duftiges, Aromatisches dort vorkommt; es ist, als wolle das Evangelium betonen, daß es nichts mit jener Blüte der Bibel zu tun hat, dem Hohelied Salomos, jenem Liede, von dem ein Weiser des Ostens gesagt hat, »daß das ganze Bestehen der Welt nicht so viel wert sei wie jener Tag, an dem das Hohelied geschaffen wurde«. Das Evangelium hat also eine völlig verkehrte Vorstellung von »diesem« und dem »künftigen Leben«: die Wege des Lebens, soweit sie *physiologischer Natur* sind, sind das *Wesentliche* und *Himmlische* (der Stuhl der Offenbarung); das ist, was allem »zugrunde liegt« und »gerechtfertigt« worden ist. Jener andere Weg des Lebens aber, »das Leben *des Geistes*«, ist ein Umweg, der nirgendwo hinführt als zu müßigem Wesen, Ästhetik und Geschwätz.

Und qualvoll lag sie in den Banden der Welt

das ist das irdische Leben der Raupe, die dahinkriecht und frißt...

Von himmlischem Sehnen erfüllt, das ist der Schmetterling, der im Äther, in den Sonnenstrahlen sich badende Falter. Eben jener Sonne, die zusammen »mit Mond und Sternen Wache hält bei der Gebärenden«.

Ihr konnte kein Lied, das auf Erden erklang,
*Ersetzen des Himmels Gesang**.

Keinerlei »Hölle und Zähneklappern« *drüben* – Nektar wird von Blüten gesammelt. Nach den Qualen, dem Schmutz, dem Unrat und dem »Essen von Erde« der Raupe, nach dem Grab und dem *Gleichnis des Sterbens* in der Verpuppung wird die Seele vom Tode erstehen; und eine jede Seele, die sündige wie die sündlose, wird ihr unaussprechliches »Hohelied« erleben. Jedem Menschen wird gegeben nach seiner Seele und seinen tiefsten Wünschen. Amen.

* Aus Lermontows Gedicht »Der Engel«. (Der Hrsg.)

2. Von den Mysterien Christi

»Denn ich will Deinen Feinden das Mysterium nicht preisgeben noch Dich küssen, wie Judas tat ...«

Wie *das* gesagt ist ... O wie das klingt ... Und wahrhaft fürchterliche Mysterien muß der erblickt haben, der so gesprochen und insbesondere so geschaut hat.

3. Der Sohn

Damit der Sohn geboren werde, muß man beim Vater eine gewisse *Unvollkommenheit* annehmen. Der Vater – das hat einen so *vollen* Ton. Der Vater – das ist *alles.* Der Vater – *das* ist die Sonne, die Seele und die Wahrheit der Sonne. Überall sind seine Strahlen bis in die fernsten Bereiche des Weltalls. Der Vater – damit ist *alles gesagt.*

Was bedeutet es aber, daß *der Sohn geboren ist?* Doch wohl nur, daß der Vater seine Schöpfung *nicht ganz zu Ende* geführt hat? Vielleicht hat er die Menschheit noch nicht belehrt oder nicht hinreichend belehrt? Aber auch »das Sittengesetz« hat er doch schon (auf dem Sinai) erlassen. Also ging es nicht nur um die Erschaffung von »Erde«, »Sonne und Mond«, »Licht und Nacht«. Aber was bedeutet es? Wie läßt sich das erklären?

Doch nicht anders, als daß man den Vater der Unvollkommenheit und mangelnder Fülle verdächtigt. »Der Vater ist noch *nicht alles* und nicht *das Ende.*«

Nun – da wurde eben der Sohn notwendig.

4. *Die Sonne*

Lebt die Sonne?

Das ist das Rätselhafteste – sogar das einzig Rätselhafte – an ihr.

Alle wirklich gelehrten und gebildeten Menschen, von Laplace bis zum letzten Gymnasiasten, sind davon überzeugt, daß sie »natürlich nicht lebt«; daß sie ein »Gegenstand« sei …

Aber warum erlischt sie nicht? – »Sie wird erlöschen.« Aber sie hatte doch genug Zeit zum Erlöschen. Wirklich genug?? Oh, es sieht so aus …

»Von der Sonne stammt das Leben auf der Erde.« Von *ihr?* Anscheinend. Das Lebendige sollte aus dem Mechanischen entstehen? Seltsam. »Ja. Aber das lehren uns die Atome.« »Sie befinden sich alle in Bewegung.«

Nun, aber wenn sie »lebt«? Dann richtet sich der erste Gedanke auf Christus. »Du bist also nicht Gott.« Seltsam.

»Die Sonne lebt.« Geben wir dieser Hypothese einmal Raum. Nicht als Phrase, sondern als Wirklichkeit. Wie aber lebt sie? »In solchem Feuer« hört das Leben auf. Und wenn es doch so wäre, so würde das bedeuten, daß es für »das Leben« keine Temperaturgrenzen gibt.

Seltsam.

Nein – allem Anschein nach »lebt sie nicht«. »Bei solcher Hitze muß alles verkochen und versengt werden.« Die Frage aber ist, ob sie eine Seele hat. »Was geschieht mit der Seele bei sehr hohen Temperaturen?«

Niemand weiß es.

Warum bewegen sich die Planeten um die Sonne? Warum »stehen« sie nicht um die Sonne? »Dann würden sie fallen.« Nun, und wenn sie schon fielen – das wäre weiter kein Unglück. »Kleine Fische.«

Trotz alledem versteht die Wissenschaft, und gerade die Wissenschaft, von den »Bewegungen der Planeten« und »der Sonne« selbst nichts. Und Laplace versteht auch nicht mehr als ein Gymnasiast.

Ja, und noch etwas: Was ist nun worin enthalten – das Sonnensystem im Evangelium oder das Evangelium im Sonnensystem?

Fünftes Heft

1. Auch ein wenig Freude 2. Eine gefährliche Kategorie 3. Das Feuer Christi 4. Die Geheimnisse der Welt 5. Die Versuchung in der Wüste 6. Die Sonne 7. Religio

1. Auch ein wenig Freude

»Kommt über uns zu herrschen und zu gebieten, denn unser Land ist groß und reich, nur herrscht keine Ordnung darin.« (Aus der Nestor-Chronik)

Dich hat, Heimat, allerwegen
Schon in Knechtsgestalt durchwandert
Unser Herr mit seinem Segen.

(Tjutschew)

Eine erstaunliche Ähnlichkeit mit den Juden. Erstaunlich bis zur Buchstäblichkeit. Die Historiker haben übersehen, und die Slavophilen sind nicht daraufgekommen, daß es sich hier keineswegs um den »Verzicht« eines angeblich im höchsten Grade demütigen Volkes auf »die Macht«, sondern um das *Unvermögen* zu herrschen, um *Unbegabtheit* für die Macht handelt; oder, was noch besser und sogar ganz wundervoll bis zur Einzigartigkeit ist: daß es hier um die schöne Gabe geht, mit seiner Straße, seinem Viertel in der Nachbarschaft zu leben, ohne dadurch sündhaft zu werden, daß man nach mehr verlangt.

»Wir haben genug an Klatsch und Gevatterschaft.«

Weiß Gott, unter deutscher Oberherrschaft würde es uns besser gehen. Die Deutschen würden Ordnung bei uns machen »wie in Riga«. Sie würden die Polizei und alle möglichen Ämter organisieren. Geben wir zu, daß all das bei uns doch immer sehr im argen lag. Sie würden Ministerien aufziehen und, endlich einmal ..., sich nicht schmieren lassen, worüber bei uns alle, von Ssumarokow bis Stschedrin, gejammert haben ... – »denn es herrscht keine Ordnung bei uns«. Zum Teufel mit ihnen, diesen Trotteln. Und noch etwas: endlich werden uns die Deutschen einmal russischen Patriotismus beibringen, wie das ihre ausgezeichneten Wiegel und Dahl getan haben. Aber ihrer waren nur zwei, und was konnten sie schon ausrichten.

Wir aber werden uns ihrer Seele ebenso hingebend und feurig bemächtigen wie der Seele Wiegels, Dahls, Wostokows und Hilferdings. Schließlich ist ja nicht ein einziger Russe *seelisch* zum Deutschen geworden, weil die Deutschen wirklich stur sind und fast keine Seele haben. Deshalb sind sie auch so begabt zum »Regieren«.

Die Unterwerfung Rußlands durch Deutschland wird in Wirklichkeit, innerlich und geistig, zur Unterwerfung Deutschlands durch Rußland werden. Wir werden endlich aus ihnen, aus den Besten von *ihnen*, etwas machen, was einem Menschen ähnlich sieht und nicht einem Stallmeister. Und über dem »Stallmeister- und Hofmeisterspielen« haben sie ihr menschliches Antlitz eingebüßt.

Wir werden ihnen beibringen zu tanzen, musikantisch zu werden und Lieder zu singen. Vielleicht werden wir sie sogar das Beten lehren. Dafür werden sie bei uns Erz graben, das heißt – Zwangsarbeit verrichten, die

Erde pflügen, das heißt – Bauern werden, und an den Werkbänken stehen, das heißt – Arbeiter sein. Mit Apothekerei werden sie sich befassen, womit sich bis zum heutigen Tage noch kein einziger Russe beschäftigt hat. »Dazu sind wir nicht berufen.« Und »französische Senfpflaster« werden sie für uns herstellen, was wir auch noch nie fertiggebracht haben.

Wir werden ihnen dafür Propheten schenken und versuchen, ihnen einen Begriff von Heiligkeit zu geben – was allerdings kaum denkbar ist. Aber versuchen werden wir es immerhin. Wir werden ihnen beibringen, wie man sich ausdrückt, Lieder singt und Märchen erzählt.

In dem, was die tiefsten Dinge betrifft, werden wir ihre Herrn sein, sie aber unsere Kinderfrauen, die uns lieben, uns gehorchen und uns dienstbar sind. Geistig aber werden wir sie erziehen. Denn dann wird auch unser Nihilismus vergehen. Der Nihilismus ist die Verzweiflung des Menschen darüber, daß er unfähig ist, etwas zu tun, wozu er keinerlei Berufung oder Anlage hat.

Ganz wie die Juden sind auch wir zu Ideen und Gefühlen, zu Gebet und Musik berufen, nicht aber zur Herrschaft. Zum Unglück und Verderben unserer Seele und unseres Leibes sind wir zu Herrn über ein Sechstel der Erde geworden. Und dieses Sechstel haben wir durch unsere Herrschaft verdorben. Der Planet hat das nicht mehr ausgehalten und das Unterste zu oberst gekehrt. Der Planet und nicht etwa die Deutschen.

2. *Eine gefährliche Kategorie*

Ein Mensch ist bezaubernd, verführerisch, arglistig – böse.

Es ist verwunderlich, daß zur Kategorie der »Arglist« – dieser besonderen Sünde von spezifischer Tiefe – keinerlei sündhafte Stufen hinführen außer dieser ersten:

er ist bezaubernd … Was heißt das? Wieso? Warum?

Er ist bezaubernd, weil er keinem Tadel ausgesetzt ist, weder Sünde noch Sünden an sich hat und alle vom ersten Blick an bezaubert, sowie ihn nur jemand sieht oder hört.

Er ist verführerisch, weil ihm kraft der Eigenschaft der Sündlosigkeit und Schönheit alle Menschen zufallen.

Und dies nun ist seltsam: wie kann auf einmal aus Sündlosigkeit und Schönheit jenes Dritte hervorgehen? Das ist völlig unnatürlich. Jedoch hat das Alltägliche und, sozusagen, untendenziöse menschliche Auge plötzlich bemerkt, daß jene gefährliche Kategorie eben auf die beiden anderen Eigenschaften folgt.

Des Bezaubernden, Verführerischen.

Deshalb müßte man – »nach den Weissagungen« – besonders vorsichtig sein, wenn man plötzlich einen ganz ausnehmend unschuldigen, reinen, fehllosen Menschen zu Gesicht bekommt.

Einen bezaubernden Menschen …

Angesichts aller möglicher Warnungen wäre es hier gut, beschwörend einzuwenden:

Laß einen kleinen Fehl an ihm sein, einen so gut wie unschuldigen, aber doch einen Mangel. Der größte von den Alten, den die Menschen hätten für »Gott« halten können – und tatsächlich waren sie schon nahe daran, »sein Grab wie das eines Gottes zu suchen«, und konnten es doch nicht finden –, dieser Mensch war doch, um es in altertümlicher Sprache auszudrücken, »schwer von Zunge«. Das heißt, er stotterte, er stammelte. »Er errettete das Volk Gottes von der Knechtschaft« und gab alle (alle!!!) Gesetze, und dabei war er nicht mehr und nicht weniger als ein Stotterer. Eine geradezu lächerliche Eigenschaft, aber auch eine unschuldige. Und eben in dieser Verbindung des »Unschuldigen mit dem Lächerlichen« erkennen wir das Buch Gottes und ein göttliches Ereignis.

Und wirklich: dieses Ereignis und dieses Buch haben keinerlei »schlimme Folgen« gehabt. Dabei wäre zu bemerken, daß das »Arglistig-Böse« allmählich an seinen »Folgen« erkannt wird.

Denn es ist doch nicht schwer, es zu erkennen: »es ist bezaubernd« und es »verführt«.

3. Das Feuer Christi

Wo das Feuer Christi gebrannt hat ...
Wo es wirklich gebrannt hat ...
Da wird niemals mehr etwas wachsen.
Siehe Salomonis Stadt Jerusalem.
Und das Schicksal Judaeas.

Und Paulus, der darum bat, ihn nicht »wie unseren Herrn zu kreuzigen, sondern mit dem Kopf nach unten«, damit »sein Haupt dort wäre, wo die Füße seines geliebten Meisters waren«.

Und unsere Skopzen*.

Eben darauf sind auch die Jesuiten als erste gekommen. Sie sagten: »Laßt euch nicht allzu sehr bezaubern«, und begannen, in Paraguay Handel zu treiben.

4. Die Geheimnisse der Welt

Du allein bist herrlich, Herr Jesus! Und hast die Welt mit Deiner Schönheit geschmäht. Die Welt aber ist – Gottes.

Warum hast Du gesagt: »Ich und der Vater sind *eins*«? Ihr seid nicht nur nicht »eins«, sondern *Du gehst wider Ihn*. Und hast an Ihm gehandelt wie Saturn an Uranos.

Du hast Ihn entmannt. Nur um Ihn zu entmannen, bist Du erschienen. Das ist es: – Hier enträtseln sich endlich die Worte von der Verschneidung. Hieraus erklärt sich, daß man im Evangelium nicht mehr »liebt«, sondern »wie die Engel Gottes« lebt: wie in den Höhlen am Dnjepr**, »mit Kerzen und in der Erde vergraben«. Oh, Entsetzen über Entsetzen.

Und Du bist furchtbar durch und durch. Du bist nicht sanftmütig, sondern eben – furchtbar. Und Du bist auferstanden – o ich glaube daran: »Wenn ich gen Himmel fahren werde, werde ich alle an mich ziehen.«

Aber – wodurch?

Oh, Du bist nicht der *Freund* der Menschen. Nein, ihr Freund bist Du nicht. Der »Vertrag«, »der Bund« (des Alten Testamentes) – schon das erscheint formal und trocken. Aber wie furchtbar hast Du sie unterdrückt,

* Russische Kastratensekte. (Der Hrsg.)

** Anspielung auf die Asketen im Kijewer Höhlenkloster. (Der Hrsg.)

bis zur äußersten Sklaverei. Wahrlich – »Knechte des Herrn« ... Sogar bis in den Tod, bis ins Martyrium.

Ist das nicht erschütternd: »Nicht einer von den Märtyrern wurde verschont.« Aber er hätte doch wohl verschont werden *können?*

Nicht wahr?

O...

Freilich, wer den Lazarus *auferweckte* – der hätte es *gekonnt. Wollte* Er es also nicht...? O, o, o...

Alles konntest Du, Herr Jesus. Du, »der Du den Himmel und die Erde erschüttert hast«.

Und doch nicht einmal die Kinder von der himmlischen noch auch von der irdischen Qual befreitest.

Knechte, Knechte... Ja, der »Vertrag« – er ist »heilig«: »Wie du mir, so ich dir.« Du aber gabst nichts als Erniedrigung, den ganzen Ruhm indessen hast Du Dir vorbehalten. Begreifst Du da wirklich nicht, warum das gerechte Israel sich wider Dich erhob? Es erhob sich – da es nicht verstand. »Etwas *stimmt hier nicht.*« Aber was? Mit Deiner Schmähung der Schöpfung Gottes schmähtest Du – schmähtest Du insonderheit und in furchtbarer Weise – »den Sprößling Jehovas«, und er erhob sich wider Dich, denn das »Was« und »Wofür« konnte er nicht begreifen.

Hier ist die Lösung, hier ist die Lösung des Rätsels, hier, und nur hier.

Nun, vernimm: Herrlich sind »die Lilien auf dem Felde«. Aber der »Mensch« ist doch wohl nicht schlechter? Warum hast Du ihn immerfort »seiner Sünden wegen« gescholten? Und ihn mit Qualen geschreckt? »Und werden sie in den Feuerofen werfen; da wird sein Heulen und Zähneklappen.« Sehr nett.

Überhaupt ist alles sehr nett in Deiner Schöpfung, die wahrlich »von der des Vaters« himmelweit unterschieden ist. Die Menschen freien nicht mehr, lieben nicht mehr und vermehren sich nicht mehr. Und alle lauschen Deinen Worten wie jene arme Maria.

O die Arme, die Arme ... Wird sie »nachher« auch zur Märtyrerin werden, die Du ebenfalls in Deiner himmlischen Glorie vergessen hast?

5. *Die Versuchung in der Wüste*

Um »ohne Sünde« zu sein, mußte Christus sich von der Welt entfernen ... Die Welt verlassen ... d.h. die Welt *entmachten*.

»Die Kraft« ist sündig. Was wirst Du anfangen ohne »die Kraft«? Und so mußte denn gewählt werden zwischen »der Tat« und der »Sündlosigkeit«.

Christus wählte die Sündlosigkeit. Darin liegt der Sinn seiner Versuchung in der Wüste. »All diese Macht will ich Dir geben und all ihre Herrlichkeit.« Er hat sie verschmäht. Aber wie hat Er dann die Welt erlöst? Doch nicht durch Sein Tun? »Geht *auch ihr* in die Wüste!«

Der Reiche dieser Welt bedarf es nicht ... Der Welt bedarf es nicht. Keines Dinges überhaupt bedarf es ... Nihilismus. Ach so – *da* sind also *seine Wurzeln*. »Die Welt ohne Füllung« ... Eine Pastete ohne Füllung. »Schmeckt euch das?« Aber so ist es in der Tat: Christus hat die ganze Füllung aus der Pastete hinausgeworfen, und das nennt man »Christentum«.

6. Die Sonne

Es heißt: »Es gibt kein ewiges Perpetuum mobile.« Das ist bewiesen – die Wissenschaft …

Du Schwein, welches mit dem Rüssel in der Erde herumwühlt: schau aufwärts: die Sonne.

Zu sagen: »Die Sonne *ist müde geworden*«, »verliert ihre *Energie*« – ist sinnlos. In Wahrheit kennt sie keine Erschöpfung und lebt doch irgendwie immer weiter. Wenn es etwas gibt, was einem »nicht langweilig« wird, so ist das die liebe Sonne … Protuberanzen. Sie spielt. Vulkane. Die »Corona« (die auch bei Sonnenfinsternissen sichtbar ist). Und dann diese geheimnisvollen »ultravioletten Strahlen«, von denen, wie es heißt, alles Leben herrührt.

7. Religio

Wachstum

Es war, es ist, es wird sein.

Warum dieses »es wird sein«?

Weil es *Wachstum* gibt …

Wachsen, »mehr« werden … Im Rätsel des »Mehr« liegt schon die Antwort auf die Frage nach »Fortschritt« und »Entwicklung«.

Alles entfaltet sich vom »Punkt« zur »Peripherie«. Und die Welt hat sich von dem »Punkt« Gott zur »Schönheit des Alls« entfaltet.

Und wo »in der Welt« wäre »Gott« nicht? Und wo »in Gott« wäre »die Welt« nicht?

Sie hängen innig zusammen. »Religio« … und Gebet.

Es gibt kein Ding, das nicht »betete«, denn es »wächst«. Und weiß, daß es »aus einem Punkt« herauswächst, dem Punkt *des Vaters*.

Und es gibt keinen Gott, der nicht auch der Beschützer wäre. Das ist die Vorsehung. Denn der Punkt kennt seine Peripherie ebenso wie das Huhn die von ihm gelegten Eier, die es ausbrütet.

So erschienen Himmel, Erde und Gestirne. Sie »erschienen«, weil die Welt Religion ist: – nicht weil »die Religion in der Welt entstand«, sondern umgekehrt und ganz und gar entgegengesetzt: »Mond, Sterne und Erde« erschienen, und »alles begann am Himmel zu kreisen«, weil im Geheimnis und im Wesen des Weltgebäudes das Gebet stets – wie ein Seufzer und wie ein Schatten – beschlossen lag.

Man könnte sagen, daß der Seufzer »jener Dampf«, jener »Nebel« war, aus dem »alles« hervorgegangen ist. So daß »alles« in dem Augenblick, da es erschien, ganz natürlich zu atmen begann.

Es begann zu atmen, weil es aus einem »Seufzer« hervorging. Denn dieser »Seufzer« – ist »Gott«.

Gott ist nicht das Sein. Nicht die Allmacht. Gott ist der »erste Hauch«, »der Morgen«. Aus dem »dann später« alles hervorging.

Sechstes und siebentes Heft

1. Noch etwas vom »Sohn« in seinem Verhältnis zum Vater
2. Der Befehl Nr. 1

1. Noch etwas vom »Sohn« in seinem Verhältnis zum Vater

... Unter den Söhnen der Menschen – den *unvollkommenen* Söhnen *der Erde* – geht es so zu, daß der »Sohn« *geboren wird*, wenn der Vater in seinem Leben nicht *erfüllt* war. Wenn er nicht rund war, nicht abgerundet (ein Korn, die *Form* des Korns, die ontologische Grundlage der Abgerundetheit *aller Körner überhaupt*), wenn er eckig war.

Der Sohn, die Kinder gleichen bei den Söhnen der Menschen dem Vater nie, sind eher im *Gegensatz* zu ihm gebildet, als daß sie ihn nachahmten. Der Gedanke der *Tautologie* mit dem Vater, der *Gleichartigkeit* von Vätern und Söhnen würde dem kosmischen Gesetz und der ontologischen Zweckmäßigkeit widersprechen. Die Wiederholung ist überhaupt irgendwie dumm.

Wer deshalb von sich sagte: »Ich und der Vater sind *Eins*« – würde nur Unbegreifen heraufbeschwören und als Antwort die Frage »Wozu?« – »Weshalb die *Wiederholung?*«. Nein, es liegt klar zutage, daß der Sohn nur hätte »erscheinen« können, um »den Vater«, der unvollkommen, unerfüllt und überhaupt voller Mängel war, zu ergänzen. Ohne etwas ontologisch Unzureichendes im Wesen des Vaters kann es den Sohn nicht geben, auch wenn der Vater »der ewig Zeugende« und sogar eben seinem eigentlichen Wesen nach nichts als »der Zeugende« wäre. Denn »er zeugt die Welt aus sich selbst« und hat die Gabe, die Kraft und die Schönheit des Zeugens zu eigen, selbst wenn dies auf Erden oder in der Geschichte keinen Niederschlag fände. Richtiger gesagt, schafft er bis zum heutigen Tage weiter an der Welt und nimmt an allen Geschöpfen ohne Ausnahme teil, wenn sie zeugen und gebären; er ist der *Nerv* und *Lebensfaden* von allem, was geboren wird, von der Blume bis zum Menschen, ohne daß Mensch oder Blume dabei der Vorrang gebührte. Aber daß der Sohn, als Person, in der Welt erscheint – das könnte doch nur geschehen, um *der Erde* etwas *Neues* zu sagen und etwas *Neues* auf ihr zu wirken. Ohne das Neue gäbe es den Sohn nicht. Um etwas *Anderes* als der Vater zu sagen, etwas, was sich von dem *unterscheidet*, was der Vater gesagt hat – dazu hätte der Sohn »erscheinen« können. Ohne Widerspruch zum Vater kann es den Sohn nicht geben.

So ist das auch im Evangelium selbst dargelegt. »Die Alten haben gesagt ..., *Ich aber sage euch* ...« Es haben jedoch nicht die *Alten* gesprochen, sondern es sprach *das Gesetz*, das vom Vater ausgegangen war. Nehmen wir einmal das »Auge um Auge« – und das »So dir jemand einen Streich auf deine rechte Backe gibt, dem biete die andere auch dar«. »Auge um Auge« ist die Begründung der ontologischen Gerechtigkeit der Strafe. Ohne das »Auge um Auge« gäbe es das Verbrechen, aber nicht die Strafe. Die Strafe aber gibt es bereits im Vorwurf des Gewissens (und hier stärker als im physischen Sein) – sie gehört *ontologisch* in die Welt, d.h. sie ist in das räumliche und zeitliche Sein der Welt gebunden und in ihrer

Seele angelegt. Und weil sie nun so vom himmlischen Vater in die Welt gelegt ist, hat Christi »andere Backe« im Gegensatz (hier wie *überall*) zur *Barmherzigkeit* des Vaters, die Menschheit mitten hineingeführt in die Qualen der Verzweiflung, sie zu Selbstmordgedanken verleitet oder – anders ausgedrückt – die Welt unendlich entstellt und chaotisiert. Das zeigen übrigens auch die Worte des Apostels Paulus: »Ich elender Mensch, wer wird mich erlösen von dem Leibe dieses Todes.« Das ist ja geradezu die Wehklage Kains; ohne Zweifel bezieht er sich hier auf die Schuld, die in der Abschaffung der Beschneidung liegt, d.h. auf die durch den Apostel bewirkte Außerkraftsetzung des gesamten Alten Testaments, dessen Sinn er überhaupt nicht mehr verstanden hat. Wie überall im Evangelium, wo es scheint, daß es dem Menschen in Kleinigkeiten leichter gemacht wird, hat Christus *in Wirklichkeit* das menschliche Leben *unerträglich belastet*, hat es mit »Dornen« und »Stacheln« von Disteln übersät und etwas Ungreifbares und Unerfüllbares zum Maßstab des Daseins gesetzt. In Wahrheit aber sind »Gerechtigkeit« und »Strafe« jenes »Gewöhnliche« und »Normale« im Leben des Menschen auf Erden, ohne welches dieses Dasein aus dem Gleichgewicht geraten würde. Es ist das jenes Klare, Einfache und Ewige, welches »die Fülle« des Vaters und seine ewige Fundamentalität kennzeichnet, mit der er auf Begrenztes, Kurzes kurz und sachlich antwortet. Und an dessen Stelle nur Tränen, Hysterie und Sentimentalität getreten sind. Was über uns gekommen ist, sind Christi Qual und Wirrnis.

2. Der Befehl Nr. 1 *,

der die elfmillionenköpfige russische Armee mit elf Zeilen in Staub und Kehricht verwandelte, hätte nicht auf sie gewirkt, wäre überhaupt nicht von ihr verstanden worden, wenn die ganze russische Literatur nicht schon ein dreiviertel Jahrhundert lang den Boden hierzu vorbereitet hätte. – Es war notwendig, daß – schon lange vor dem Erlaß dieses Befehls – sich eine ungünstige Meinung vom Offizier zu bilden begann als einem

Dummkopf

Prahlhans

Feigling,

einem in jeder Beziehung

nichtigen Wesen

und zum Teil einem

Dieb.

Hierzu war es zunächst einmal nötig, Skalosub **

im Theater

zu sehen und zu lesen, wie der General Betristschew

sich wusch,

der, bei Gogol, die »Geschichte der Generale des vaterländischen Krieges« schreibt und Tschitschikow in die Nase prustet. Und Tolstoj mußte davon berichten, wie

* Armeebefehl der Provisorischen Regierung des republikanischen Rußland vom Mai 1917, durch den die Disziplin bedenklich gelockert und der Zerfall der alten kaiserlichen Armee beschleunigt wurde. (Der Hrsg.)

** Karikatur eines engstirnigen, beschränkten Militärs in Gribojedows berühmter Komödie »Verstand schafft Leiden«. (Der Hrsg.)

die Generale sich tapferes Ansehen geben und alles aufbieten, sich nicht zu bücken, wenn die Kugeln fliegen, sich dann aber doch bücken und in ihrer Seele und sogar vor aller Augen zittern und beben ...

Der Befehl Nr. 1 war also seit langem vorbereitet. Ohne Zweifel wurde er in Berlin ausgearbeitet. Berlin hat überhaupt die russische Literatur sehr gut studiert. Dort hat man nichts anderes getan, als den Saft aus ihr herauszupressen und das Heilsame, Bezaubernde und Wahre an ihr wegzulassen. »A la guerre comme à la guerre ...« »Diese sanften Düfte brauchen wir nicht.« »Wir, die Deutschen an der Spree ...«

Aus dem Aroma und Wohlgeruch haben die Deutschen jenen Tropfen Galle herausdestilliert, der ohne Zweifel in ihr enthalten ist. Und haben ihn zur passenden Minute Rußland kredenzt.

Eben diesen Tropfen.

Und nur diesen.

Einen von der goldenen russischen Literatur wunderbar präparierten Tropfen.

»Trink, das hast du doch gern gehabt. Hast es hervorgebracht. Und gehegt und gepflegt.«

Rußland trank und starb.

Zweifellos hat die Literatur Rußland umgebracht. Es gibt nicht einen unter den Totengräbern Rußlands, der nicht literarischer Herkunft wäre.

Das will einem gar nicht eingehen ... Und dennoch ist es *so*.

An den Leser, wenn er ein Freund ist. – In diesem schrecklichen, aufgewühlten Jahr habe ich von vielen mir bekannten wie auch ganz unbekannten Menschen nach Maßgabe der Eingebung ihres Herzens Hilfe in Gestalt von Geld und Lebensmitteln erhalten. Und ich kann nicht verhehlen, daß ich ohne diese Hilfe nicht *gewußt* hätte, wie ich dieses Jahr überstehen sollte. Schon stiegen bedrückende Gedanken an Selbstmord auf, Ängste und Schwermut. Wehe: der Schriftsteller ist wie ein Schlafwandler. Er steigt über die Dächer und lauscht auf die Geräusche, die aus den Häusern dringen: und falls ihn nicht jemand stützt und an den Beinen festhält, wenn er von einem Schrei zur Wirklichkeit, zum *Tage* und zum *Munterwerden* erwacht, dann stürzt er vom Dach des Hauses zu Tode. Die Literatur ist ein großes, selbstvergessenes Glück, aber im *persönlichen* Leben auch ein großes Leid. Schwarze Schatten, Kohle; aber auch die junge Eos, die Morgenröte der Hellenen. Für die Hilfe fühle ich tiefe Dankbarkeit; oft haben Tränen mir die Augen und die Seele befeuchtet. »Jemand erinnert sich, jemand *denkt* an dich, jemand hat eine Ahnung gehabt, wie es dir geht.« »Das Herz hat dem Herzen *eine Botschaft übersandt.*« Es gibt einen eigenartigen Somnambulismus von Raum, Zeit und auch der Seele des Lesers und ihrer *noblen Visionen*. Natürlich liegt *die eigene Seele* vor jedem Menschen *offen*, und von meiner Seele weiß ich, wie sehr sie die Seele des Lesers liebkost und hegt und sie zärtlich und intim zu stimmen sucht. »Das Intime, das Intime hütet wie euren Augapfel: die Intimität eurer Seele – das, was niemand anders je von eurer Seele erfahren wird, das ist kostbarer als alle Schätze der Welt!« Auf der Seele des Lesers liegt wie auf den Flügeln eines Schmetterlings jenes unterste, *letzte* Stäubchen, welches niemand außer Gott zu berühren wagt und *weiß*. Aber es gibt auch das Umgekehrte: Die Seele des Lesers hat die intimsten Seelenregungen des Schriftstellers in ihre eigene Intimität aufgenommen. »Wie aufgeregt du bist, mein Autor, wie verstört. Von woher überfallen dich solche Träume und Leiden?«

Ich bin müde. Und ich kann nicht mehr. Zwei bis drei Handvoll Graupen und *fünf* hartgekochte Eier können mir oft noch *einen Tag* retten. Etwas Goldenes dämmert mir auf im Rußland der Zukunft. Ein »apokalyptischer Umschwung« in den historischen Anschauungen nicht nur Rußlands, sondern auch Europas. Bewahre dir, Leser, deinen Schriftsteller – etwas Abschließendes dämmert mir auf in den letzten Tagen meines Lebens. W.R.

Ssergiew Possad, Gouvernement Moskau,
Krasjukowka, Polewaja Str.,
bei Pfarrer Beljajew.

Achtes und neuntes Heft

1. Der Christ 2. La Divina Commedia
3. Eine Seltsamkeit 4. Perturbatio aeterna
5. Hinter dem Schrank zerquetscht ... 6. Drei Horoskope
7. Von den Leidenschaften der Welt

1. Der Christ

Es ist, als wäre er krank und hätte alle Welt im Verdacht, sie sei mit noch schlimmeren Krankheiten behaftet als er selbst. Nur gegen eine Instanz, nämlich die Macht, hegt er keinen Verdacht. Die Macht ist immer gut und segensreich, und zwar deshalb, weil er träge ist, und die Macht ihm verheißt, für ihn Sorge zu tragen wie für einen Krüppel.

Die Wohltätigkeit, die überall woanders dazu dient, einem Mangel abzuhelfen, ist bei den Christen der Normalzustand. Hier erweisen alle den »Bettelbrüdern« Wohltaten, und eine gewisse Bettelhaftigkeit von Leib, Seele, Hab und Gut kennzeichnet das Christentum. »Klapperdürre Leute.«

Als die Slaven »die Waräger von jenseits des Meeres« herbeiriefen, damit diese über sie und ihr »großes und reiches Land« herrschten, erwiesen sie sich bereits als Krüppel noch vor der Geburt. Furchtbar.

Furchtbar und doch wahr. Bis zum heutigen Tage, ja bis in unsere Zeit hinein habe ich immer wieder beobachtet, daß die besten, »abgerundetsten« und am günstigsten gelegenen Grundstücke sich in deutscher oder jüdischer

Hand befinden. »Stolls Sommerhaus«, »Winklers Landgut«. Für 15000 Rubel kaufte Stoll Wald und Land in der Nähe von drei großen Seen; bereits sieben Jahre später bot man ihm 120000 dafür, aber er verkaufte seinen Besitz nicht. Er wußte, daß sein Enkel eine Million dafür bekommen würde. Da ist haargenau »die Geschichte mit den Warägern«. Verkauft hat ihm sein Anwesen zweifellos so ein Gutsbesitzer, der seine Köchin und die Kinder sicherstellen wollte. »Mehr als 15000 braucht sie nicht. Ich also auch nicht. Ich werde zu ihr ziehen. Sie wird auch nichts dagegen haben, wenn ich mich aufs Kartenspielen verlege.« Poeten ...

Bei uns sind alle wie Nal und Damajanti*. Eine künstlerische Nation. Anekdotisch.

So leben wir dahin. Aber zurück zu den Christen. Ihnen fehlt das klare, gute, heitere Auge. Einer mustert den anderen, einer hat den anderen im Verdacht. Alle klatschen über einander. »Die christliche Literatur« ist fast nichts als »die Geschichte des christlichen Klatsches«. Seht euch nur die Belletristik und das Theater an. Beinahe nichts als Verleumdung und böse Nachrede.

Wie furchtbar. Und wieviel furchtbarer ist es, das auch noch zu lieben. Ich stöhne und liebe, stöhne und liebe zugleich. Gewohnheit, Tradition. Ach, »meine armen Eltern«.

* Indische, die Gattenliebe verherrlichende Verserzählung aus dem Sammelepos Mahabharata. Klassische deutsche Übertragung von Friedrich Rückert (1828). (Der Hrsg.)

2. *La Divina Commedia*

Unter Rasseln, Knarren und Kreischen senkt sich ein eiserner Vorhang auf die russische Geschichte herab.

Die Vorstellung ist zu Ende –

Das Publikum ist aufgestanden.

Es ist Zeit, die Pelze anzuziehen und nach Hause zu fahren. –

Man schaut sich um.

Und da gab es keine Pelze mehr, und auch keine Häuser …

3. *Eine Seltsamkeit*

Es gibt viele Gleichnisse im Evangelium, aber wo sind Gebet, Hymnus und Psalm? Und weshalb nahm Christus kein einziges Mal die Harfe, die Flöte, die Zither in die Hand und »stimmte einen Gesang an«? Warum lehrte Er die Menschen nicht beten, wo Er doch den Kultus im Tempel zerstörte? Und vom Tempel sagte Er deutlich, daß Er ihn zerstören werde, gleichwie Er auch machtvoll von Jerusalem vorhersagte, daß es fallen und in Trümmer sinken werde. Ein Mittelpunkt von Gebet und Gebetsstimmung sollte zerstört werden, wie es nirgends auf Erden je einen gegeben hatte. Aus einem geheimnisvollen, unerforschlichen Grunde kam es den Menschen niemals in den Sinn, daß das Evangelium ein religiös-*kaltes*, um nicht zu sagen ein religiös-*gleichgültiges* Buch ist. In dem man nicht singt, sich nicht freut, nicht in Entzücken gerät und nicht aufschaut zum Himmel; in dem kaum etwas »an das Paradies des ursprünglichen Menschen« erinnert. Niemandem kam es in den Sinn, daß das Evangelium, wenn es schon durch irgend etwas ganz besonders in Erstaunen setzt und verblüfft, es durch religiöse *Nüchternheit* tut – eine Nüchternheit, die schon nahe an den Rationalismus heranreicht. Auch wallen hier weder »Dämpfe« von »oben herab« noch steigen solche von »unten empor«. »Das Gleichnis« – »es ging ein Sämann aus zu säen« – ist gewissermaßen schon auf Harnack und den Priester Grigorij Petrow zugeschnitten: eine Erzählung »aus dem täglichen Leben« mit einer lehrreichen »Alltagsmoral«... Wo aber ist hier Religion? Wo ist vor allem der Psalm – das Allerwesentlichste? Und wo jener König, der nicht anders konnte, als *unablässig* seinem Gott zu *singen?*

»Wie der Hirsch schreit nach frischem Wasser, so schreit meine Seele, Gott, zu Dir«...

In dem umfangreichen, immerhin wirklich sehr umfangreichen Evangelium findet sich nur ein einziges Gebet aus sieben Zeilen. Und wie folgerichtig ist es, wie präzis. Das ist Logik und kein Gebet; dieses und jenes wird erwähnt, aber ohne Rührung, ohne ein Jota von Entzücken. Es ist ein etwas in die Länge gezogenes »Zweimal zwei = Gott«. Gleicht es etwa dem »Gebet des Zöllners«, jenem großen, herrlichen, *einzigen* Gebet? Schaut doch einmal ganz genau hin: das ist ja *gar kein Gebet Christi*, sondern ein vom Evangelisten zufällig erlauschtes *Gebet eines Zöllners.* Muß es nicht jedem auffallen, daß im »Vaterunser« bei Christus weniger vom *Numen der Gebetsstimmung* zu verspüren ist als bei diesem armen Menschen? Wir vernehmen keinerlei

Gebet noch liebeerfüllte Herzensergüsse Christi an Seinen Vater, was so natürlich wäre bei einem Sohn, was man von einem Sohn so sehr erwarten würde. Die Menschen beten – Christus betet nicht. Irgendwo betet der Pharisäer, abgetrennt und zurückgezogen von den anderen Betern, in *verworfener Schattenhaftigkeit*, als ob er damit die bereits vorher beschlossene Zerstörung des Tempels, Jerusalems und des ganzen Volkes Israel gleichsam bekräftigen wollte. *»So beten sie – was kann man da von diesem Volke erwarten?«* Indessen haben wir *jetzt* Bekanntschaft geschlossen mit Simon dem Gerechten, Ben-Jochai und Rabbi Akiba. Und sie beteten *gar nicht* »so« ... Ja, und Jonas: selbst als er »in den Bauch des Walfisches geraten war«, »erhob er sich dennoch zum Gebet« und »schrie zum Herren«: und er war kein Pharisäer und betete nicht für das Pharisäertum. Unbemerkbar und großartig verteidigt Jonas aber *auch – den Pharisäer*. Die Juden beteten keineswegs so, wie im Evangelium beschrieben; das Evangelium verleumdet das Gebet der Juden. Diese hastenden Jüdchen, Simon der Gerechte und Akiba, rannten wohl geschäftig hin und her, machten sich zu schaffen, schrien, schrien auf das Volk ein, »niemals aber stellten sie sich feierlich in Positur« und sprachen nicht solche Worte, die wahrhaft verflucht sind. Das einzige, womit sie »sich am Evangelium versündigten«, war: sie liebten den Tempel, die Stadt und das Volk so sehr ...

Ein merkwürdiges Verlöschen der Gebetsstimmung ... Wieviel wird nicht in der Apostelgeschichte gereist; aber kaum einer betet, wenn er sich auf den

Weg macht; und es betet auch kaum einer, wenn er wohlbehalten von seiner Reise zurückkehrt. Und so viele Sorgen! Man kann nicht umhin, spöttisch zu bemerken: »Martha, Martha, du hast viel Sorge und Mühe – komm, setz dich zu den Füßen deines Vaters im Himmel« ... Aber gerade der Vater im Himmel kommt rätselhafterweise niemandem in den Sinn: nur – der *Sohn*, überall der *Sohn*, der an die Stelle des Vaters tritt ... Was ist denn nun aber das *Gebet*, wenn nicht eine erschöpfende Beziehung des Menschenkindes zu Gott? Und eben diese verflüchtigt sich in geheimnisvoller Weise. Es wird bloß geklügelt. Da kommt einem in den Sinn, daß Davids Harfe, Apollos Leier und die Flöte des Marsyas – *wir überblicken die ganze antike Welt* – von nun an durch theologische Streitgespräche verdrängt werden. Und daß am Ende das geheime Numen des Evangeliums und des ganzen »evangelischen Werkes« in der Ablösung der Musik des Gebets durch das »cogito ergo sum« der Theologie lag.

4. *Perturbatio aeterna*

»Ich aber sage euch: *viele, die da sind die ersten, werden die letzten, und die letzten werden die ersten sein.*« Und es fragten Ihn die Jünger: »Aber, Herr: zu welchem *Ende* und zu welcher *Zeit?*«

Und abermals sprach er:

»Die ersten werden die letzten und die letzten werden die ersten sein.«

»Aber, guter Meister: wenn das *so* ist – welches Königreich wird dann Bestand haben? Welches Land, welche Erde wird fest bleiben, wenn das Unterste zu oberst und das Oberste zu unterst gekehrt wird?«

Und wiederum sprach er: »Die ersten werden die letzten und die letzten werden die ersten sein.«

Die Jünger aber sagten: »Wenn, was Du sagst, kein tönendes Erz und keine klingende Schelle ist – wie sollen dann die Früchte des Feldes emporwachsen, wenn das Ackerland nicht mehr bestellt wird und man nur noch das *Blitzen* der Schaufel sieht, die unablässig die Schollen umkehrt?«

Und noch einmal sprach er zu ihnen: »Wahrlich, wahrlich, ich sage euch: die ersten werden die letzten und die letzten werden die ersten sein.«

Und Furcht ergriff Seine Jünger. Und von Ihm weichend, hielten sie Rat miteinander und schüttelten die Köpfe. Und verfielen in Schweigen.

. . . .

Es erdröhnte aber die Geschichte: Verschwörungen, Stürme, Umstürze. Empörungen der Volksmassen wie Sturmwogen.

Und alle trachten danach, sich zur ersten Stelle emporzuschwingen. Und keiner kann sich lange auf ihr halten; er versinkt wieder in die Tiefe.

. . . .

Wahrlich: »Schlag an mit deiner Sichel und ernte; denn die Zeit zu ernten ist gekommen« (Offenbarung Johannis).

»Und es war Heulen und Zähneklappern. Und die Erde ward geerntet.«

. . . .

. . . .

»Raskolnikow verbrachte die Fastenzeit und Ostern im Krankenhause. Während er schon genas, erinnerte er sich seiner Träume, als er noch im Fieber gelegen und phantasiert hatte. *Er träumte in der Krankheit, daß die ganze Welt einer fürchterlichen, unerhörten und noch nie dagewesenen Pest, die aus den Tiefen Asiens über Europa kam, zum Opfer fallen sollte. Alle sollten zugrunde gehen* außer einigen ganz wenigen Auserwählten. *Neue Trichinen waren erschienen, mikroskopische Wesen, die sich in die Leiber der Menschen einnisteten. Aber diese Wesen waren mit Verstand und Willen begabte Geister. Die Menschen, die von ihnen befallen wurden, brachen sofort in Wahnsinn aus und waren wie besessen.* Aber noch nie hielten sich die Menschen für so klug und unerschütterlich in ihrer Weisheit, als es die Angesteckten taten. Niemals hielten sie ihre Urteile, ihre wissenschaftlichen Ergebnisse, ihre sittlichen Überzeugungen und ihre Glaubenssätze für unerschütterlicher als jetzt. Ganze Dörfer, ganze Städte und Völker wurden angesteckt und gebärdeten sich wie wahnsinnig. Alle waren in größter Unruhe und verstanden einander nicht; jeder meinte, daß er allein die Wahrheit kenne, und verging vor Qual beim Anblick der anderen, schlug sich an die Brust, weinte und rang die Hände. *Man wußte nicht, wen und wie man richten sollte, man konnte nicht übereinkommen, was als Böses und was als Gutes anzusehen sei.* Man wußte nicht, *wen man anklagen, wen man freisprechen sollte.* Die Menschen mordeten einander in sinnloser Wut. Ganze Armeen sammelten sich gegeneinander, *aber die Heere begannen schon auf dem Marsche plötzlich übereinander herzufallen*, die Reihen lösten sich auf, die Soldaten *stürzten sich aufeinander, stachen und hieben*, bissen und fraßen einander auf. In den Städten läutete den ganzen Tag die Sturmglocke – man rief alle zusammen, *aber wer rief und warum – das wußte niemand*, alle aber waren in größter Unruhe. *Man ließ die gewöhnlichsten Handwerke und Beschäftigungen fallen*, denn jeder kam mit seinen Ideen und Verbesserungsvorschlägen, *und man konnte sich nicht einigen. Der Ackerbau stockte.* Hier und da *liefen Menschen zusammen*, einigten sich über etwas, *schwuren, einander nicht zu verlassen* – aber sofort begannen sie etwas ganz anderes zu tun als das, was sie sich soeben vorgenommen hatten, *fingen an, einander zu beschuldigen*, prügelten sich und schnitten einander den Hals ab. Feuersbrünste entstanden, *Hungersnot* trat ein. Alle und alles ging zugrunde. Die Pest schwoll und verbreitete sich immer weiter und weiter. In der ganzen Welt konnten sich bloß einige wenige Menschen retten – *das waren die Reinen und Auserwählten, denen es bestimmt war, ein neues Menschengeschlecht zu begründen und die Erde zu erneuern und zu säubern«* (Raskolnikow, Auflage vom Jahre 1884, Seite 500 bis 501).

. . . .

. . . .

»Und Jesus ging hinweg von dem Tempel, und seine Jünger traten zu Ihm, *daß sie Ihm zeigten des Tempels Gebäude.*

Jesus aber sprach zu ihnen: »*Sehet ihr nicht das alles?* wahrlich, ich sage euch: *Es wird hier nicht ein Stein auf dem anderen bleiben, der nicht zerbrochen werde*« (Matthäus 24, 1–2).

. . . .

. . . .

»Es war aber einer unter Seinen Jüngern, der zu Tische saß an der Brust Jesu, welchen Jesus liebhatte. Dem winkte Simon Petrus, daß er forschen sollte, wer es wäre, von dem Er sagte. Denn derselbe lag an der Brust Jesu, und er sprach zu Ihm: Herr, *wer ist's?* Jesus antwortete: Der ist's, dem ich den Bissen eintauche und gebe. Und er tauchte den Bissen ein und gab ihn Judas. *Und nach dem Bissen fuhr der Satan in ihn. Da er nun den Bissen genommen hatte, ging er alsbald hinaus und verriet Ihn.*«

. . . .

. . . .

»Denn ich will Deinen Feinden das Mysterium nicht preisgeben noch dich küssen, wie Judas tat ...«

. . . .

. . . .

»*Lasset euch nicht bald bewegen von eurem Sinn noch erschrecken weder durch Geist noch durch Wort, noch durch Brief als von uns gesandt*, daß der Tag Christi vorhanden sei.

Lasset euch niemand verführen in keinerlei Weise; denn er kommt nicht, *es sei denn, daß zuvor der Abfall komme und offenbart werde der Mensch der Sünde, das Kind des Verderbens.*

Der da ist der Widersacher und sich überhebt über alles, was Gott oder Gottesdienst heißt, also daß er sich setzt in den Tempel Gottes als ein Gott und gibt sich aus, er sei Gott.

Und was es noch aufhält, wisset ihr, daß er offenbart werde zu seiner Zeit.

Denn es regt sich bereits das Geheimnis der Bosheit, nur daß, der es jetzt aufhält, muß hinweggetan werden.

Und alsdann wird der Boshafte offenbart werden, der, dessen Zukunft geschieht nach der Wirkung des Satans mit allerlei lügenhaften Kräften und Zeichen und Wundern.

Und mit allerlei Verführung zur Ungerechtigkeit unter denen, die verloren werden« (der zweite Brief des Paulus an die Thessalonicher 2, 2–10).

. . . .

. . . .

»Ich habe versucht die, so da sagen, sie seien Apostel, und sind's nicht, und *habe sie als Lügner erfunden.*

Und sie sagen, sie seien Juden, und sind's nicht, sondern sind *des Satans Schule«* (Offenbarung 2, 9).

5. Hinter dem Schrank zerquetscht …

Es geht nicht anders: man muß den Schrank wegrücken, wenn man ein ganzes Volk von fünf oder acht oder zehn Millionen Menschen – wie viele ihrer sind, wissen wir nicht – retten oder, richtiger, von übermäßiger ewiger Qual erlösen will – ein ganzes Volk: *und dabei ist es doch schrecklich, auch nur einen einzigen Menschen zu zertreten.* Und dieses Volk will atmen und kann doch nicht atmen. Und »es tut ihm weh«, »es leidet Schmerzen«, »es fühlt Pein«. Aber wer könnte diesen

Schrank wegrücken? Da ist keine, auch nicht die kürzeste Zeile in der Geschichte des Christentums, welche die Wucht dieses Druckes nicht noch verstärkte.

»Wer kann den heiligen Augustinus wegrücken? Einen solch mächtigen, außerordentlichen Geist? Wer kann Johannes Chrysostomus wegrücken? Schon der Name zeigt, welche Gewalt er über das Wort besaß. Und den Apostel Paulus? Und insbesondere – Ihn Selbst?« Dabei erzeugt schon allein die Tatsache, daß »jemand sich bei lebendigem Leibe unter dem Schrank befindet«, ein Beben in der Brust. »Wie – bei lebendigem Leibe unter dem Schrank?« »Wie ist er dahin geraten?« Wie dem auch sei – »er ist darunter geraten«. Und noch dazu – *wer?* Gottes liebstes Kind, welches von Beginn der Welt, von Erschaffung der Welt an ihm das liebste war. Und niemals hat Gott sich von ihm abgewandt, noch hat es jemals seines Gottes vergessen.

»Der Mensch unter dem Schrank.« – »Mann über Bord.« Und das Schiff hemmt seinen Lauf, um ihn aus dem Wasser zu ziehen. Netze werden ausgeworfen, Taue und Rettungsringe. »Er ist herausgefischt.« »Er ist gerettet.« Und alles freut sich. »Ein Mensch ist gerettet.« Und man kümmert sich nicht weiter darum, daß das Schiff auf seiner Fahrt aufgehalten wurde und man »lange warten mußte«. Hauptsache, daß »der Mensch gerettet ist«.

Allein aus diesem Grunde aber ist »der Kurs des christlichen Schiffes« so sonderbar, weil auch hier ein Mann über Bord gegangen ist und doch keiner sich umschaute nach ihm und alle ihn vergaßen, *den Menschen vergaßen.* Oh, oh ... Aber »sich daranzumachen, den Schrank wegzurücken«, bedeutet, »die ganze Sache von vorne anzufangen«. »Sie haben Christus verworfen, Er aber ist unser Gott.« Wie dürften wir *zaudern, wenn es darum geht, Christus bei uns aufzunehmen?*

Die ganze christliche Geschichte hat sie zertreten und zerquetscht. Wie viele Kommentare, wie viele »Anmerkungen«! Wer ist stark genug, all diese Bibliotheken von der Stelle zu rücken? Auf die Juden drückt die Kaiserliche Öffentliche Bibliothek, die Bibliothek des Britischen Museums, in Spanien die Universität zu Salamanca und in Italien die Ambrosianische Bibliothek in Mailand. Herrgott – und alle diese Bücherschränke drücken auf die Brust eines kleinen Juden aus Schklow. Und Sie wissen doch, wie schwer Bücher sind!

Aber dieser Mensch stirbt nicht, er stöhnt nur immerfort. Wenn er doch gestorben wäre! Die Kultur würde dann leichter atmen. So aber ist es schier unmöglich, unmöglich geworden zu atmen. Immer dieses Stöhnen, dieses Stöhnen ...

Eine seltsame Kultur, die stöhnt ... *Das ganze Übel, das mit der Ankunft Christi anhub, hat seinen sprechenden Ausdruck darin gefunden, daß ein Stöhnen durch die Kultur geht.* Er predigte doch »eine Zeit der Herrlichkeit«. Hierin zumindest hat Er sich geirrt: denn was kam, war nicht »eine Zeit der Herrlichkeit«, sondern eine Kultur und Zivilisation, durch die das Stöhnen geht ...

Und was ist das für eine »frohe Botschaft«, wenn »ein Mann über Bord geht« und »ein Schrank auf den Menschen fällt und ihn zerquetscht«?

Nein: das ganze Christentum, die christliche Geschichte – so wie sie geartet ist, so wie sich ihr Spiritualismus entwickelt hat – liegt im argen. Und ohnmächtig bleiben hier die »Fioretti« des heiligen Franziskus von Assisi, Anatole France und Renan.

»Einen Menschen hat's zerquetscht« – da will ich nichts hören von der »Imitatio Christi« des Thomas a Kempis.

6. Drei Horoskope

Besteht wirklich ein Zusammenhang zwischen dem Planeten und dem Menschen, der ihn bewohnt? Und überhaupt – »wovon spricht die liebe Sonne?« … »Was steht dort in den Sternen geschrieben?« Flüstern die Sterne oder bewegen sie sich nur stumpfsinnig und leer gleich hohlen Töpfen, so wie Kopernikus wollte?

Davon haben die Horoskope geredet … »Das Afterwissen der Antike«, dem die neuere Wissenschaft keinerlei Aufmerksamkeit mehr schenkt … Aber die moderne Wissenschaft war nicht einmal imstande, den jetzigen Krieg auch nur um ein paar Monate vorauszusagen. Mit einem Wort – ›Savoir pour prévoir‹.« Und der ganze Comte, seine Philosophie – der Positivismus – ist elend in die Brüche gegangen …

Was sind nun diese »Horoskope«? Welche Bewandtnis hat es mit ihnen? Sind sie etwas Dämonisches? Etwas Göttliches? Aber auch die Christen, wenigstens die Bauern auf dem Lande, »glauben an das Schicksal«. Das heißt, sie glauben an die geheime Macht der Gestirne. Und es ist wahrhaft erstaunlich, daß noch kein

Historiker drei verblüffenden »Horoskopen«, also »Befehlen der Gestirne«, seine Aufmerksamkeit zugewandt hat, die bereits *in Erfüllung gegangen sind:* dabei kennen wir diese drei Horoskope aus der Geschichte und wissen, daß die Historiker ganz genau von ihnen berichtet haben. Laut und eindeutig. Auf daß die ganze Welt es vernähme.

Das erste Horoskop ist das Jesu Christi.
Das zweite – das des Apostels Petrus.
Das dritte – das Konstantins des Großen.

Der erste wurde gekreuzigt.
Der zweite wurde ebenfalls gekreuzigt, aber mit dem Kopf nach unten.
Der dritte – Konstantin der Große – ließ seinen Sohn hinrichten,

weil er verdächtig war, mit seiner Stiefmutter Fausta ein Verhältnis unterhalten zu haben. Dieser Sohn war Crispus. Und die Frau, die der Kaiser offenbar sehr geliebt hatte, ließ er in einem überheizten Bade verbrennen.

Dostojewskij bemerkt an einer Stelle daß »der Planet seinen Schöpfer nicht verschont hat« ... Oh, oh ... Die *Erde* ist also *böse*. Aber er spricht doch auch von der »weißen Erde«, der »gütigen« Erde. Und hat er nicht auch vom »heiligen Rußland« gesprochen? Das ist doch auch der Planet, ein Teil des Planeten. Nein, wenn das so ist, dann ist der Planet selbst weiß, gut. Und wir müssen an ihn glauben. Einfach glauben. Und dieser von uns »geglaubte« Planet (laut Dostojewskij) hat über *Ihn* und *sie* solch entsetzenerregende, in der Geschichte *beispiellose, das Blut in den Adern gefrieren lassende* Horoskope gestellt …

Oh, das Stöhnen.

Stöhnen, Ächzen und Stöhnen …

Und doch, wie unabweisbar ist hierin der dem Toben des Maelstroms vergleichbare enorme Schrei der Apokalypse enthalten:

»Sie sagen, sie seien ›Apostel‹, und sind's nicht, sondern sind des Satans Kinder. Und sagen: Sie seien ›Kirchen‹ und sind's nicht, sondern sind des Teufels Schule …«

Oh, oh …

Welch Entsetzen …

Die Numina des Planeten.

»*Und die Erde erbebte*« (das Evangelium über den Augenblick der Kreuzigung Christi).

»Niedergefahren – *zur Hölle*« … Entsetzen über Entsetzen.

Wie zerschlagen ist der Planet. Und wo sind, Erde, deine Trümmer?

Horoskope, Horoskope, Horoskope. Wie fürchterlich ist, was sie prophezeien!

Ist das vielleicht das Flüstern der Sterne? Flieht, ihr Historiker, und haltet euch die Ohren zu.

»Selig die Ohren, die nichts von der menschlichen Geschichte vernommen haben.«

Das irdische Leben hienieden birgt schon die Wurzeln des unirdischen in sich. Wie ja auch gesagt ist:

Es liegt *im Kampf* ein wilder Rausch …

Das sind Mars und Ares, die Gottheiten des Krieges. *Götter.*

Vielleicht liegt an des Abgrunds Rand,
In des Orkanes wüstem Toben
Und in der Seuche giftigem Hauch
Die Bürgschaft der Unsterblichkeit.

Welch großer Gedanke ging da Puschkin gleichsam *instinktiv* durch den Kopf! Eben das ist es – »die Bürgschaft der Unsterblichkeit und *des ewigen Lebens*«. Hier sind »Hades« und »Elysium« der Antike. Und wenn wir auch an sie und ihre *Realität* bei Puschkin, dem Christen und Dichter, der gar nicht an die Alten dachte, als er dieses Gedicht schrieb, nicht glauben – so gleiten unsere Gedanken doch plötzlich und unerwartet, plötzlich und unfreiwillig, plötzlich und unaufhaltsam zurück zu den Griechen, zu den Römern, zum Tartarus und den Denkbildern Hesiods und Homers …

Ebenso kam auch mir zunächst nichts in den Sinn, als ich eine Raupe, eine Puppe und einen Schmetterling ansah, die ich einerseits als *ein* Wesen schaute, anderseits aber – ebenso eindringlich, ebenso deutlich – als *nicht eines.*

Da gesellte ich mich zu den Freunden, die bei mir zu Gast waren, Kapterew und Florenskij, einem Naturforscher und einem Priester, und befragte sie:

»Meine Herren, was in der Raupe, der Puppe und dem Schmetterling ist ihr *Ich?*«

Das heißt »Ich gleichsam als Buchstabe, als Verschmelzung, als ein Strahl«.

»Ich« als ein »Punkt« und ein »Nichts«.

Kapterew schwieg. Florenskij aber sagte, nachdem er sich einen Augenblick bedacht hatte: »Der Schmetterling ist natürlich die Entelechie der Raupe und der Puppe.«

»Entelechie« ist ein Terminus des Aristoteles, und zwar einer der bekanntesten, den er selber erdacht und philologisch gebildet hat. Ein mittelalterlicher Scholastiker verpfändete dem Teufel seine Seele für die – wenn auch nur in einer Traumvision gegebene – Erklärung dafür, was Aristoteles genau unter »Entelechie« verstanden habe. Aber unter anderem findet sich bei Aristoteles der Ausspruch, daß die Seele die »*Entelechie* des Körpers« sei. Da stand es für mich – auf Grund von Florenskijs Antwort (was hätte Florenskij auch anders antworten können als eben *dies?*) – sofort fest, daß der Schmetterling *tatsächlich* insgeheim und metaphysisch die Seele der Raupe und der Puppe ist.

So kam es zu dieser kosmogonisch-erschütternden Entdeckung. Wir entdeckten sozusagen zu dritt die Seele der Insekten, bevor wir sie noch beim Menschen entdeckt und bewiesen hatten.

Dann aber hieß es gleich zu untersuchen, »was diese Seele denn nun eigentlich tut«?

»Sie sammelt Nektar«, »sie stöbert in Blumen herum«. Das ist verdächtig und *abzulehnen*. Aber in der

Tat: der Schmetterling hat *keinen Mund*, keinerlei Organ zum Trinken und zur Aufnahme fester Nahrung. Kapterew, als Naturforscher, sagte sofort: »*Sie*« (er sagte nicht – sie alle) »haben keinen Darm« (ich habe irgendwo gelesen, daß bisweilen, so scheint es, »der Darm fehlt«): Bedeutet das, daß sie auch *keinen Magen* haben? Natürlich, was für ein merkwürdiges … Wesen, was für ein merkwürdiges Sein? »Eines, das sich nicht ernährt.« Und leben sie denn lange? Es gibt »*Eintags*fliegen«. Soviel aber ist gewiß – sie *alle* – und daran besteht kein Zweifel – *begatten sich*. »Das ewige Leben« wird also vornehmlich als Begattung definiert: von hier aus fällt denn auch ein Licht auf ihre Unüberwindlichkeit, ihre Unersättlichkeit und leider – oder *nicht leider* – auf ihre Heiligkeit, nämlich darauf, daß sie ein »Sakrament« (das Sakrament der Ehe) ist. Je weiter man geht, desto offenbarer wird dieses Gesetz. Es ist aber offenkundig, daß sie bei Insekten, Kühen, überall im Tier- und Pflanzenreich, und nicht etwa nur beim Menschen, ein »himmlisches und heiliges Sakrament« ist. Und zwar gerade im wesentlichen Punkt – *in der geschlechtlichen Vereinigung*. Damit wird auch »die Schamhaftigkeit der Geschlechtsorgane« begreiflich: denn eben durch dieses Tor geht das Leben ein in »das Leben im Jenseits«, »das ewige Leben«.

Und merkwürdig: so wird auch die *Lust* begreiflich – »die Seligkeit Edens«. Aber noch mehr: wenden wir uns dem »Nektar der Blumen« zu. Es ist wirklich erstaunlich, daß die Insekten (und nicht allein die Schmetterlinge, sondern auch die Käfer, die »Goldkäfer«, die

»Marienkäferchen«) *in die im Verhältnis zu ihnen riesigen* Geschlechtsorgane der Bäume, namentlich aber der Sträucher, Rosen, Oleander und Orchideen, hineinkriechen. *Als was stellen die Blumem sich den Schmetterlingen dar?* Das müßte man verstehen – das zu verstehen wäre *numenal notwendig*. Es ist doch unmöglich, daß »Baum und Blüte«, »Garten und Blumen« jedem Insekt als »Paradies« erscheinen ... Aber dennoch ist es *so:* »Sommer, Wärme und – Sonne«, in deren Strahlen sie hineinfliegen: und von den Blüten »sammeln sie Nektar«. Dann muß man sich doch einfach »die Vereinigung von Nektar und Seele« vorstellen, und zwar so, daß »die Seele für den Nektar und der Nektar für die Seele« da ist. Und ferner sind da noch die Mythen: die Götter *auf dem Olymp* nähren sich von Nektar und Ambrosia. Aber auch vor dem Mythos und gleichlaufend mit ihm: wieviel Licht fällt auf die Tatsache, »weshalb die Blumen duften« und wozu die Pflanzen so enorme Blüten haben, daß »ein ganzes Insekt in sie hineinkriechen kann«. Es liegt klar zutage: die Blüten sind so »groß«, eben damit das Insekt *ganz* in ihnen Platz hat. Und dann wird auch verständlich, daß »die Pflanzen hören und denken« (wie in den Märchen des Altertums); und wir begreifen, daß sie »mit einer Seele« begabt sind. Oh, und mit *was für einer* ... Aber interessanter noch ist dies: der »Garten«, jeglicher Garten, »uns gehörig und hier auf Erden«, ist auch ein wenig *nicht* »unser« und *nicht* »irdisch«, sondern gehört schon einem »zukünftigen«, »jenseitigen Leben« an. Dann werden auch »*Winter* und Sommer« verständlich, denn *aus dem Winter* und *durch den Winter* ersteht der Same »aus dem Grabe«, nachdem er den Winter hindurch »in der Erde« geschlafen hat. Ganz nach dem gleichen Gesetz wie die »Puppe« des Schmetterlings.

So sind denn »unsere Felder« – »jenseitige Felder«, »jenseitige Fluren«. Dann behält natürlich der Dichter recht:

Wenn *gelbe Wogen schlägt das Korn in weiter Runde,*

. . . .

Dann *schau ich Gott* in Himmelshöhen*.

Verständlich wird dann auch jenes besondere, erregende Gefühl, welches der Mensch im Garten erlebt und das wir im Felde, im Walde erfahren, ein Gefühl, das *rational gar nicht zu erklären ist.* Verständlich wird, warum Antäus durch die Berührung mit der Mutter Erde seine Kräfte wiedererlangt.

Überhaupt wird dann vieles im »Altertum« verständlich, ebenso wie Dostojewskijs berühmter, erschütternder, den *ganzen* Heiden Goethe aufwiegender Ausspruch: »Gott nahm Samenkörner aus *anderen Welten* und säte sie auf diese Erde. Und alles, was aufgehen konnte, ging auf. *Auf Erden aber lebt alles, was lebt, durch geheimnisvolle Berührung mit anderen Welten.*« Hierin ist bereits das *ganze* Heidentum enthalten. So ganz Ägypten, dessen Tempel einfach Haine, dessen Säulen – Bäume, unbedingt Bäume sind mit »blütenförmigen Kapitellen«. Ja, jeder unserer Gärten ist ein »geheimnisvoller Tempel«, in dem man nicht nur »sitzt«, um »gesund zu werden«, sondern auch, um zu »beten«. So sind »die heiligen Haine des Altertums« begreiflich,

* Aus einem Gedicht von M. J. Lermontow. (Der Hrsg.)

überhaupt »die Natur als etwas Heiliges« und nicht etwa »die heilige Theologie allein« ... Aber kehren wir zu den Leidenschaften und zum Feuer zurück.

Und wirklich – geheimnisvoll scheint durch sie und »die Orgien« das ewige Leben hindurch. Schaut nur, wie verdächtig und *anstößig* die Schmetterlinge sich mit den Blumen liebkosen. Wirklich – man kann nicht umhin, das anstößig zu finden. Aber ... »das ewige Leben« – ja, was wäre da schon zu machen. Alsdann wird verständlich, woher und weshalb alle »Orgien des Altertums« entstanden sind: und daß es »ohne Orgien keine antiken Religionen gab«. Da fallen einem »Nektar und Ambrosia« des Olymp ein; und ich denke daran, wie ich in den »Orientalischen Motiven«* die ägyptischen Mysterien mit Hilfe von Zeichnungen erklärt habe, da ich *mich nicht getraute, meine Zuflucht zum Wort zu nehmen*. Als ich neulich eine Münzsammlung sichtete – Münzen aller möglichen Länder mit ganz genau den gleichen Darstellungen –, schaute ich sie bereits im Gefühl der Verwandtschaft und mit schweigendem Verständnis an; unausgesprochen und wortlos haben, wie auch ich in den »Orientalischen Motiven«, die Alten ihre »Lieblingsmysterien« in ihnen überliefert. Über diese wußten sie von allem Bescheid und kannten alles, aber keiner ließ auch nur ein einziges Wort darüber verlauten, gleichwie »über das Leben im Jenseits«

* Rosanows letztes Werk vor der »Apokalypse«, in dem er den Sinn der altorientalischen, insbesondere altägyptischen Kulte zu ergründen suchte und das abzuschließen ihm nicht vergönnt war. (Der Hrsg.)

in diesem irdischen Leben für immerdar Schweigen bewahrt werden soll.

Aber ... Daher also stammen »unsere Leidenschaften«!!?? Wahrlich, sie sind »Protuberanzen der Sonne« (Fackeln, Ausbrüche aus dem Leibe der Sonne). Ja, befindet sich denn nicht auch die Sonne im Zustand »der Leidenschaft«? Wahrlich, »auch die Sonne hat ihre Flecken«. Fleckenlos ist allein Christus. Unsere liebe Sonne aber hat ihren Makel. Sie brennt und wärmt, brennt und wärmt; sie brennt – und, siehe da, »im Frühling«, wenn es »mehr Sonne« gibt, wenn sie nicht nur wärmt, sondern beginnt, Hitze auszustrahlen, werden alle Tiere trächtig. Die Kraft der Sonne, »der Makel« der Sonne geht über in die Tiere. Alles gewinnt an Fülle, die tierischen Leiber schwellen an. Die Erde selbst lechzt nach dem Samenkorn ... Da ist Demeter, da ist Gäa und wiederum »das wogende Kornfeld, welches die Brust zum Gebet erhebt«. Will das Christentum etwa behaupten, daß dies »nicht wahr« sei? Und daß die Theologie nur in den geistlichen Akademien ihren Platz hat? Unendlich viel mehr Theologie aber ist in einem Stier, der eine Kuh deckt ... und überhaupt:

Der Frühling kommt, der Frühling kommt –
Und grünes Rauschen überall.

Das ist Heidentum, welches *wahr* ist, da sind *Apis und Serapeum.*

Kapterew versank in Nachdenken und sagte dann: »Die wissenschaftliche Beobachtung hat ergeben, daß in der *von einem Kokon eingehüllten* Raupe, die *tot erscheint*, tatsächlich *ein Umbau der Körpergewebe beginnt.*

So daß sie also nicht scheinbar stirbt, sondern wirklich ... Nur beginnt an Stelle der erstorbenen Raupe etwas anderes zu werden; aber eben an Stelle *dieser* ganz bestimmten Raupe, die gleichsam eine Person ist mit Vor- und Nachnamen: denn aus jeder Raupe, die *hierhin gelegt wurde*, wird *jener Falter* hervorgehen. Durchsticht man diese Raupe aber etwa mit einer Nadel, so geht kein Schmetterling aus ihr hervor – nichts geht aus ihr hervor, und das Grab bleibt Grab, der Leib ersteht nicht.« Da und dann wurde mir klar, warum die Fellachen (die Nachkommen der alten Ägypter, die deren ganzen Glauben offensichtlich bewahrt haben) jammerten und mit Flinten auf die Europäer schossen, wenn diese die aus den Pyramiden und Königsgräbern herausgeholten Mumien abtransportierten. Diese bei lebendigem Leibe abgestorbenen und verfaulten Nihilisten, die nichts vom Leben verstanden und nichts vom Tode, »hatten die Ganzheit der Körper ihrer (der Fellachen) Ahnen verletzt« und sie dadurch um ihre »Auferstehung« gebracht. Sie hatten – wie Kapterew uns bedeutet hatte – »die Mumie gleichsam entzweigebrochen« oder – was dasselbe ist – »die Puppe« mit einer Nadel durchstochen, wonach sie einem *Tode ohne Sein* anheimfällt. So hat sich für mich der Gedanke, daß »der Schmetterling die Seele der Raupe«, »die Entelechie der Raupe« sei (Florenskij), noch unabweisbarer bestätigt: vor allem aber war mir jetzt klar und so gut wie *bewiesen*, daß die Ägypter in ihrem Denken und bei der Entdeckung »eines Daseins jenseits des Grabes« denselben Weg gegangen waren wie ich, das heißt über

»den Schmetterling« und seine »Phasen«. Daß dies auch für sie ein Weg der Entdeckungen und »Offenbarungen« war, ist schließlich doch nichts als die lautere *Wahrheit.* Ich wurde mir auch über die Mumiensarkophage klar. Wer sie im unteren Stockwerk der Eremitage * gesehen hat, den mußte vor allem ihre *Größe* verblüffen. Warum solch ein *großer*, riesiger Sarkophag für die Mumie eines weiß Gott nicht so großen Toten? Was dies aber ist, ist der »Kokon« der Puppe Mensch; und der Sarkophag wurde ganz sicher nach dem Muster eines Kokons gebaut. Auch der Ägypter fertigte, wenn er sich »verpuppte«, einen ebenso länglich glatten Kokon für sich an, wie ihn eine jede Raupe ohne Ausnahme für sich selber spinnt. Und der Leib wurde in Windeln gelegt, »eingewickelt«, wie zum Beispiel die Seidenraupe für sich ein »Seidenhemdchen« spinnt, indem sie Seidenfäden direkt »aus sich selbst hervorbringt«.

Darüber liegt eine harte, bräunliche Schale. Das ist der Sarkophag – stets in bräunlichem, einförmigem Ton gehalten. Er scheint aus Gips zu sein, ist also auch in seinem natürlichen Material der Hülle der Puppe ähnlich; denn auch der Raupenkörper scheidet so etwas wie eine kalkartige Substanz aus. Überhaupt ist das Begräbnisritual bei den Ägyptern aus der Nachbildung der Phasen der sich verpuppenden Raupe hervorgegangen. Von hier aus wird namentlich auch der Skarabäus – ein Käfer, ein Insekt – als »Symbol des Übergangs in ein zukünftiges Leben jenseits des Grabes« verständlich. Er ist die berühmteste, ja, man könnte sagen, die größte

* Museum und Gemäldegalerie in St. Petersburg-Leningrad

unter allen Gottheiten der Ägypter. Warum aber – ein Insekt? Hier geht die Überlegung *denselben Weg* wie bei mir. Das Wesentliche, das Allerwesentlichste ist, daß die Ägypter dieses »insektenförmige zukünftige Leben« entdeckt haben. Und in alle Ewigkeit haben sie festgehalten, daß sie es eben *hier entdeckten* – an den Insekten, und der Skarabäus wurde ihnen zum Symbol dafür. Das ist das edelste Gedenken in der Erinnerung und dankbaren Besinnung auf die heimische Geschichte und das, was den Sinn dieser Geschichte zuvörderst ausmachte. Daraus erklärt sich vieles – warum sie zum Beispiel bei »Festmählern« und insbesondere bei »häuslichen Festgelagen« mit Vorliebe »Mumien an der Schar der Fröhlichen vorübertrugen«. Darin sprach sich nicht Trauer noch auch Furcht oder Drohung aus. Nicht jene »verruchte christliche Drohung mit dem Tode«, die jeder Freude ein Ende machen kann. Im Gegenteil, ganz im Gegenteil: was hier durchbrach, war der frohe Glanz der Verheißung des ewigen Lebens und *der Freude dieses Lebens, seines unaussprechlichen Zaubers.* »Jetzt freuen wir uns, aber es ist noch nicht die vollkommene Freude«, »wir sind jetzt bei einem Festmahl, aber noch ist die Fülle alles Festlichen uns nicht zuteil geworden«. »Erst wenn alles zu Ende sein wird, werden wir in die Fülle der Liebe, in festliche Vollkommenheit mit Speisen und Getränken eingehen. Unser Wein aber wird unerschöpflich sein, und was wir trinken, süßer als alles irdische Getränk, weil es nichts sein wird als lauter Liebe, die wohl materiell ist, stofflich, aber gleichsam nur aus Sonnenstrahlen besteht, aus Licht und Duft und der Essenz jenseitiger Blumen. Denn wenn es *irgendwo Blumen gibt*, dann – *jenseits des Grabes.*«

Himmlische Rosen! Himmlische Rosen!! – und die Ägypter trugen eine Mumie in das Festgemach.

Rabbi Akiba (ben Joseph, ca. 55–137), erlitt als einer der geistigen Führer des letzten jüdischen Aufstandes gegen Rom den Märtyrertod. Er sah darin die Erfüllung des Gebots, Gott mit ganzer Seele zu lieben, und begründete damit die im Judentum geltende Auffassung vom Martyrium.

Alexander Newskij (1220–1263), Großfürst von Wladimir und Fürst von Nowgorod. Als Heiliger der russischen Kirche verehrt. Der Verteidiger der russischen Erde und des orthodoxen Glaubens gegen das Lateinertum. Sieger über Schweden und Ordensritter.

Alexinskij, Grigorij Alexejewitsch (geb. 1879), russischer sozialdemokratischer Politiker der Vorkriegszeit. Später Gegner des Bolschewismus. Seit 1918 in der Emigration.

Ambrosius (weltlicher Name: Alexander Michajlowitsch Grenkow, 1812–1891), berühmter Staretz des Klosters Optina Pustyn, der sich wegen seines asketischen Wandels, seiner Demut und Herzenskennerschaft in allen Schichten größter moralischer Autorität erfreute. Zu den zahlreichen Pilgern, die eigens zu dem Zweck nach dem Optina-Kloster kamen, ihn aufzusuchen, gehörten auch Dostojewskij und Leo Tolstoj.

Antonij (Chrapowitzkij, 1863–1936), russischer Kirchenfürst, Dogmatiker und Pastoraltheologe, Metropolit von Kijew. Emigrierte 1920 und war bis zu seinem Tode Haupt der russischen synodalen Auslandskirche.

Artzybaschew, Michail Petrowitsch (1878–1927), russischer Romanschriftsteller. Erregte großes Aufsehen mit seinem erotischen Roman »Ssanin« (1907), der weite Verbreitung fand und in einigen Ländern als pornographisch verboten wurde.

Belinskij, Wissarion Grigorjewitsch (1811–1848), russischer »westlerisch« eingestellter, einflußreicher Literatur- und Sozialkritiker, der vom Kunstwerk soziale Tendenz und realistische Darstellung verlangte.

Berdjajew, Nikolaj Alexandrowitsch (1874–1948), russischer Kultur- und Religionsphilosoph, gelangte vom Marxismus unter dem Einfluß Wladimir Ssolowjows, Kants, Schellings und Jakob Boehmes zu einer religiös-existentiellen Philosophie der Freiheit. Lebte seit 1922 in Paris.

Bjely, Andrej (Pseudonym für Boris Nikolajewitsch Bugajew, 1880–1934), war der Sohn eines bekannten russischen Mathematikers.

Hervorragender Vertreter des russischen Symbolismus in Vers und Prosa, philosophischer Schriftsteller, Literaturtheoretiker und Memoirenschreiber. Anhänger Rudolf Steiners. Nach kurzer Emigrationszeit von 1921 bis 1923 blieb er bis zu seinem Tode in der Sowjetunion.

Brjussow, Valerij Jakowlewitsch (1873–1924), Haupt der russischen Symbolistenschule. Dichter, Romanautor und Literaturkritiker. Einer der wenigen Symbolisten, die ihren Frieden mit den Sowjets machten und nach der Revolution von 1917 in Rußland blieben.

Buckle, Henry Thomas (1821–1862), englischer Kulturhistoriker, dessen positivistisch, antimetaphysisch und milieutheoretisch unterlegte Darstellung der Geschichte der englischen Zivilisation auch im Ausland, besonders in Rußland, starken Eindruck machte und als methodisch und geschichtsphilosophisch vorbildlich angesehen wurde.

Büchner, Ludwig (1824–1899), einer der Hauptvertreter des wissenschaftlichen Materialismus, dessen in alle Kultursprachen übersetztes Buch »Kraft und Stoff« (1855–21. Aufl. 1904) einen sensationellen Erfolg hatte.

Buslajew, Fjodor Iwanowitsch (1818–1897), bekannter russischer Slavist, Sprach- und Literaturwissenschaftler.

Byron, George Gordon Noel, Lord (1788–1824), englischer Dichter. Die Helden seiner Dramen und Verserzählungen sind stolze, schwermütige Menschenverächter voll Dämonie und düsterer Leidenschaften. Die Haltung dieser Gestalten (Cain, Manfred, Childe Harold) übte eine tiefe Wirkung auf die europäische und zumal die russische Dichtung aus (besonders den jungen Puschkin und Lermontow) und führte zum sog. »Byronismus«.

Cartouche, Louis-Dominique (1695–1721), berühmt-berüchtigter Räuberhauptmann. Der französische »Schinderhannes«.

Chateaubriand, François-René, Vicomte de (1768–1848), französischer Schriftsteller. Neben Victor Hugo einer der Hauptvertreter der französischen Romantik, gerade in ihrer religiösen Wendung, die vor allem in seiner stark ästhetisch begründeten, gefühlsbetonten Apologie des Glaubens »Le génie du christianisme« (1802) zum Ausdruck kam.

Comte, Auguste (1798–1857), französischer Philosoph und Soziologe. Begründer des Positivismus, der nur das Erfahrungswissen für wissensmöglich und wissenswert erachtet: »Savoir pour prévoir.«

Dahl, Wladimir Iwanowitsch (1801–1872), russischer Lexikograph und Volkskundler. Väterlicherseits von dänischer Herkunft. Bedeutender Novellist.

Dreyfus-Affäre, bezeichnet das Justizverfahren gegen den französischen Hauptmann Alfred Dreyfus, der auf Grund eines falschen Handschriftgutachtens und eines schwerwiegenden Fehlers im Prozeßverfahren 1894 wegen Verrats militärischer Geheimnisse zu Degradierung und Deportation nach Cayenne verurteilt wurde. 1899 wurde der Fall wiederaufgerollt. Dreyfus noch schuldig gesprochen, aber kurz darauf begnadigt. Erst 1906 wurde er vom Kassationshof freigesprochen und rehabilitiert. Der eigentliche Schuldige war ein Major Esterhazy gewesen.

Der Prozeß spaltete die französische Öffentlichkeit in »Dreyfusards« und »Anti-Dreyfusards«, wobei die ersteren ihre Wortführer unter der linksgerichteten Intelligenz fanden (Zola, Jaurès, Clemenceau), während die konservativ-antisemitischen, nationalistischen und klerikalen Kreise die Affäre zum Sturz oder wenigstens zur Diskreditierung der Dritten Republik benutzen wollten.

Elisabeth, Kaiserin und Königin von Österreich-Ungarn (1837–1898), bayerische Prinzessin, seit 1854 Gemahlin Franz Josephs I. Eine durch ihre Schönheit in ganz Europa berühmte, eigenwillige, auch künstlerisch begabte Frau und typische Vertreterin spätromantischen Lebensgefühls. Wurde von einem italienischen Anarchisten ermordet.

Florenskij, Pawel Alexandrowitsch (geb. 1882), Philosoph, Philologe, Mathematiker und Naturwissenschaftler. Seit 1911 Priester der orthodoxen Kirche. In den 40er Jahren in sibirischer Verbannung verstorben. Berühmt durch sein theologisch-philosophisches Hauptwerk »Pfeiler und Grundfeste der Wahrheit« (1914). Freund, philosophischer Mentor, Beichtvater Rosanows.

Fonwisin, Denis Iwanowitsch (1745–1792). Der russische Bühnenschriftsteller des 18. Jahrhunderts, der bis heute lebendig geblieben ist. Verfasser von moralistisch unterlegten zeitsatirischen Lustspielen und noch jetzt lesenswerten Memoiren, kulturkritischen Abhandlungen und Briefen.

France, Anatole (Pseudonym von Anatole-François Thibaut, 1844–1924), französischer Romancier, Satiriker und Kritiker. Verbindet in seinen Werken Klarheit und stilistische Eleganz mit ironischer Infragestellung aller hergebrachten und für unumstößlich geltenden sittlichen und sozialen Werte und politischen Formen.

Garschin, Wssewolod Michajlowitsch (1855–1888), russischer Novellist und Dichter. Seine Erzählungen atmen Weltschmerz, soziales Mitleid und Melancholie. Endete durch Selbstmord.

Gogol, Nikolaj Wassiljewitsch (1809–1853), russischer Prosadichter, Humorist und Satiriker. Auch berühmt als Verfasser gesellschaftskritischer Lustspiele. In seinem späteren Leben vollzog er eine immer intensivere Wendung zu verinnerlichter Religiosität und Askese. Sein Hauptproblem, an dem er schließlich als Künstler wie als Mensch zerbrach, war der unversöhnliche Gegensatz zwischen dem ästhetischen und dem religiös-ethischen Prinzip. In dieser Hinsicht kommt er seinem ihm persönlich ganz unbekannten dänischen Zeitgenossen Kierkegaard nahe. Gogol ist einer der größten Erzähler der Weltliteratur in der Übergangsepoche zwischen Romantik und Realismus.

Gontscharow, Iwan Alexandrowitsch (1812–1891), russischer Schriftsteller. Berühmt vor allem durch sein Hauptwerk, den Roman »Oblomow« (1859), dessen gleichnamiger Held als Vertreter einer passiv dahinträumenden Haltung einen Wesenszug des durch die Leibeigenschaft verwöhnten, in seinem Lebenswillen geschwächten russischen Landadels verkörpert.

Gorkij, Maxim (Pseudonym für Alexej Peschkow, 1868–1936), Romanschriftsteller, Novellist und Dramatiker. Rationalist und Naturalist mit klassenkämpferischer Tendenz. Als Kritiker und Mentor jüngerer Sowjetliteraten trat er, nicht ohne Erfolg, für die Tradition und Kontinuität der russischen Literatur ein. Die näheren Umstände seines Todes sind niemals aufgeklärt worden.

Gregor von Tours (538/39–594/95), aus galloromanischem Adel. Um 555 Geistlicher, 573 zum Bischof von Tours erhoben. Geschichtsschreiber des Frankenreiches in seinen »Historiarum libri X« (auch als »Historia Francorum« bekannt).

Gribojedow, Alexander Ssergejewitsch (1795–1829), Komödiendichter. Berühmt durch sein klassisch gewordenes, satirisches und gesellschaftskritisches Lustspiel »Verstand schafft Leiden« (1823).

Gringmut, Wladimir Andrejewitsch (1851–1907), russischer Pädagoge. Erzieher des letzten Zaren. Nationalistischer Publizist und Politiker.

Harnack, Adolf von (1851–1930), deutscher protestantischer Theologe. Wichtiger Vertreter der liberalen Richtung im modernen Protestantismus. Harnack hatte sich durch seine schroffe, von wenig Verständnis zeugende Kritik an Lehre, Ritus und Frömmigkeit der Ostkirche viele Feinde in Rußland geschaffen.

Herzen, Alexander (1812–1870), russischer philosophisch-politischer Schriftsteller, revolutionärer Publizist und »Westler«.

Hilferding, Alexander (1831–1872), russischer Sprachforscher und Volkskundler slavophiler Gesinnung. Aus ursprünglich deutscher Familie.

Hippius, Snaida (1869–1945), namhafte russische symbolistische Dichterin und Literaturkritikerin. Auch bekannt als Verfasserin tiefsinniger religionsphilosophischer Aufsätze, Aufzeichnungen und Betrachtungen. Hervorragende Stilistin, Gattin von Mereschkowskij, dessen Biographie sie schrieb.

Jermolow, Alexej Petrowitsch (1772–1861), russischer Heerführer. Zeichnete sich besonders in den napoleonischen Kriegen und im Kaukasus aus.

Johannes Chrysostomus (354–407), griechischer Kirchenvater. Der beliebteste Prediger der Ostkirche und zugleich einer der Klassiker der griechischen Sprache und Literatur in ihrer Nachblüte.

Johann von Kronstadt (weltlicher Name: Iwan Iljitsch Ssergijew, 1829–1909), russischer Geistlicher. Verwaltete seit 1855 mit beispielloser Hingabe sein Pfarramt in Kronstadt. Begründete dort 1882 das erste »Haus der Arbeit«, das Werkstätten, Obdach und Krankenhaus vereinigte. Durch beglaubigte Gebetsheilungen erreichte er den Höhepunkt seines geistlich-moralischen Einflusses beim Volke. Wurde schon zu Lebzeiten als Heiliger angesehen. Es bestehen Bestrebungen, ihn zu kanonisieren.

Kantemir, Antioch Dimitrijewitsch, Fürst (1709–1744), russischer klassizistischer Dichter und Satiriker. Nachahmer der Römer und Franzosen.

Kapterew, Pjotr Fjodorowitsch (1849–1921), russischer Pädagoge und philosophischer Schriftsteller. Verfasser zahlreicher Bücher und Abhandlungen, von denen besonders seine Schrift »Aus der Geschichte der Seele« (1890) bekannt wurde.

Karejew, Nikolaj Iwanowitsch (1850–1931), ursprünglich sozialrevolutionär, später liberal-»westlerisch« eingestellter Historiker, Kulturphilosoph und Publizist. Professor für Geschichte in Warschau und St. Petersburg. Karejew blieb nach dem Umsturz in Rußland und wurde 1929 sogar zum Ehrenmitglied der Akademie der Wissenschaften der UdSSR gewählt, obwohl die sowjetische Kritik seine »bürgerlich-demokratischen« Anschauungen, wie sie besonders in seiner Geschichte der Französischen Revolution zutage traten, bemängelte.

Katkow, Michail Nikiforowitsch (1818–1887), bekannter, in seinen Anfängen liberaler, später extrem reaktionärer, nationalistischer Gelehrter, Publizist und Politiker. Einflußreich besonders unter Alexander III. in den 80er Jahren. In der Außenpolitik Befürworter eines deutschfeindlichen Kurses und der französischen Allianz trotz starren Festhaltens am monarchischen Absolutismus im Innern.

Kljutschewskij, Wassilij Ossipowitsch (1841–1911), Rußlands bedeutendster Historiker. Mehr wirtschaftsgeschichtlich als politisch orientiert. Glänzender Stilist und Charakterschilderer. Sein Hauptwerk, eine Geschichte Rußlands von den Anfängen bis ins 19. Jh., wurde in alle Kultursprachen übersetzt.

Ksjunin, Alexej Iwanowitsch (geb. 1880), russischer Journalist. Ständiger Mitarbeiter mehrerer Blätter der rechtsstehenden Presse der Vorkriegszeit und des Ersten Weltkrieges.

Kusmin-Karawajew, Wladimir Dmitrijewitsch (geb. 1859), liberal-demokratischer Politiker der Vorkriegszeit. Abgeordneter der 1. und 2. Reichsduma. Emigrierte 1920.

Laplace, Pierre Simon (1749–1827), französischer Mathematiker und Astronom. Nach seiner kosmogonischen Theorie ist die Welt aus der Ballung von Nebelmassen entstanden.

Leontjew, Konstantin (1831–1891), konservativer Religions- und Geschichtsphilosoph, Publizist, Romancier und Kritiker. Starb nach Ablegung der Mönchsgelübde. Rosanow war stark von Leontjew beeinflußt.

Lermontow, Michail Jurjewitsch (1814–1841), nächst Puschkin Rußlands größter Lyriker.

Lesskow, Nikolaj Semjonowitsch (1831–1895), einer der bedeutendsten russischen Prosadichter. Schilderte in seinen Romanen und Erzählungen das russische Volk in allen seinen Schichten, besonders auch die Welt der Geistlichkeit und Sektierer. Sein Werk ist eine ethnographische und soziologische Quelle ersten Ranges. Auch ist Lesskow einer der größten russischen Sprachschöpfer und Stilisten.

Loris-Melikow, Michail Tariëlowitsch, Graf (1825–1888), General und Staatsmann gemäßigt liberaler Richtung. Innenminister unter Alexander II. Bereitete, mit Billigung des Zaren, eine Verfassung für Rußland vor. Die Ermordung Alexanders II. durch terroristische Verschwörer vereitelte diese Absicht. Alexander III. entließ Loris-Melikow, woraufhin dieser Rußland verließ. Er starb in Nizza.

Maeterlinck, Maurice (1862–1949), belgischer Dichter. Begann als Lyriker des Symbolismus und schuf ein Drama, das im wesentlichen in einer Märchen- und Traumwelt angesiedelt ist. Bezeichnend für ihn sind mitunter bis ans Morbide reichende Feinfühligkeit und ein Organ für die zartesten, intimsten Seelenregungen. Als Naturwissenschaftler und Philosoph knüpfte Maeterlinck an die vlämische Mystik des Mittelalters an.

Melnikow-Petscherskij, Pawel Iwanowitsch (Schriftstellername:

Andrej Petscherskij, 1819–1883), russischer Schriftsteller, Gymnasiallehrer und Beamter. Erforschte altrussische Sitten und Gebräuche und schilderte in seinen Romanen »In den Wäldern« und »Auf den Bergen«, die reiches volkskundliches und religionsgeschichtliches Material enthalten, das Leben der altgläubigen Sektierer der Wolgagegend.

Mérimée, Prosper (1803–1870), französischer Schriftsteller und Kritiker, der als einer der ersten Literaten im Westen die Aufmerksamkeit des gebildeten Lesers auf die russische Literatur lenkte. In seinen Novellen und Reiseschilderungen Vertreter eines realistisch getönten, spätromantischen Exotismus. Bizet verdankte ihm den Stoff zu seiner Oper »Carmen«.

Mereschkowskij, Dmitrij Ssergejewitsch (1865–1941), symbolistischer Dichter, Literatur- und Kulturkritiker und Religionsphilosoph. Bekannt durch seine in alle Weltsprachen übersetzten kulturhistorischen Romane »Julian Apostata«, »Leonardo da Vinci« und »Peter und Alexej«. Unversöhnlicher Gegner des Bolschewismus. Starb zu Paris. Vor dem Ersten Weltkriege bald Freund und Mitstreiter, bald weltanschaulicher Widersacher Rosanows.

Mestscherskij, Wladimir Petrowitsch, Fürst (1839–1914), bekannter konservativer Politiker und Publizist. Dem Zarenhofe nahestend. Herausgeber der einflußreichen Wochenschrift »Graschdanin« (Der Bürger), die von 1872 bis 1914 erschien. Trat auch als Lustspieldichter und Romanschriftsteller gesellschaftskritisch-konservativer Tendenz hervor.

Moleschott, Jakob (1822–1893), holländischer Physiologe. Einer der Hauptvertreter des wissenschaftlichen Materialismus und Mechanismus im 19. Jh. Meist zusammen mit Büchner genannt.

Nadson, Ssemjon Jakowlewitsch (1862–1887), Dichter. Schrieb empfindsame, idealistisch getönte Gedichte im Epigonenstil, die mehr ihrer humanen Tendenz als ihrer künstlerischen Vollendung wegen vorübergehend großen Erfolg hatten.

Nekrassow, Nikolaj Alexejewitsch (1821–1878), bedeutendster Vertreter der russischen radikal-tendenziösen Lyrik sozialkritischer Richtung. Nekrassow verherrlichte besonders das von der Leibeigenschaft niedergetretene, von Armut und Ausbeutung geplagte russische Bauernvolk.

Nestor (1056–1114), Mönch des Kijewer Höhlenklosters. Wohl der bedeutendste russische Chronist seiner Zeit, dem die Abfassung der ersten russischen Chronik (»Die Erzählung der vergangenen Jahre«) zugeschrieben wurde.

Nikolaus I., Kaiser von Rußland (regierte von 1825 bis 1855). Unbeugsamer Vertreter des monarchischen Absolutismus. Bekämpfte jede liberale oder fortschrittliche Regung, flößte aber durch imposante Erscheinung, Energie und persönlichen Mut den Massen Respekt ein. Seine Außen- wie Innenpolitik brach im Krimkrieg (1853–1856) zusammen.

Nowikow, Nikolaj Iwanowitsch (1744–1818), russischer Aufklärer, Publizist, Moralist und Verleger.

»Nowoje Wremja«, russische, der kaiserlichen Regierung nahestehende konservative Tageszeitung, an der Rosanow jahrelang festangestellter Mitarbeiter war.

Panama-Skandal, Bestechungsaffäre im Anschluß an den Bankrott der für den Bau des Panama-Kanals gegründeten Gesellschaft (1889), in die zahlreiche französische Politiker verwickelt waren.

Pascal, Blaise (1623–1662), hervorragender französischer Mathematiker und Moralphilosoph. Gelangte zu starker religiöser und weltanschaulicher Wirkung durch sein Erleben der Begrenztheit rationalen Denkens und durch seinen Glauben an die Offenbarung und die Erkenntniskraft einer »Logik des Herzens«.

Paul I., russischer Kaiser (geb. 1754), regierte als Nachfolger Katharinas II. von 1796 bis 1801. Seine Politik war nach innen durch starren Despotismus, nach außen durch jähe Umschwünge und Kurswechsel zwischen einer Anlehnung an England und der Verständigung mit dem Frankreich Napoleons gekennzeichnet. Wurde durch eine Palastrevolution beseitigt.

Perowskij, Sophie (1853–1881), russische Terroristin aus altadliger Familie (ihr Vater war eine Zeitlang Gouverneur von St. Petersburg gewesen). Führend in der revolutionären Gruppe »Volksfreiheit« und mitverantwortlich für das Attentat, dem Alexander II. am 1. März 1881 zum Opfer fiel.

Pertzow, Pjotr Petrowitsch (1868–1947), Schriftsteller, Kritiker und Publizist, ein früher Befürworter des Symbolismus in Literatur und Kunst. Eine Zeitlang (1903–04) auch Schriftleiter der wichtigen religionsphilosophischen und literarischen Zeitschrift »Nowyi Put'« (Der neue Weg).

Petrow, Grigorij Spiridonowitsch (geb. 1867), russischer Theologe, Politiker und Publizist. 1903 seines geistlichen Amtes enthoben, aber durch die Revolution von 1905 rehabilitiert. Abgeordneter der 2. Reichsduma, wo er mit einigen anderen freisinnigen Geistlichen zur Opposition gehörte. 1907 abermals seiner geistlichen Würden entkleidet, Vertreter eines rationalistischen, unkirchlichen und »sozialen« Christentums.

Petscherskij, s. Melnikow-Petscherskij.

Philaret (weltlicher Name: Wassilij Michajlowitsch Drosdow, 1782–1867), russischer Kirchenfürst und Theologe. Von 1821 bis zu seinem Tode Metropolit von Moskau. Berühmter Kanzelredner.

Pissarew, Dmitrij Iwanowitsch (1840–1868), nihilistischer Publizist, Literaturkritiker und Philosoph. Alle Kunst hat für ihn nur soweit Berechtigung, als sie im Dienste sozial-reformerischer, utilitärer und revolutionärer Tendenzen steht. »Ein Paar gut genähte Stiefel sind mehr wert als der ganze Shakespeare.«

Protassow, Nikolaj Alexandrowitsch, Graf (1799–1855), General der Kavallerie, Mitglied des Staatsrats und, von 1836 bis zu seinem Tode, Oberprokuror des hl. Synods, der obersten Kirchenbehörde des zaristischen Rußland. Protassow kehrte auch bei der Erfüllung seiner Obliegenheiten im hl. Synod den Kavalleristen und loyalen Befehlsempfänger seines Kaisers heraus, ohne viel Verständnis für eigentlich religiöse Anliegen zu zeigen.

Puschkin, Alexander Ssergejewitsch (1799–1837), Rußlands Nationaldichter; Lyriker, Epiker, Dramatiker und Historiker. An Wirkung auf Literatur und Bildung seines Volkes nur mit der Goethes in Deutschland zu vergleichen.

Radistschew, Alexander Nikolajewitsch (1749–1802), Aufklärer und sozialreformerischer Schriftsteller. Bekannt durch seine »Reise von Petersburg nach Moskau«, in der er soziale Mißstände, insbesondere die Leibeigenschaft und die Korruption der Beamten, geißelte.

Rasputin, Grigorij Jefimowitsch (1871–1916), sibirischer Bauer mit offenbar stark hypnotischen Gaben. Sektierer. Kam durch Vermittlung des Beichtvaters des Zaren mit mystisch-spiritualistischen Hofkreisen in Verbindung und gelangte dort zu großem Einfluß, besonders als es ihm gelang, den an der Bluterkrankheit leidenden Thronfolger zu retten. Seitdem vermochten weder sein Lebenswandel noch zahlreiche Korruptionsaffären, in die er sich verstrickte, seine Stellung am Hofe, und besonders bei der Zarin, zu erschüttern. Wegen seiner Kriegsgegnerschaft, Kompromittierung des Kaiserhauses und angeblich deutschfreundlichen Gesinnung wurde er Ende 1916 von nationalistischen Politikern ermordet.

Ratschinskij, Ssergej Alexandrowitsch (1836–1902), russischer Botaniker und Pädagoge. Besonders verdient um das ländliche Volksschulwesen, welches er auf religiöser Grundlage aufbauen und organisieren wollte.

Reid, Thomas Mayne (1818–1883), englischer Jugendromandichter, mit Stoffen aus dem »Wilden Westen«. Ein Vorläufer Karl Mays, von dem er sich aber durch das frische, farbige Kolorit des unmittelbar Selbsterlebten vorteilhaft unterscheidet. Im alten Rußland als Jugendschriftsteller besonders beliebt.

Renan, Ernest (1823–1892), französischer Theologe, Orientalist und Philosoph. In seinem »Leben Jesu« wird Christus rein menschlich betrachtet. Zusammen mit David Friedrich Strauß der bemerkenswerteste Befürworter von »Entmythologisierungstendenzen« im 19. Jh. Renan glaubte an einen geistig-moralischen Fortschritt des Menschengeschlechts, den er für die Zukunft in der Vorherrschaft einer geistigen Elite gewährleistet sah.

Rtzy (Pseudonym für Iwan Fjodorowitsch Romanow, 1861 bis 1913), Publizist und religions-philosophischer Schriftsteller neo-slavophiler Richtung. Freund Rosanows.

Sacharjin, russischer Millionär und Philanthrop.

Saoserskij, Nikolaj Alexandrowitsch (geb. 1851). Professor für Kirchenrecht an der Moskauer Theologischen Akademie. Verfasser einer Reihe von Abhandlungen zum byzantinischen und russischen kanonischen Recht.

Schukowskij, Wassilij Andrejewitsch (1783–1852), romantischer Dichter und einer der größten poetischen Übersetzer der Weltliteratur. Übertrug neben Homer und englischen Dichtern wie Byron und Walter Scott besonders deutsche Dichter der Goethezeit ins Russische.

Sherlock Holmes, klassische Detektivfigur aus den in alle Sprachen übersetzten Kriminalerzählungen von Sir Arthur Conan Doyle (1859–1930).

Simon der Gerechte. Jüdischer Hohepriester um 300 vor Christus. Sagenumwobene Heroengestalt der jüdischen Überlieferung. Der Talmud, die Schriften des antiken jüdischen Geschichtsschreibers Josephus und das II. Buch der Makkabäer berichten von ihm und seinem Wirken. Ihm lag sowohl die religiös-moralische wie auch die politisch-soziale Entwicklung der jüdischen Nation am Herzen: »Die Welt ruht auf drei Grundlagen: Gesetz, Gottesliebe und Wohltun.«

Spencer, Herbert (1820–1903), englischer empiristischer Philosoph, Soziologe und Pädagoge. Vertreter des wissenschaftlichen, antimetaphysischen Agnostizismus. An die Stelle der Religion treten bei ihm optimistisches Vertrauen auf den Gang der Entwicklung (Evolutionstheorie) und Fortschrittsglaube.

Sperk, Fjodor (1872–1897), früh verstorbener Philosoph aus ursprünglich deutsch-russischer Gelehrtenfamilie. Intimer Freund Rosanows.

SSALTYKOW-STSCHEDRIN, Michail Jewgrafowitsch (1826–1889), Satiriker und Romanschriftsteller radikal-sozialkritischer Tendenz und ätzend negativer Einstellung zum Bestehenden. Freund Nekrassows.

SSOLOGUB, Fjodor Kusmitsch (eigentlicher Name: Teternikow, 1863–1927), russischer Dichter und Romanschriftsteller, einer der bedeutendsten Symbolisten. Seine Werke sind von stark pessimistischer, selbstquälerischer Stimmung und jenseitiger Dämonie beherrscht.

SSOLOWJOW, Ssergej (1820–1879), hervorragender russischer Historiker. Vater des Philosophen Wladimir Ssolowjow.

SSOLOWJOW, Wladimir Ssergejewitsch (1853–1900), Rußlands größter Philosoph. Schöpferisch auf dem Gebiet der Metaphysik, Ethik, Religions- und Geschichtsphilosophie. Auch als Dichter und Literaturkritiker, Kulturpolitiker und christlich-ökumenischer Publizist bedeutend. Die Aufgabe der Philosophie wird von Ssolowjow durch die Tendenz charakterisiert, mit der logischen Vollkommenheit der westlichen Form die Inhalts- und Gnadenfülle der Glaubenslehren des Ostens zu vereinigen. Die wahre Philosophie ist nicht nur Sache der Theorie, sondern untrennbar verbunden mit wirklichem Schaffen und mit sittlich-religiös geprägter Tätigkeit, die dem Menschen den Sieg über die niedere Natur verleihen wird. – Ssolowjow ist, zusammen mit Dostojewskij, die eindrucksvollste Denkergestalt, die Rußland in neuerer Zeit hervorgebracht hat. Die russische Dichtung (Symbolismus) sowohl wie die russische Religions- und Geschichtsphilosophie des 20. Jh. verdanken ihm wesentliche Anregungen und Antriebe.

SSUMAROKOW, Alexander Petrowitsch (1718–1777), klassizistischer Dramatiker, Dichter und Publizist.

STRUVE, Peter (1870–1944), russischer Politiker, Publizist, Historiker und Nationalökonom. Ursprünglich Marxist, ging er später ins konstitutionell-liberale Lager über, behielt aber stets auch einen offenen Blick für die außenpolitischen Belange und Möglichkeiten Rußlands als imperialer Großmacht. Nach 1919 Emigrant und einer der unversöhnlichsten Gegner des Bolschewismus.

STSCHEDRIN, s.Ssaltykow-Stschedrin.

TERNAWTZEW, Valentin Alexandrowitsch (1866–1940), stark kirchlich eingestellter, religionsphilosophischer Schriftsteller. Beamter des hl. Synods. Mit Mereschkowskij und Rosanow befreundet.

THIERRY, Augustin (1795–1856), französischer Historiker. Vertreter einer farbigen, deskriptiv-anekdotischen Geschichtsschreibung. Sein Meisterwerk sind die »Récits des temps mérovingiens« (1855).

THOMAS (Hemerken) a Kempis (von Kempen). Niederdeutscher Mystiker um 1400. Aus seinem Kreise ging die berühmte »Imitatio Christi« hervor, eines der erfolgreichsten Andachts- und Erbauungsbücher der christlichen Welt. Mehrere Übersetzungen ins Russische, darunter eine von Konstantin Pobjedonostzew, dem unter Alexander III. und Nikolaus II. bis zu seinem Sturz im Jahre 1905 allmächtigen Oberprokuror des hl. Synods.

TICHONRAWOW, Nikolaj Ssawwitsch (1832–1893), russischer Literarhistoriker. Professor an der Universität Moskau und Mitglied der Kaiserl. Akademie der Wissenschaften zu St. Petersburg.

TJUTSCHEW, Fjodor Iwanowitsch (1803–1873), russischer Lyriker und Publizist. Seine Gedichte zeichnen sich aus durch Formvollendung, Musikalität und tiefsinnigen Symbolgehalt. Pantheismus und, in seiner politischen Lyrik, Panslavismus sind die Themen, die er in orphisch raunenden oder vaterländisch glühenden Strophen gestaltete.

TOLSTOJ, Alexej Konstantinowitsch, Graf (1817–1875), hervorragender Lyriker, pflegte aber auch die Ballade, das epische Gedicht und die humoristische Verssatire.

TÜBINGER SCHULE, eine Gruppe protestantischer Theologen um die Mitte des 19. Jh., die besonders den Ursprung und die Chronologie der neutestamentlichen Schriften kritisch untersuchte und die spätere wissenschaftliche Bibelkritik und liberale Theologie entscheidend beeinflußte. Hauptvertreter: F. Ch. Baur und David Friedrich Strauß.

TURGENJEW, Iwan Ssergejewitsch (1818–1883), der größte Formkünstler unter den russischen Romandichtern des 19. Jh. Trotz lebhaften Interesses für politische und soziale Probleme und ausgesprochen »westlerischer«, liberaler Sympathien blieb er stets der zurückhaltende Künstler, was ihn mitunter, wie z.B. nach der Veröffentlichung seines bekanntesten Romans »Väter und Söhne« (1861), in eine schwierige Lage zwischen den streitenden Parteien brachte. Mit zarter Realistik und feinem Blick für das Detail zeichnet er Landschaft und Menschen. Unerreicht ist er als feinfühliger Kenner und Schilderer der Frauenpsyche geblieben. Mit seiner hohen persönlichen und literarischen Kultur und mannigfachen Verbindung zur deutschen und französischen Geisteswelt war er, der seit 1856 meist in Baden-Baden und Paris lebte, der berufene Mittler zwischen Ost und West.

VOLTAIRE (eigentlich: François-Marie Arouet, 1694–1778), französischer Dichter, Publizist, Kritiker, Historiker und Philosoph. Hauptvertreter der französischen Aufklärung. Verbindet den Glauben an die Kraft des gesunden Menschenverstandes, das Vertrauen auf die Erfahrung als Wissens- und Erkenntnisquelle mit unbegrenztem Freiheitsdrang, humanitärer Gesinnung und ätzender Kritik, die vor keinerlei Autorität haltmacht. Christentums- und kirchenfeindlich: »Écrasez l'infâme!«

WEININGER, Otto (1880–1903). Weininger entwickelte die Theorie von der psychisch-physischen Bisexualität des Menschen. Bekannt durch sein anti-feminines Hauptwerk »Geschlecht und Charakter« (1903 – 8. Aufl. 1947). Er beschäftigte sich auch mit dem metaphysisch-psychologischen Problem des Genies.

WENGEROW, Ssemjon Afanassjewitsch (1855–1920), bekannter Literarhistoriker und Bibliograph ursprünglich revolutionärer, später liberal-demokratischer Tendenz.

WIEGEL, Philipp Philippowitsch (1786–1856), russischer Diplomat und höherer Verwaltungsbeamter. Väterlicherseits deutscher Abstammung. Bekannt durch seine von scharfer Beobachtungsgabe, kaustischem Witz und nationalrussischer (deutschfeindlicher) Einstellung zeugenden »Memoiren«.

WLADIMIR I., der Heilige (gest. 1015), Großfürst von Kijew. Einer der größten Staatsmänner aus der Fürstenzeit Altrußlands. Ihm ist die Einführung des Christentums unter den Ostslaven zu danken. 988 legendäres Datum der Taufe Wladimirs, seiner Gefolgsmannen und anschließend der Einwohner seiner Hauptstadt Kijew.

WORONTZOW, Michail Ssemjonowitsch, Fürst (1782–1856), russischer Feldherr. Zeichnete sich in den Türken- und Franzosenkriegen aus. Seit 1844 Höchstkommandierender im Kaukasus, wo er die endgültige Unterwerfung der Bergvölker unter die russische Oberherrschaft mit herbeiführen half.

WOSTOKOW, Alexander Christophorowitsch (1781–1864), russischer Sprachwissenschaftler ursprünglich deutscher Herkunft (eigentlicher Name: von Osteneck).

Die russischen Namen werden folgendermaßen betont:

Alexánder Néwskij, Grigórij Alexéjewitsch Alexínskij, Ambrosius (weltlicher Name: Alexánder Micháјlowitsch Grénkow), Antónij (Chrapowítzkij), Michaíl Petrówitsch Artzybáschew, Wissarión, Grigórjewitsch Belínskij, Nikoláj Alexándrowitsch Berdjájew, Andréj Bjély (Pseudonym für Borís Nikolájewitsch Bugájew), Valérij Jákowlewitsch Brjússow, Fjódor Iwánowitsch Buslájew, Wladímir Iwánowitsch Dahl, Páwel Alexándrowitsch Florénskij, Denís Jwánowitsch Fonwísin, Wssébwolod Michájlowitsch Gárschin, Nikoláj Wassíljewitsch Gógol, Iwán Alexándrowitsch Gontscharów, Maxím Górkij (Pseudonym für Alexéj Peschków), Alexander Ssergéjewitsch Gribojédow, Wladímir Andréjewitsch Gríngmut, Alexánder Hérzen, Alexéj Petrówitsch Jermólow, Johann von Kronstadt (weltlicher Name: Iwán Iljítsch Ssérgijew), Antióch Dimítrijewitsch Kantemír, Pjótr Fjódorowitsch Kápterew, Nikoláj Iwánowitsch Karéjew, Michaíl Nikíforowitsch Katków, Wassílij Óssipowitsch Kljutschéwskij, Alexéj Iwánowitsch Ksjúnin, Wladímir Dmítrijewitsch Kusmiń-Karawájew, Konstantín Leóntiew, Michaíl Júrjewitsch Lérmontow, Nikoláj Semjónowitsch Lessków, Michaíl Tariëlowitsch Lóris-Mélikow, Páwel Iwánowitsch Mélnikow-Petschérskij, Dimítrij Ssergéjewitsch Mereschkówskij, Wladímir Petrówitsch Mestschérskij, Ssemjón Jákowlewitsch Nádson, Nikoláj Alexéjewitsch Nekrássow, Nikoláj Iwánowitsch Nowików, Sophíe Perówskij, Pjótr Petrówitsch Pertzów, Grigórij Spiridónowitsch Petrów, Philarét (weltlicher Name: Wassílij Michájlowitsch Drósdow), Dmítrij Iwánowitsch Píssarew, Konstantín Petrówitsch Pobjedonóstzew, Nikoláj Alexándrowitsch Protássow, Alexánder Ssergéjewitsch Púschkin, Alexánder Nikolájewitsch Radístschew, Grigórij Jefímowitsch Raspútin, Ssergéj Alexándrowitsch Ratschínskij, Rtzy (Pseudonym für Iwán Fjódorowitsch Románow), Sachárjin, Michaíl Jewgráfowitsch Ssaltyków-Stschedrín, Nikoláj Alexándrowitsch Saosérskij, Wassílij Andréjewitsch Schukówskij, Fjódor Sperk, Fjódor Kusmítsch Ssologúb (eigentlicher Name: Tetérnikow), Ssergéj Ssolowjów, Wladímir Ssergéjewitsch Ssolowjów, Alexánder Petrówitsch Ssumarókow, Valentín Alexándrowitsch Ternáwtzew, Nikoláj Ssáwwitsch Tichonráwow, Fjódor Iwánowitsch, Tjútschew, Alexéj Konstantínowitsch Tolstój, Iwán Ssergéjewitsch Turgénjew, Ssemjón Afanássjewitsch Wengérow, Philípp Philíppowitsch Wíegel, Wladímir I., Michaíl Ssemjónowitsch Worontzów, Alexánder Christophórowitsch Wostókow.

Hinweis

»Embryonen« erschien erstmals im Band *Religion und Kultur,* St. Petersburg 1901

»Das wahre Fin de Siècle« erschien erstmals in dem Band *Die Welt des Unentschiedenen und Unbestimmten*, St. Petersburg 1901

»Solitaria« erschien erstmals 1912 in Paris.

»Verwehte Blätter« erschien erstmals 1913/15 in St. Petersburg.

»Die Apokalypse unserer Zeit« erschien erstmals 1918 in Ssergijew Possad.

Russische Literatur im Diogenes Verlag

● Nikolaj Bokow

Der Fremdling. Roman. Deutsch von G. von Halle. Leinen
Wirren aus neuester Zeit oder Die erstaunlichen Abenteuer des Wanja Tschmotanow. Eine Samisdat-Satire. Mit einem Vorwort von Alexander Sinowjew. Deutsch von G. von Halle. detebe 21041

● Michail Bulgakow

Ich habe getötet. Kurzprosa 1921–1926 Erzählungen, Feuilletons, Skizzen. Deutsch von Thomas Reschke. detebe 21009

● Anton Čechov

Briefe 1877–1904 in 5 Bänden. Übersetzt und herausgegeben von Peter Urban. Leinen
Auch als detebe 21064–21068
Tagebücher. Notizbücher. Herausgegeben und vollständig neu übersetzt von Peter Urban. Mit Vorwort, editorischem Bericht, ausführlichen Anmerkungen und Personenregister. Leinen
Die besten Geschichten von Anton Čechov
Ausgewählt von Franz Sutter
Diogenes Evergreens
Das dramatische Werk in 8 Bänden. Neu übersetzt, transkribiert und herausgegeben von Peter Urban. Jeder Band bringt den unzensierten Text mit sämtlichen Varianten und Lesarten, Auszügen aus Čechovs Notizbüchern, Anmerkungen und einen editorischen Bericht.
Die Möwe. Komödie in vier Akten
detebe 20091
Der Waldschrat. Komödie in vier Akten
detebe 20084
Der Kirschgarten. Komödie in vier Akten
detebe 20083
Onkel Vanja. Szenen aus dem Landleben in vier Akten. detebe 20093
Ivanov. Drama in vier Akten. detebe 20102
Drei Schwestern. Drama in vier Akten
detebe 20103
Platonov. Das ›Stück ohne Titel‹. Erstmals vollständig deutsch. detebe 20104
Sämtliche Einakter. detebe 20801

Das erzählende Werk in 10 Bänden. Verschiedene Übersetzer. Neu transkribiert, mit Anmerkungen und Nachweis der Erstveröffentlichungen von Peter Urban.
Ein unbedeutender Mensch. Erzählungen 1883–1885. detebe 20261
Gespräch eines Betrunkenen mit einem nüchternen Teufel. Erzählungen 1886
detebe 20262
Die Steppe. Erzählungen 1887–1888
detebe 20263
Flattergeist. Erzählungen 1888–1892
detebe 20264
Rothschilds Geige. Erzählungen 1893–1896
detebe 20265
Die Dame mit dem Hündchen. Erzählungen 1897–1903. detebe 20266
Eine langweilige Geschichte / Das Duell
Kleine Romane I. detebe 20267
Krankenzimmer Nr. 6 / Erzählung eines Unbekannten. Kleine Romane II
detebe 20268
Drei Jahre / Mein Leben. Kleine Romane III
detebe 20269
Die Insel Sachalin. Reisebericht
detebe 20270
Čechov-Chronik. Daten zu Leben und Werk zusammengestellt von Peter Urban. Mit Nachwort, ausführlicher Bibliographie und Register. Leinen
Über Čechov. Herausgegeben von Peter Urban. detebe 21244
Denken mit Čechov. Ein Almanach auf alle Tage, zusammengestellt von Peter Urban
Diogenes Evergreens
Das Anton Čechov Lesebuch. Herausgegeben von Peter Urban. detebe 21245

● Fjodor Dostojewskij

Meistererzählungen. Edition, Übersetzung aus dem Russischen und Nachwort von Johannes von Guenther. detebe 20951

● Nikolai Gogol

Die toten Seelen. Roman. Deutsch von Philipp Löbenstein. detebe 20384
Meistererzählungen. Vorwort und Übersetzung von Sigismund von Radecki. Zeichnungen von Alfred Kubin. detebe 21091

● Iwan Gontscharow

Ein Monat Mai in Petersburg. Ausgewählte Erzählungen. Deutsch von Johannes von Guenther und Erich Müller-Kamp.
detebe 20625

Briefe von einer Weltreise. Briefe von einer Expeditionsfahrt, die den Autor 1852–1855 nach England, Südafrika, China, Japan und Sibirien führte. Deutsch von Erich Müller-Kamp. detebe 21008

Michail Lermontow

Ein Held unserer Zeit. Roman. Deutsch von Arthur Luther. detebe 21006

Wladimir F. Odojewskij

Russische Nächte. Mit einem Nachwort von Heinrich A. Stammler. Deutsch von Johannes von Guenther und Heinrich A. Stammler detebe 21235

Konstantin Paustowski

Das Sternbild der Jagdhunde. Ausgewählte Erzählungen I. Deutsch von Rebecca Candreia und Hans Luchsinger. detebe 20627
Die Windrose. Ausgewählte Erzählungen II. Deutsch von Rebecca Candreia und Hans Luchsinger. detebe 20647

Andrej Sacharow

Wie ich mir die Zukunft vorstelle. Memorandum über Fortschritt, friedliche Koexistenz und geistige Freiheit. Deutsch von E. Guttenberger. Mit einem Nachwort von Max Frisch und den Antworten an Sacharow von Marion Gräfin Dönhoff, Jean Laloy, Pietro Quaroni, William Hayter, Louis Fischer und Heinrich Böll. detebe 20116

Jewgenij Samjatin

Attila, die Geißel Gottes. Geschichte Deutsch von Xaver Schaffgotsch. Nachwort von Helen von Ssachno. detebe 20626

Alexander Sinowjew

Gähnende Höhen. Deutsch von G. Halle und Eberhard Storeck. Leinen
Ohne Illusionen. Interviews, Vorträge, Aufsätze. Deutsch von Alexander Rothstein Leinen
Homo sovieticus. Roman. Deutsch von G. von Halle. Leinen
Kommunismus als Realität. Deutsch von Katharina Häußler. detebe 20963
Wir und der Westen. Interviews, Vorträge, Aufsätze. Deutsch von Wera Rathfelder detebe 20997
Lichte Zukunft. Deutsch von Franziska Funke und Eberhard Storeck. Mit einer Beilage ›Über Alexander Sinowjew‹ von Jutta Scherrer. detebe 21133

Lydia Tschukowskaja

Ein leeres Haus. Roman. Deutsch von Eva Mathay. detebe 20008
Untertauchen. Roman. Deutsch von Swetlana Geier. detebe 20393

Iwan Turgenjew

Meistererzählungen. Herausgegeben und deutsch von Johannes von Guenther detebe 21051

Wladimir Woinowitsch

Iwan Tschonkin, Thronanwärter. Roman Deutsch von Alexander Kaempfe. Leinen
Auf gut russisch oder Der ich hätte werden können. Erzählungen und offene Briefe. Deutsch von G. von Halle. Leinen
Die denkwürdigen Abenteuer des Soldaten Iwan Tschonkin. Roman. Deutsch von Alexander Kaempfe. detebe 20628
Brieffreundschaften. Erzählung. Deutsch von Heddy Pross-Weerth. detebe 20106

Liebesgeschichten aus Rußland

Von Alexander Puschkin bis Anton Tschechow. Herausgegeben von Johannes von Guenther. detebe 21013

Russische Kriminalgeschichten

Von Fjodor Dostojewskij bis Anton Tschechow. Auswahl, Übersetzung und Nachwort von Johannes von Guenther detebe 21127

Charles Baudelaire im Diogenes Verlag

Die Tänzerin Fanfarlo und Der Spleen von Paris
Sämtliche Prosadichtungen
Deutsch von Walther Küchler
detebe 20387

Die Blumen des Bösen
Gedichte. Deutsch von Terese Robinson
detebe 20999

Ludwig Marcuse im Diogenes Verlag

Philosophie des Glücks
von Hiob bis Freud. detebe 20021

Sigmund Freud
Sein Bild vom Menschen. detebe 20035

Ignatius von Loyola
Ein Soldat der Kirche. detebe 20078

Das denkwürdige Leben des Richard Wagner
Eine böse Biographie. detebe 21085

Mein zwanzigstes Jahrhundert
Autobiographie I. detebe 20192

Nachruf auf Ludwig Marcuse
Autobiographie II. detebe 20193

Ludwig Börne
Aus der Frühzeit der deutschen Demokratie detebe 20259

Heinrich Heine
Melancholiker, Streiter in Marx, Epikureer detebe 20258

Philosophie des Un-Glücks
Pessimismus – ein Stadium der Reife detebe 20219

Meine Geschichte der Philosophie
Aus den Papieren eines bejahrten Philosophiestudenten. detebe 20301

Das Märchen von der Sicherheit
Das Testament eines illusionslosen Optimisten. detebe 20302

Der Philosoph und der Diktator
Plato und Dionys. Geschichte einer Demokratie und einer Diktatur. detebe 21159

Obszön
Geschichte einer Entrüstung. detebe 21158

Denken mit Ludwig Marcuse
Argumente und Rezepte
Diogenes Evergreens

Essays, Porträts, Polemiken
Gesammelt, ausgewählt und vorgestellt von Harold von Hofe. Leinen

Briefe von und an Ludwig Marcuse
an und von Max Brod, Alfred Döblin, Bruno Frank, Hermann Kesten, Erika, Klaus, Heinrich und Thomas Mann, Henry Miller, Robert Neumann, Joseph Roth, Alma Mahler-Werfel, Stefan Zweig u.v.a. Mit Chronik, Bibliographie und Register. Herausgegeben und eingeleitet von Harold von Hofe. Leinen

Herausgegeben von Ludwig Marcuse:

Ein Panorama europäischen Geistes
Texte aus drei Jahrtausenden, ausgewählt und vorgestellt von Ludwig Marcuse. Mit einem Vorwort von Gerhard Szczesny
I. Von Diogenes bis Plotin
II. Von Augustinus bis Hegel
III. Von Karl Marx bis Thomas Mann
detebe 21168

Klassiker im Diogenes Verlag

Deutsche Literatur

● Angelus Silesius

Der cherubinische Wandersmann
Auswahl und Einleitung von Erich Brock. detebe 20644

● Ulrich Bräker

Leben und Schriften
in 2 Bänden. Herausgegeben von Samuel Voellmy und Heinz Weder. detebe 20581–20582

● Wilhelm Busch

Studienausgabe
in 7 Bänden. Herausgegeben von Friedrich Bohne. detebe 20107–20113

● Das Diogenes Lesebuch klassischer deutscher Erzähler

Band I:
Geschichten von Wieland bis Kleist

Band II:
Geschichten von Eichendorff bis zu den Brüdern Grimm

Band III:
Geschichten von Mörike bis Busch

Alle drei Bände herausgegeben von Christian Strich und Gerd Haffmans
detebe 20727, 20728, 20669

● Meister Eckehart

Deutsche Predigten und Traktate
Herausgegeben von Josef Quint
detebe 20642

● Theodor Fontane

Gedichte · Erinnerungen · Aufsätze
Nachwort von Kurt Tucholsky
detebe 21074

Schach von Wuthenow · L'Adultera · Stine
Drei Romane. Nachwort von Werner Weber
detebe 21075

Irrungen Wirrungen · Frau Jenny Treibel
Zwei Romane. Nachwort von Otto Brahm
detebe 21076

Effi Briest
Roman. Nachwort von Max Rychner
detebe 21077

Der Stechlin
Roman. Nachwort von Thomas Mann
detebe 21073

● Goethe

Gedichte I
detebe 20437

Gedichte II
Gedankenlyrik / Westöstlicher Diwan
detebe 20438

Faust
Der Tragödie erster und zweiter Teil
detebe 20439

● Jeremias Gotthelf

Ausgewählte Werke
in 12 Bänden. Herausgegeben von Walter Muschg. detebe 20561–20572

● Heinrich Heine

Gedichte
Ausgewählt, eingeleitet und kommentiert von Ludwig Marcuse. detebe 20383

● Gottfried Keller

Zürcher Ausgabe
in 8 Bänden. Edition von Gustav Steiner
detebe 20521–20528

● Conrad Ferdinand Meyer

Jürg Jenatsch / Der Heilige
Roman / Novelle. Mit einem Essay von Hans Mayer. detebe 20965

● Wilhelm Müller

Die Winterreise und Die schöne Müllerin
Mit Illustrationen von Ludwig Richter
Diogenes Evergreens

● Friedrich Nietzsche
Vom Nutzen und Nachteil der Historie für das Leben
Herausgegeben und mit einem Nachwort von Michael Landmann. detebe 21196

● Arthur Schopenhauer
Zürcher Ausgabe
in 10 Bänden nach der historisch-kritischen Ausgabe von Arthur Hübscher. Editorische Materialien von Angelika Hübscher
detebe 20421–20430

Englische, irische und amerikanische Literatur

● James Boswell
Dr. Samuel Johnson
Leben und Meinungen. Deutsch von Fritz Güttinger. detebe 20786

● Erskine Caldwell
Wo die Mädchen anders waren
Ausgewählte Geschichten. Deutsch von Inge M. Artl, Elisabeth Schnack und Joachim Marten. detebe 21186

● Charles Dickens
David Copperfield
Roman. Deutsch von Gustav Meyrink. Mit einem Nachwort von W. Somerset Maugham
detebe 21034

Oliver Twist
Roman. Deutsch von Gustav Meyrink
detebe 21035

Nicholas Nickleby
Roman. Deutsch von Gustav Meyrink
detebe 20998

Bleakhaus
Roman. Deutsch von Gustav Meyrink
detebe 21166

Drei Weihnachtsgeschichten
Deutsch von Gustav Meyrink
detebe 21241

Ein Weihnachtslied in Prosa
Erzählung. Deutsch von Richard Zoozmann. Mit Zeichnungen von Tatjana Hauptmann
Diogenes Evergreens

Weitere Werke in Vorbereitung

● Arthur Conan Doyle
Sherlock Holmes Geschichten
Deutsch von Margarete Nedem
detebe 21211

● Ralph Waldo Emerson
Natur
Essay. Neu übersetzt von Harald Kiczka
Diogenes Evergreens

Essays
Herausgegeben und übersetzt von Harald Kiczka. Mit zahlreichen Anmerkungen und einem ausführlichen Index. detebe 21071

● Herman Melville
Moby-Dick
Roman. Deutsch von Thesi Mutzenbecher und Ernst Schnabel. detebe 20385

Billy Budd
Erzählung. Deutsch von Richard Moering
detebe 20787

● Edgar Allan Poe
Erzählungen
in 4 Bänden: Die rote Katze – Die Maske des roten Todes – Der Teufel im Glockenstuhl – Der Untergang des Hauses Usher. Herausgegeben von Theodor Etzel. Deutsch von Gisela Etzel, Wolf Durian u.a.
detebe 21182–21185

Die besten Geschichten von Edgar Allan Poe
Ausgewählt von Mary Hottinger
Diogenes Evergreens

● William Shakespeare
Dramatische Werke
in 10 Bänden. Übersetzung von Schlegel / Tieck. Edition von Hans Matter. Illustrationen von Heinrich Füßli
detebe 20631–20640

Sonette
Englisch und deutsch. Übertragen von Karl Kraus. detebe 20381

● Laurence Sterne
Tristram Shandy
Roman. Deutsch von Rudolf Kassner. Nachwort und Anmerkungen von Walther Martin
detebe 20950

● **R. L. Stevenson**
Werke
in 12 Bänden. Edition und Übersetzung von Curt und Marguerite Thesing
detebe 20701–20712

● **Henri David Thoreau**
Walden oder Leben in den Wäldern
Deutsch von Emma Emmerich und Tatjana Fischer. detebe 20019

Über die Pflicht zum Ungehorsam gegen den Staat
Ausgewählte Essays. Deutsch von Walter E. Richartz. detebe 20063

● **Mark Twain**
Die besten Geschichten von Mark Twain
Herausgegeben von Christian Strich
Diogenes Evergreens

Die Million-Pfund-Note
Skizzen und Erzählungen. Deutsch von N. O. Scarpi u.a. detebe 20918

Menschenfresserei in der Eisenbahn
Skizzen und Erzählungen. Deutsch von Marie-Louise Bischof und Ruth Binde
detebe 20919

● **Oscar Wilde**
Der Sozialismus und die Seele des Menschen
Ein Essay. Deutsch von Gustav Landauer und Hedwig Lachmann. detebe 20003

Sämtliche Erzählungen
Mit Zeichnungen von Aubrey Beardsley. Herausgegeben und mit einem Nachwort von Gerd Haffmans. detebe 20985

Französische, italienische und spanische Literatur

● **Honoré de Balzac**
Die großen Romane
in 10 Bänden. Deutsch von Emil A. Rheinhardt, Otto Flake, Franz Hessel, Paul Zech u.a. detebe 20901–20910

Erzählungen
in 3 Bänden: Pariser Geschichten – Liebesgeschichten – Mystische Geschichten. Deutsch von Otto Flake u. a. detebe 20896, 20897, 20899

Das ungekannte Meisterwerk
Erzählungen. Deutsch von Heinrich E. Jacob und Hete Maass. detebe 20477

● **Charles Baudelaire**
Die Tänzerin Fanfarlo und Der Spleen von Paris
Sämtliche Prosadichtungen. Deutsch von Walther Küchler. detebe 20387

Die Blumen des Bösen
Gedichte. Deutsch von Terese Robinson
detebe 20999

● **Giovanni Boccaccio**
Der Decamerone
in 5 Bänden. Sämtliche 100 Novellen in der berühmten Propyläen-Edition. Aus dem Italienischen von Heinrich Conrad. Mit den Kupfern und Vignetten von Gravelot, Boucher und Eisen der Ausgabe von 1757
detebe 21060–21064

● **Calderón**
Das große Welttheater
Neu übersetzt von Hans Gerd Kübel und Wolfgang Franke. detebe 20888

● **Erckmann-Chatrian**
Es lebe der Kaiser
Geschichte eines Rekruten aus den Napoleonischen Kriegen. Roman. Mit einem Vorwort von V.S. Pritchett. Deutsch von J. von Harten. K. Henniger und Tatjana Fischer. detebe 21199

● **Gustave Flaubert**
Werke – Briefe – Materialien
in 8 Bänden. Jeder Band mit einem Anhang zeitgenössischer Rezensionen. detebe

Jugendwerke
Erste Erzählungen. Herausgegeben und übersetzt von Traugott König. Leinen

November
Jugendwerke II. Herausgegeben und übersetzt von Traugott König. Leinen

● **Franz von Assisi**
Die Werke
Edition und Übersetzung von Wolfram von den Steinen. detebe 20641

● Victor Hugo
Der letzte Tag eines Verurteilten
Aus dem Französischen und Vorwort von W. Scheu. detebe 21234

● Joris-Karl Huysmans
Gegen den Strich
Roman. Deutsch von Hans Jacob. Einführung von Robert Baldick. Essay von Paul Valéry. detebe 20921

● Guy de Maupassant
Erzählungen
in 5 Bänden: Das Haus Tellier – Hoch zu Roß – Mamsell Fifi – Die kleine Roque – Mein Freund Patience. Deutsch von Georg von der Vring und Walter Widmer. Jeder Band mit zeitgenössischen Illustrationen. detebe

● Prosper Mérimée
Carmen
Novelle. Deutsch von Arthur Schurig
detebe 21188

Die Venus von Ille
Novellen. Deutsch von Arthur Schurig
detebe 21246

Eine tragische Liebschaft
Novellen. Deutsch von Arthur Schurig
detebe 21247

● Molière
Komödien
in 7 Bänden. Neuübersetzung von Hans Weigel. detebe

● Luigi Pirandello
Novellen für ein Jahr
in 2 Bänden. Deutsch von Percy Eckstein, Hans Hinterhäuser und Lisa Rüdiger. Auswahl von Lisa Rüdiger. Mit Zeichnungen von Godi Hofmann. detebe 21032 + 21033

● Ernest Renan
Das Leben Jesu
Vom Verfasser autorisierte Übertragung aus dem Französischen. detebe 20419

● Stendhal
Werke
in 10 Bänden. Deutsch von Franz Hessel, Franz Blei, Arthur Schurig u. a.
detebe 20966–20975

● Teresa von Avila
Die innere Burg
Edition und Übersetzung von Fritz Vogelgsang. detebe 20643

● Jules Verne
Die Hauptwerke
ungekürzt, originalgetreu, mit allen Stichen der französischen Erstausgabe. Bisher liegen 22 Bände vor. detebe

Russische Literatur

● Anton Čechov
Das erzählende Werk
In der Neuedition von Peter Urban
detebe 20261–20270

Das dramatische Werk
In der Neuedition und -übersetzung von Peter Urban. detebe

Briefe – Chronik – Tagebücher.
Notizbücher – Über Čechov –
Das Anton Čechov Lesebuch
Übersetzt und herausgegeben von Peter Urban

Die besten Geschichten von Anton Čechov
Ausgewählt von Franz Sutter
Diogenes Evergreens

● Fjodor Dostojewskij
Meistererzählungen
Herausgegeben und übersetzt von Johannes von Guenther. detebe 20951

● Nikolai Gogol
Meistererzählungen
Vorwort und Übersetzung von Sigismund von Radecki. detebe 21091

Die toten Seelen
Roman. Deutsch von Philipp Löbenstein
detebe 20384

● Iwan Gontscharow
Ein Monat Mai in Petersburg
Ausgewählte Erzählungen. Deutsch von Johannes von Guenther und Erich Müller-Kamp. detebe 20625

Briefe von einer Weltreise
Deutsch von Erich Müller-Kamp
detebe 21008

● **Michail Lermontow**
Ein Held unserer Zeit
Roman. Deutsch von Arthur Luther
detebe 21006

● **Wladimir F. Odojewskij**
Russische Nächte
Mit einem Nachwort von Heinrich A. Stammler. Aus dem Russischen von Johannes von Guenther und Heinrich A. Stammler
detebe 21235

● **Iwan Turgenjew**
Meistererzählungen
Herausgegeben und Deutsch von Johannes von Guenther. detebe 21051

Griechische und lateinische Literatur

● **Aristophanes**
Lysistrate
Mit Illustrationen von Aubrey Beardsley
detebe 20957

● **Homer**
Ilias und Odyssee
Übersetzung von Heinrich Voss
Edition von Peter Von der Mühll
detebe 20778–20779

● **Thomas Morus**
Utopia
Deutsch von Alfred Hartmann
detebe 20420

● **Das Neue Testament**
in 4 Sprachen: Lateinisch, Griechisch Deutsch und Englisch. detebe 20925

Chinesische Literatur

● **Chinesisches Novellenbuch**
Herausgegeben von Jan Tschichold
Mit einer literarischen Notiz und Anmerkungen von Eduard Grisebach sowie einem Nachwort von Jan Tschichold. Deutsch von Eduard Grisebach. detebe 21177

Theorie · Philosophie · Historie · Theologie Politik · Polemik im Diogenes Verlag

● Federico Fellini
Aufsätze und Notizen
Herausgegeben von Christian Strich und Anna Keel. detebe 20125

● Franz von Assisi
Sonnengesang · Testament · Ordensregeln · Briefe · Fioretti
in der Edition von Wolfram von den Steinen, deutsch von Wolfram von den Steinen und Max Kirschstein. detebe 20641

● E.W. Heine
New York liegt im Neandertal
Bauten als Schicksal. Leinen

● Ernst Herhaus
Notizen während der Abschaffung des Denkens
detebe 21214

● Das Karl Kraus Lesebuch
Ein Querschnitt durch die Fackel
Herausgegeben und mit einem Essay von Hans Wollschläger. detebe 20781

● D. H. Lawrence
Liebe, Sex und Emanzipation
Essays. Aus dem Englischen von Elisabeth Schnack. detebe 20955

● Reinhart G. E. Lempp
Kinder unerwünscht
Anmerkungen eines Kinderpsychiaters
detebe 21072

● Ludwig Marcuse
Philosophie des Glücks
von Hiob bis Freud. detebe 20021

Philosophie des Un-Glücks
Pessimismus – Ein Stadium der Reife
detebe 20219

Meine Geschichte der Philosophie
Aus den Papieren eines bejahrten Philosophiestudenten. detebe 20301

Das Märchen von der Sicherheit
Testament eines illusionslosen Optimisten. detebe 20302

Der Philosoph und der Diktator
Plato und Dionys. detebe 21159

Obszön
Geschichte einer Entrüstung. detebe 21158

Herausgegeben von Ludwig Marcuse:
Ein Panorama europäischen Geistes
Texte aus drei Jahrtausenden, ausgewählt und vorgestellt von Ludwig Marcuse. Mit einem Vorwort von Gerhard Szczesny
I. Von Diogenes bis Plotin
II. Von Augustinus bis Hegel
III. Von Karl Marx bis Thomas Mann
detebe 21160–21162

● Fritz Mauthner
Wörterbuch der Philosophie
in zwei Bänden. detebe 20780

● Thomas Morus
Utopia
Aus dem Lateinischen von Alfred Hartmann
detebe 20420

● Das Neue Testament
in 4 Sprachen: Lateinisch, Griechisch, Deutsch und Englisch. detebe 20925

● Friedrich Nietzsche
Vom Nutzen und Nachteil der Historie für das Leben
Herausgegeben und mit einem Nachwort von Michael Landmann. detebe 21196

● Liam O'Flaherty
Ich ging nach Rußland
Ein politischer Reisebericht. Aus dem Englischen von Heinrich Hauser. detebe 20016

● George Orwell
Im Innern des Wals
Ausgewählte Essays I. Aus dem Englischen von Felix Gasbarra und Peter Naujack
detebe 20213

Rache ist sauer
Ausgewählte Essays II. Deutsch von Felix Gasbarra, Peter Naujack und Claudia Schmölders. detebe 20250

Mein Katalonien
Bericht über den Spanischen Bürgerkrieg. Deutsch von Wolfgang Rieger. detebe 20214

Erledigt in Paris und London
Sozialreportage aus dem Jahre 1933. Deutsch von Helga und Alexander Schmitz.
detebe 20533

Auftauchen, um Luft zu holen
Roman. Deutsch von Helmut M. Braem
detebe 20804

Das George Orwell Lesebuch
Essays, Reportagen, Betrachtungen. Herausgegeben und mit einem Nachwort von Fritz Senn. Deutsch von Tina Richter.
detebe 20788

Über Orwell
Herausgegeben von Manfred Papst. Deutsch von Matthias Fienbork. detebe 21225

● **Hanspeter Padrutt**
Der epochale Winter
Zeitgemäße Betrachtungen. Leinen

● **Ernest Renan**
Das Leben Jesu
Vom Verfasser autorisierte Übersetzung aus dem Französischen. detebe 20419

● **Walter E. Richartz**
Vorwärts ins Paradies
Aufsätze zu Literatur und Wissenschaft
detebe 20696

● **Arthur Schopenhauer**
Zürcher Ausgabe
Studienausgabe der Werke in zehn Bänden nach der historisch-kritischen Edition von Arthur Hübscher. detebe 20421–20430

Dazu ein Band
Über Arthur Schopenhauer
Essays und Zeugnisse von Jean Paul bis Hans Wollschläger. detebe 20431

● **Alexander Sinowjew**
Ohne Illusionen
Interviews, Vorträge, Aufsätze. Aus dem Russischen von Alexander Rothstein. Leinen

Kommunismus als Realität
Deutsch von Katharina Häußler
detebe 20963

Wir und der Westen
Interviews, Vorträge, Aufsätze. Deutsch von Wera Rathfelder. detebe 20997

● **Hans Jürgen Syberberg**
Der Wald steht schwarz und schweiget
Neue Notizen aus Deutschland. Broschur

● **Teresa von Avila**
Die innere Burg
in der Neuedition und -übersetzung von Fritz Vogelgsang. detebe 20643

● **Henry David Thoreau**
Walden oder das Leben in den Wäldern
Aus dem Amerikanischen von Emma Emmerich und Tatjana Fischer. Vorwort von Walter E. Richartz. detebe 20019

Über die Pflicht zum Ungehorsam gegen den Staat
Ausgewählte Essays. Herausgegeben, übersetzt und mit einem Nachwort von Walter E. Richartz. detebe 20063

● **B. Traven**
Land des Frühlings
Reisebericht. Mit zahlreichen Fotos des Autors. detebe 21230

● **Hans Weigel**
Das Land der Deutschen mit der Seele suchend
detebe 21092

● **Urs Widmer**
Das Normale und die Sehnsucht
Essays und Geschichten. detebe 20057

Vom Fenster meines Hauses aus
Prosa. detebe 20793

● **Oscar Wilde**
Der Sozialismus und die Seele des Menschen
Ein Essay. Aus dem Englischen von Gustav Landauer und Hedwig Lachmann
detebe 20003

● **Hans Wollschläger**
Die bewaffneten Wallfahrten gen Jerusalem
Geschichte der Kreuzzüge. detebe 20082

Karl May
Grundriß eines gebrochenen Lebens
detebe 20253

Die Gegenwart einer Illusion
Reden gegen ein Monstrum. detebe 20576